AUX VENTRES DES FEMMES

Huriya

AUX VENTRES DES FEMMES

Rue de l'échiquier fiction

Épreuves
non corrigées
destinées
aux libraires
et aux journalistes.
Ne peut
être vendu.

Éditions Rue de l'échiquier
16-18, quai de la Loire, 75019 Paris
www.ruedelechiquier.net

ISBN : 978-2-37425-450-0
Dépôt légal : août 2024

Huriya

AUX VENTRES DES FEMMES

Rue de l'échiquier fiction

En ma folie, je me désespérais que Dieu m'ait fait naître dans un corps féminin.

Christine de Pizan (1364-1430), philosophe et poétesse

J'écris pour ces femmes qui ne parlent pas, pour celles qui n'ont pas de voix parce qu'elles sont terrorisées.

Audre Lorde (1934-1992), poétesse

PRÉAMBULE

Appelez-moi Shahrazade.

Je passe pour l'une des plus jolies filles du pays. On dit que j'ai obtenu les faveurs du destin et que les bleus du ciel se sont glissés dans mes yeux. L'arabesque de mes longs cils me vaut la réputation du plus beau regard d'Arabie. Seuls sont autorisés à se poser sur moi les yeux habités par la beauté.

Je suis musulmane. Je ne m'embarrasse d'aucune morale. En moi coulent les flammes de la jeunesse. Je porte un corsage audacieux. Ma poitrine est tapissée de tatouages. Mes seins sont fiers de leurs audaces. Mon sexe est rasé en forme de cœur. Rien de moi ne laisse indifférent. On jure que je réveille les désirs les plus endormis. Les hommes obéissent à ma beauté, et se courbent devant mes désirs. Seulement, je préfère les filles. La nature m'a faite ainsi. Je n'ai à rougir de rien. Entendez-le bien !

*

Je suis celle qui n'est pas encore une femme.
Je suis celle qui aurait dû être le fils.

*

Je n'ai promis à personne de me taire. Qu'on ne s'attende pas à ce que je garde ma langue dans ma poche. Ceci est l'histoire d'une femme. Ou plutôt l'histoire du ventre de cette femme que je m'apprête à vous raconter, sans avoir peur des mots que je vais prononcer.

Les ventres des femmes racontent des histoires qu'aucun livre n'ose raconter.

1

Quelque part dans la péninsule arabique.

Ce jour-là, la rue hurlait doucement. Des lèvres malveillantes prétendaient que le ventre de cette femme était maudit. On disait qu'on lui avait jeté un sort. Et que depuis, elle était possédée par un djinn. La rumeur n'a jamais la bouche sèche. Elle vous montre du doigt pour vous nuire. Les langues de vipères qui prétendent savoir ce qui se passe dans le ventre des autres disaient : « Il paraît que ce sera *encore* une fille. » La rumeur a pris du gras et les mauvaises paroles vinrent à ses oreilles. C'était de son ventre impardonnable dont on parlait. La femme s'habilla. Et alla frapper à la porte d'une voyante pour connaître les intentions de Dieu. La voyante lut dans les lignes de sa main et lui dit : « Il va falloir que tu sois très forte, ma sœur. »

Celle qui avait le don d'entendre les bruits du destin regarda la femme et ajouta : « On ne peut rien contre la volonté du Créateur, ma sœur. C'est le *mektoub* et personne ne peut échapper à son destin. Tout comme personne ne peut échapper au pouls de son cœur. » La voyante n'a pas voulu en dire davantage. Pourtant, elle avait un pied dans le futur et savait qu'un malheur allait arriver. Seulement, le malheur est muet et grandit en silence.

Tout ça n'augurait rien de bon.

« L'enfant va mourir ? demanda la femme.

– C'est bien pire que ce que tu crois, répondit la passeuse d'avenir.

– Peux-tu faire quelque chose ? demanda la femme.

– Personne ne peut rien faire, ma sœur. On ne négocie pas avec le destin. »

La femme était désemparée. Elle paya. Et s'en alla.

Nous étions aux abords d'août. À son apogée, l'été caressait le pays de sa main brûlante. La chaleur coulait entre les seins des femmes. Des accidents de lumière morcelaient la ville. Les gens recherchaient une parcelle d'ombre et quelques gouttes de fraîcheur pour se protéger des épines d'un soleil sans pardon. Dans la rue, la femme rectifia son voile comme pour ajuster sa dignité. Elle marcha les yeux baissés. On chuchotait à son passage. Les bouches à bruit disent toujours ce qu'il ne faut pas. La femme savait qu'on parlait d'elle, mais faisait mine de ne pas entendre ce qui se murmurait dans son dos. Quelque chose d'autre la préoccupait. Ça bougeait dans son ventre. Elle était presque à terme. Et sa vie pouvait basculer.

*

Quelques jours plus tard, la femme reconnut les douleurs qui précèdent la délivrance. Chaque mère le sait, la naissance d'un enfant est le plus beau jour de sa vie. C'est juste un *beau-mauvais* moment à passer. C'était la nuit du hasard et tout pouvait arriver. Les contractions étaient là. Après la perte des eaux, le travail commença. Au même moment arriva l'accoucheuse. Mais c'était trop tard. L'enfant était déjà là. Ça s'était passé très vite. Les accouchements, la femme y était habituée et n'avait besoin de personne. Son ventre savait y faire. Elle avait passé sa vie à être enceinte et son entrejambe en avait vu d'autres. Il y avait du sang partout. La femme avait fait un vœu silencieux. Elle rêvait d'un garçon. Mais ce jour-là, il n'y eut pas de miracle. Ses prières s'étaient cognées aux Cieux sans être exaucées. Toutes les sourates envoyées à Dieu n'eurent pour réponse que le silence d'Allah. C'était bien une fille qui venait de naître. Et ce n'était pas une bonne nouvelle.

Je suis la mauvaise nouvelle.

Tout a commencé par un malentendu du hasard. La nuit m'a annoncée sans *qadib*, c'est-à-dire sans verge. Je suis née *comme ça*. Je suis *la décevante*. C'est avec une déchirure entre les cuisses que j'ai eu l'indélicatesse de venir au monde. Naître sans pénis était la pire des choses qui pouvait m'arriver. Mais c'était écrit. C'est le *mektoub*.

Je suis née fille.
Je suis du sexe de la honte.

Du côté de mon père, il n'y a eu que des mâles ; du côté de ma mère, que des *femelles*. Quinze ans séparent l'aînée de la cadette. Je suis la petite dernière. La petite vestale qu'il faudra surveiller. Je suis issue d'un ventre maudit. Un ventre frappé par le mauvais œil qui s'est soulevé sans jamais réussir à faire plier le sort. Ce ventre-là n'a engendré que des filles. Chez nous, c'est un grand malheur de ne pas avoir de garçon. Une fille est souvent le désespoir d'une famille. Pétries dans les mêmes entrailles, nous sommes huit à avoir maltraité les seins de notre mère. Sans compter les deux autres filles mort-nées qui, du *ventre-cercueil* de ma mère, s'en sont allées à la poussière éternelle. Huit vagins, c'était trop pour un seul homme. À chaque naissance, mon père disait : « L'odeur des femmes n'a rien à voir avec l'odeur des hommes. Une femme, ça pue ! » Il disait ça à cause du sang qui coule chaque mois d'entre les jambes des femmes. Il ne supporte pas les règles, mon père. Le sang de la honte, comme il appelle ça.

*

Personne ne se souvient du moment de sa naissance. Moi oui. Me revient en mémoire une première image, mon père se penchant sur mon berceau. Son regard tatoué de haine se pose sur moi. Ses yeux semblent dire : « Je te déteste ! »

Mon père demande à la sage-femme :

« C'est un garçon ?

– C'est une fille *sidi*, monsieur, lui répond-elle.

– Quel malheur !

– C'est le mektoub, *sidi*. Dieu seul apprivoise le hasard. »

Le visage de mon père prend de mauvaises couleurs. La liste des prénoms masculins qu'il a préparée dans sa tête s'efface en même temps que ses espoirs. Il a demandé un garçon au ciel. Il a eu une fille. C'est l'offense du destin.

Mon père voulut vérifier par lui-même. Il écarta mes cuisses. Et les faits parlèrent d'eux-mêmes. Mon père ne vit pas la petite verge qu'il avait espérée toute sa vie. « Je ne vois rien ! », a-t-il dit. Et s'il ne voyait rien, c'est qu'il n'y avait rien à voir si ce n'est une petite fente rosâtre. Pour mon père, j'étais un *corps inachevé*. Le miracle ne s'était pas produit. Mon père avait attendu neuf mois pour rien. C'était une grossesse inutile.

*

Je suis née au son du muezzin en plein ramadan. On appelle la nuit qui m'a donné le jour *la nuit du destin*. C'est au cours de celle-ci que le Coran fut révélé au Prophète alors qu'il se rendait à la mosquée Al-Aqsa de Jérusalem avant de rejoindre le paradis. Cette nuit-là, j'ai su que mon destin était scellé. J'ai compris que rien ne serait facile. Et que je n'étais pas l'enfant de mon père, mais *seulement* la fille de ma mère.

Garçon, c'est une joie.
Fille, c'est une condamnation à la naissance.

Personne n'a félicité personne à ma naissance. La sage-femme a tranché mon cordon ombilical et les attentes paternelles se muèrent en désillusion. «Le Ciel a toujours le dernier mot», a dit la sage-femme, en me tendant à mon père. Mais il refusa de me prendre dans ses bras. Mon premier cri fut un cri aigu de fille qui poussa mon père à se boucher les oreilles. J'avais souri en pensant qu'on pouvait bouleverser le monde avec un sourire. Je me trompais. Je ne savais pas que mon sourire resterait à jamais sans réponse.

La sage-femme a senti que les choses allaient mal tourner. Elle a quitté la pièce en disant : « Moussiba, Ya ouili… ya ouili ! C'est un drame ! » Notre monde est fait pour les hommes et nos contrées préfèreront toujours les mâles. Je crois que le ventre des hommes ne comprendra jamais celui des femmes. Mais bon, les hommes ne savent pas qu'à chaque fois que naît une fille, c'est le Beau qui advient. Une porte du paradis s'ouvre et le sublime se produit.

Lorsque Dieu créa la femme, il fut le premier à en tomber amoureux.

*

Mon père ordonna de ne pas fêter ma naissance. On garda les youyous et les célébrations de joie pour une autre fois en attendant l'arrivée de ce garçon qui hante les jours et les nuits de mon père. Pour lui, les filles sont des bouches à nourrir qui ne produisent rien de bon en retour, et ne méritent même pas le lait de leur mère. Et que de surcroît, il faut marier un jour. On dit qu'un homme ne pleure qu'une fois dans sa vie. Mon père a pleuré à chaque accouchement. «Pourquoi Allah m'inflige-t-il un tel châtiment? Quel péché ai-je commis pour n'avoir *que* des filles?», soupirait-il, en insultant les ovaires de ma mère. Il pensait que Dieu le punissait. Pourquoi ce malheur s'abattait-il sur sa tête, lui que tout le monde tenait pour un bon musulman? Lui, qui avait la réputation d'un homme de bien qui nourrissait quiconque frappait à sa porte. Ma mère, pleine de honte à en déborder, s'est excusée auprès de mon père : «Pardon mon mari d'avoir *encore* fait une fille.» Chez nous, la vie d'une fille vaut moins que celle d'un garçon. C'est pourquoi mon père a voulu m'enterrer vivante dans le désert comme le faisaient mes ancêtres dans les temps préislamiques. «Elle fera sa vie dans un cercueil», a-t-il dit, fou de rage en me pointant du doigt.

Ainsi parla mon père.

J'ai trouvé l'hospitalité dans les bras de ma pauvre mère. Encore gluante de ma naissance, elle m'a serrée contre sa poitrine aimante et pleine de lait. Ses seins se sont soumis au devoir maternel. Mes lèvres se sont enroulées autour de son mamelon et mes mains innocentes ont pétri la chair rassurante de sa poitrine.

L'entrejambe encore en sang, ma mère se mit à genoux devant mon père. Elle embrassa ses pieds pour qu'il m'épargne. Le Coran à la main, son doux visage sillonné de larmes et la voix implorante, elle lui dit : « C'est Dieu qui l'a créée fille. Au nom du Prophète, ne la tue pas.» En entendant le mot Prophète, mon père se ravisa. Voilà comment, par la grâce des choses, j'ai échappé à la mort.

Ma mère demanda à mon père : «Comment l'appelle-t-on?» Donner un prénom à un enfant est normalement une joie. Pas pour mon père. À ses yeux, ne pas me nommer était une façon de me rendre encore plus inexistante. Et puis, l'absence d'identité pour une fille n'est pas si grave au fond. Mon père aurait préféré que la mort m'emporte avant que l'on me baptise. Ma regrettable naissance lui fit dire : « Appelle-la comme tu veux ! Il n'y a que toi pour faire des filles. » Sitôt accueillie par la vie, aussitôt rejetée par mon père. Lui, cet homme censé être le premier masculin de ma vie, n'a pas voulu procéder au rituel musulman de baptême qui veut que le père prononce des prières dans l'oreille de l'enfant avant de procéder au sacrifice du mouton. Pour lui, je serai la « chose sans nom ».

C'est aux garçons qu'échoit l'amour du père.

Pour éviter tout conflit avec son mari et les ennuis avec la Justice, ma mère chercha un prénom parmi ceux autorisés. Elle esquiva soigneusement les cinquante noms de baptême qui figurent sur la liste noire. Chez nous, il est formellement interdit aux parents d'appeler leur fille Linda ou Maya. Ces prénoms d'origine non islamique, disent les autorités, ont une consonance occidentale et sont en contradiction avec la culture de mon pays. Pire, ces prénoms sont blasphématoires. Pour me souhaiter la bienvenue dans ce monde où les femmes naissent soumises et obéissantes, ma mère m'emmaillota dans un linge rose et mit deux légers traits de khôl sur mes yeux pour agrandir mon regard. Cela eut pour effet d'accentuer ma féminité. Mais aussi de révéler ce que serait ma vie. Ayant toujours aimé *Les Mille et une nuits*, ma mère se pencha sur moi et chuchota à mon oreille : « Ton nom est donné. Tu t'appelleras Shahrazade. Et que les yeux du ciel veillent sur toi. » Comme pour envoyer sa volonté au Créateur, elle ajouta : « Puisque ton père ne veut pas de toi, tu seras la fille de Dieu. »

Ainsi fut le commencement de ma vie.

*

Après l'accouchement, on a cousu les bouches avec les fils du silence et la vérité s'est blottie dans un coin des mémoires. Ma mère donna mon placenta à la sage-femme, qui alla l'enterrer au pied d'un olivier. La sage-femme fit mille prières pour que la prochaine fois ce soit un garçon, *Inch'Allah*. Mais les prières ne suffisent pas toujours. Et il n'y aura jamais de prochaine fois dans le ventre de ma mère. Mais ça, personne ne pouvait le prédire. Avant de s'en aller, la sage-femme qui prétendait avoir des dons, me regarda et dit :

« Béni soit cet enfant maudit.

– Pourquoi maudit ? demanda ma mère.

– Elle n'est pas comme les autres.

– Peux-tu en dire plus ?

– Tu verras par toi-même. L'avenir sera plus bavard que moi. »

J'avais trahi les espoirs de mon père. Effondré par ma naissance, il se cloîtra dans sa chambre au premier étage. Il n'allait même plus à la mosquée et ne voulait voir personne. Il passait ses jours et ses nuits à prier. Il n'était pas dans ses habitudes de s'enfermer comme ça. Les voisins s'inquiétaient. On pouvait tout supposer et on supposait tout. Les imaginations s'enflammaient et les versions étaient nombreuses et contradictoires. Dans le quartier, certains prétendaient qu'il était mourant. Il en était qui le disaient déjà dans l'au-delà et qu'on gardait secret son décès. D'autres le pleuraient avant l'heure. Ma mère, elle, ne parlait pas ; et n'osait même plus sortir dans la rue. Elle gardait la vérité pour elle. Mais de quelle vérité s'agissait-il ? Ça, personne ne pouvait le dire. Une chose était sûre, à part ma malheureuse naissance, il s'était passé autre chose. Mais quoi ?

Quelque chose de grave.
Ça, c'est certain.

2

Mon père est boucher.
Ma mère est la femme du boucher.
Je suis la fille du boucher.

Je suis issue d'une histoire sans amour. On m'allaita jusqu'à mes deux ans, puis le lait maternel me fut refusé comme l'exige la loi chez nous. « C'est pour le bien de l'enfant ! », dit-on. C'est écrit dans nos Textes.

*

J'ai vu ce que je n'aurais jamais dû voir. J'ai entendu ce que je n'aurais jamais dû entendre. J'ai connu le mensonge et la honte. J'ai vu mes sœurs arabes maltraitées et leur sang couler devant mes yeux impuissants. On a voulu me forcer à faire ce que je ne voulais pas faire. On m'a dit de me taire. Et on m'a appris à respecter la peur.

*

Aujourd'hui, j'ai dix ans et mon père m'a dit : «Tu ressembles à une putain!» Je croyais qu'il n'était pas là. Je ne faisais rien de mal. Rien, si ce n'est ce que font les filles de mon âge. En vérité, je m'exerçais à être femme. Ma chambre n'était pas fermée à clé. Là où je suis, on ne ferme pas les portes. On ne toque pas non plus. On pousse et on rentre. Toute femme a droit à son intimité, sauf chez nous. Ici, on nous soupçonne. Pourquoi t'enfermer? Pourquoi te cacher? Qu'as-tu à dissimuler? «Il ne faut jamais laisser les intentions des femmes sans surveillance», dit mon père. Il a des idées sales dans la tête. Il pense toujours à mal. C'est pourquoi il a enlevé toutes les serrures de ce que j'appelle portes mais qui n'en sont pas. Elles ont été remplacées par des rideaux. Chez nous, on prend un malin plaisir à vous prendre sur le fait. Il faut toujours être aux aguets et dresser l'oreille pour que l'on ne vous surprenne pas.

Et justement, il m'a surprise. La nuit était annoncée. J'étais devant mon miroir. J'avais épilé mes sourcils et flatté mes yeux d'un trait de khôl pour que mon regard ne soit pas trop nu. Pour me faire une bouche de femme, j'avais posé du rouge sur mes lèvres et rendu jolies mes mains en mettant du vernis sur mes ongles. J'observais mon corps en préparation. Je regardais la femme en train d'éclore en moi. Ma poitrine de jeune fille était là. J'attendais que mes seins mûrissent. J'assistais à leur floraison, mais pour l'instant, ils n'étaient que de timides bourgeons.

D'un coup la porte s'est ouverte et j'ai entendu la voix de mon père : «Qu'as-tu fait de ton honneur?» Toujours prêt à faire irruption dans mon intimité, il avait surgi sans que rien n'en eût décelé l'approche. J'ai senti son regard s'enfoncer dans mon dos. Je me suis tournée et il m'a vue telle que j'étais. Le mauvais sang n'a fait qu'un tour dans sa tête et le rouge lui est monté aux joues. Ses yeux sont devenus comme deux gouttes de colère. J'avais les mains moites et mes jambes tremblaient. Jugeant sans doute que j'avais l'obscénité précoce, il m'a regardé comme un religieux regarde une mécréante. Comme s'il venait de voir Satan, il a mis ses mains en abat-jour devant ses yeux. Et c'est là qu'il m'a dit : « Tu ressembles à une putain ! On dit que le maquillage éloigne de Dieu et fait naître de mauvaises pulsions. Le péché n'a pas sa place dans cette maison.» Ainsi donc, mettre un peu de rouge sur les lèvres d'une jeune fille réveillerait les démons ? En quoi avais-je été trop loin ? En quoi un peu de vernis sur les ongles ferait de moi une dévergondée qui lève la cuisse facilement ?

Je ne suis pas une putain.

Ça non !

Avant de s'en aller, mon père a ajouté : «Tu finiras avec les filles de la rue. Espèce de souillon.» Il m'a dit ça tel que je vous le dis. Puis il est parti. Enfin le calme. Pas pour longtemps. De la cuisine, l'injure à la bouche, je l'ai entendu crier : «Si je la revois comme ça, cette pute, je la tue. Je le jure sur Allah.» D'après lui, je jetais le trouble sur la famille et déshonorais nos ancêtres bien aimés. Le rouge à lèvres, c'est péché !

Ma mère a fait celle qui n'avait pas entendu. J'ai prié pour que mon père ne revienne plus. Mais le Ciel n'entend que ce qu'il veut entendre. Mon père est ressorti de la cuisine, un couteau à la main. Il a vu mes yeux rougis et enflés de larmes. L'allongé de son bras promettait les coups à venir. Avec mes mains, je me suis protégé la tête. Plus je grandissais, moins j'étais la fille de mon père. Plus le temps passait, plus je comprenais que je ne le serais jamais. Je suis la fille d'un homme qui n'a jamais aimé sa fille.

Pour me ramener dans le droit chemin, moi qui étais tombée dans le péché, mon père m'ordonna d'aller me laver le visage avant que Dieu ne sévisse. Il orienta le couteau vers moi et approcha la pointe tellement près que je crus que la lame s'était mise à parler.

«Ce n'est pas la maison du péché, ici, hurla-t-il. Ramasse ta pudeur et va faire tes ablutions.

– Pitié, père. Je ne recommencerai plus jamais.

– Nous ne sommes pas en Occident, ici!

– Nous sommes en Terre Sainte d'Islam, père.

– Ici, nous naissons musulmans. Nous vivons musulmans et nous mourrons musulmans. Alors, prie pour qu'Allah te pardonne.»

Me pardonner quoi? Le rouge à lèvres? Il n'y a vraiment pas de quoi fouetter une femme, même si dans mon pays on en a l'habitude. Je voulais être belle, c'est tout. Belle comme Ayesha, mon amie d'école. À quinze ans, elle est d'une beauté à couper le souffle. Elle ne craint personne et marche dans la rue avec arrogance. Elle porte sa liberté comme une provocation. Ayesha n'a jamais rien eu à faire des principes moraux. Bref, ce jour-là, je voulais faire comme elle. Je m'étais verni les ongles. Il n'y a pas de mal à ça. Sauf pour mon père qui soupçonnait dans mon maquillage les premiers signes d'insoumission et de révolte. Ses grosses mains de boucher promettaient le pire. Alors, j'ai obéi. J'ai pris du dissolvant pour retirer le vernis de mes ongles. J'ai fait disparaître le rouge de mes lèvres. J'ai effacé de mon visage les couleurs coupables. Pour me montrer propre dans le regard de Dieu, j'ai fait mes ablutions. Je me suis lavé le visage et les pieds. Je me suis assise sur le bidet pour nettoyer mes parties intimes. J'ai tordu ma longue chevelure pour égoutter l'eau et j'ai enveloppé mes cheveux dans un voile de soie moirée. Sous l'œil Céleste, j'ai fait ma prière.

*

Je pourrais en dire davantage sur mon intimité, mais c'est trop tôt. Je ne veux pas m'égarer. J'y reviendrai et me dévoilerai sans pudeur. J'en fais le serment. Pour le moment, ce que je peux dire, c'est que mon père ne sait pas tout. Et heureusement ! Il n'y a pas que de l'insoumission en moi. C'est pire que ça. Si mon père m'avait surprise en train de faire ce que je faisais quelques minutes avant son irruption, il m'aurait tuée. J'étais à l'âge où les filles fouillent dans leur corps pour en découvrir chaque parcelle. Des poils commençaient à apparaître sous mes aisselles et mon pubis. J'étais précoce. *Bini ou binkoum*, entre vous et moi, j'avais posé un miroir par terre. Sur ce miroir, je m'étais accroupie et j'avais écarté mes jambes. J'ai vu les jardins du paradis. Que celle qui ne s'est jamais regardée d'en bas me jette la première pierre. J'ai regardé mon sexe s'ouvrir. La blessure de la honte, comme ils disent. Je cherchais à quel endroit était cette honte. Je n'ai rien trouvé qui fasse rougir. Je n'ai vu entre mes jambes qu'une merveilleuse rose avec deux pétales. Le miroir, mon complice, est discret. Il oubliera ce qu'il a vu. Mais moi, je n'oublierai jamais que mon père m'a traitée de putain. Aurait-il dit quelque chose si j'avais été un garçon ? S'il croit que je suis une fille qui montre sa culotte au premier venu, il se trompe. S'il croit que je suis une fille de la rue, il se trompe aussi.

Je ne laisserai plus jamais personne dire que je suis une putain.

Et ce rêve !

Toujours le même qui hante mes nuits depuis que je suis toute petite.

Dans ce rêve, il n'y a pas d'être humain. Rien n'existe, si ce n'est une bulle d'eau dans laquelle je nage toute nue avec un garçon près de moi, lui aussi tout nu.

Ce rêve est en train de me dire quelque chose.

3

J'aurais pu commencer par vous dire que j'habite l'une des plus anciennes villes du monde proche de La Mecque. C'est là où fut inventée l'écriture arabe par les *Abd Daghm*. C'est une ville faite pour les croyants ; et ici, nous sommes bien plus pieux qu'ailleurs. On prétend que chez nous on peut voir suinter les paroles de Dieu. On dit que c'est vers notre peuple qu'Allah a posé son regard en premier. On jure que c'est vers l'Orient que se dirigent les splendeurs des Cieux. On soutient que depuis que Dieu a créé la lumière, les rayons de la foi et les beautés du matin s'orientent vers nos cœurs. Nous nous offrons à Dieu sans demander de gage. On nous a promis le paradis pour récompense divine.

Seulement le paradis et ses Jardins Célestes sont loin. Ma ville ressemble à une ville, mais n'en est pas une. C'est une grande geôle pour celles qui ont un *corps inachevé*. Toutes ces orphelines de pénis. En vérité, là où je suis est un pays des plus restrictifs au monde.

*

Si l'on veut connaître un pays de l'intérieur, il suffit de regarder la longueur de la barbe des hommes. Ici, vous ne trouverez personne rasé de près. Sur nos sols labourés par la foi ne poussent que des hommes à barbe qui ont fait de la femme la mauvaise moitié de l'homme. La merveilleuse féminité du monde ne leur convient pas. Alors, ils ont associé notre sexe au Mal et ont décrété que le vagin de la femme était l'antre du Diable. Notre seul tort est d'être femme. On dirait que nous sommes illégitimes dans notre propre pays. Quel abîme entre nous ! C'est un tragique malentendu.

Tu dois obéir !
Pourquoi ?
Parce que tu es une femme !

Chaque peuple décide de mettre la femme à la place qu'elle mérite. Et les barbus de chez nous disent que le Diable a dessiné la femelle menteuse, sournoise, dissimulatrice, infidèle et attirée par le péché. On l'a drapée de mille accusations, et les charges qui pèsent sur elle sont lourdes. Ici, chaque femme est accusée d'être femme. Chaque femme est accusée tout court. Et toute occasion est bonne pour faire son procès.

Dès leur plus jeune âge, on façonne les filles pour que leur esprit soit docile. Nées punies, on leur enseigne à accepter leur condition et on les dresse à obéir. Une femme se soumet, point ! Voilà ce que les lois froides de nos contrées ont fait de nous.

J'appartiens au sexe vaincu.

On ne peut pas dire que mon pays offre le bonheur aux femmes. Sur nos terres règne la loi islamiste. Cette pieuvre noire qu'on appelle la *chari'ha* dicte ce que *doit être* notre vie et ce qu'elle *ne doit pas être*. Chez nous, on pratique la mutilation croisée qui consiste à couper la main droite et le pied gauche d'un voleur. On lapide la femme chez qui on voit pointer la tête de l'adultère. L'homosexualité est une maladie qu'il faut éradiquer. Les femmes et les déviants sont la *population à surveiller*. Je vis dans un pays que je ne veux pas nommer. Mon pays est devenu innommable.

*

Pour comprendre la suite de mon histoire, il faut savoir que je vis dans un monde où les démons de la religion ne lâchent jamais leurs proies. Ce n'est vraiment pas une croyance apaisée. Au nom de la vertu, la *moutana*, la police religieuse, veille à ce que la femme honore le code de conduite et n'ait jamais d'attitudes légères en public. Il y a des choses qu'elle ne doit pas faire. Il en est d'autres qu'elle ne saurait même pas penser. Les barbus de la *moutana* prétendent avoir une âme supérieure. On les appelle aussi les gardiens de la vertu. La mort danse sur leurs lèvres. Ces gens-là ont commencé par croire en Dieu et ont fini par se prendre pour Dieu. Prétendant avoir la caution des Cieux, ils ont pris la religion en otage pour combattre le vice répandu par la femme. Nos visages nus sont interdits d'apparition. Il y en aura toujours un qui agitera son fouet, vous toisera de son sale regard et vous criera : « Le voile ! » Du droit à la différence, ils ont fait la différence des droits. Et du voile, ils ont fait l'instrument de l'oppression. Nous avions un visage, ils nous l'ont pris. Les témoins de la moralité sont à chaque coin de rue, toujours là à renifler le péché sous notre peau. Quand on les croit absents, ils sortent de je ne sais où qui le bâton à la main, qui le fouet sur l'épaule, qui le regard assassin, qui les dents jaunies et l'œil hostile. Intolérance et haine sont les deux bracelets qui tintent à leurs poignets. Si vous leur offrez des fleurs, ils prendront ça pour de la provocation. Et vous flagelleront.

La patrie n'est pas tendre avec ses filles.

C'est ainsi sous nos tristes tropiques.

Depuis que les gardiens de la vertu ont pris le pouvoir, mon pays a perdu sa beauté. La main de l'obscurité a empoigné la ville, et les fauves de Dieu qui prétendent avoir le monopole d'Allah ont plongé ma terre dans les ténèbres. Ils sont sans pitié, à croire qu'ils ont le cœur en dehors ; non, ils sont nés amputés de cœur. Ces gens-là ne vous parlent pas gentiment. Ils vous font du mal quand ils vous regardent. Ils vous font du mal quand ils vous parlent. Et vous font du mal même quand ils se taisent.

Ils ont fait de la femme une *sans visage*, une femme voilée qui ressemble à toutes les autres femmes. Dans la rue, aucune n'oserait se montrer à découvert. Rien ne doit attirer le regard de l'homme. Le dehors, c'est le royaume des mâles. « Soyez invisible ! », disent ceux qui agissent au nom de leur Dieu. Notre handicap d'être femme est trop visible. Alors, pour cacher nos corps coupables, nous devons porter l'habit traditionnel : l'*abaya* et le *niqab*. L'*abaya* est ce long manteau noir qui recouvre les parties honteuses de la femme. Ces parties que les hommes aiment tripoter du regard et qu'il faut dissimuler. Ils nous forcent à ne rien laisser voir. Et ce qu'on dérobe à leur regard ne fait qu'attiser leurs yeux frôleurs. On ne peut pas dire qu'ils aient le désir poli. Comme si nous nous repentions de quelque chose, nous marchons le regard chaste rivé vers le bas, en faisant mine de ne pas entendre les avances vulgaires des vauriens du dehors qui n'en finissent pas de nous trouver des trous partout. Ces trous dont ils rêvent à mots couverts. Les salisseurs de vertu nous abordent toujours pour de mauvaises raisons. Il nous faut faire semblant de ne rien entendre et encaisser sans rien répondre. Finalement, le silence est le plus élégant des mépris. Alors, nous disparaissons bouches fermées comme des ombres voilées vers les entrailles de la ville et le clair-obscur de ses souks aux rues en forme de viscères.

Pourquoi baissons-nous le regard alors que nos yeux promettent l'amour ? Parce que, dès la naissance, on nous a fait croire qu'être une fille de bonne famille, c'est baisser les yeux et avoir honte. Ah *l'ah'chouma* ! Puis, très vite, cette honte devient une part vivante de soi. Nos hontes sont comme des cloques qui recouvrent notre peau. On nous a dessiné des frontières, alors que nous rêvons d'horizons. Nos rêves naissent avortés dans la maternité des cieux. Et notre éducation nous somme de réprimer notre féminité. Ne savent-ils pas qu'une femme n'est pas qu'un corps, des seins et un cul ? Une femme n'est pas une jarre qu'on remplit de sperme, mais une source qu'on laisse jaillir.

*

Là où je vis, il n'existe qu'un modèle de fille. Celui de l'intolérante *charia* qui a décrété que le péché rôde entre les jambes de la femme. Mon pays a décidé de bannir l'amour et le sexe. Le désir féminin est coupable et n'a pas droit de cité. Une fille libre est une putain. « Le corps de la femme est une menace pour la religion », disent ceux qui agitent l'étendard de la peur et prétendent que l'honneur d'une femme se trouve entre ses jambes. On dirait qu'ici, le sexe de la femme appartient à tout le monde, sauf à elle-même. Pour les gardiens de la vertu, la *femelle* se résume à : *Foulard, virginité et silence.* Nos mots sont censurés dans nos bouches. Nous avons tranché nos lèvres.

Et nos silences sont les silences des vaincues.

Nous sommes dans la cité des rêves brûlés. Ici, vous ne verrez pas de ces *filles de l'été* légèrement vêtues. Chez nous, une fille qui jouit hors mariage est une pute qui mérite la mort. Nos contrées ne sont pas faites pour celles qui ont le goût de l'amour et rêvent d'une jeunesse audacieuse. Montrer un mollet serait obscène. Gare aux rires un peu trop hauts dans la rue. Attention aux démarches suggestives. On ne roule pas du bassin quand on est une bonne musulmane. Les filles qui exhibent leur contour fessier ne sont pas les bienvenues. Les garde-fous de la religion ont le devoir de mater celles qui se prennent pour des aigles et s'apprêtent à déployer leurs ailes. Gare aux filles qui n'estomperaient pas leurs hanches. Maudites soient les poitrines insolentes qui se balancent exagérément. La rue nous épie. Tout invite à être sur ses gardes. Malheur à celles qui ne cachent pas leur désir sous leur abaya. Vous ne verrez pas la sève du printemps monter dans les yeux ardents des jeunes filles. Laquelle oserait échanger sa salive avec un garçon en pleine rue ? Pas de ça chez nous. On n'est pas chez les *kouffars*, les mécréants ! Leurs mœurs ne franchiront pas nos murs.

Nous sommes sur des terres où les femmes tremblent. Je me sens étrangère à ce monde.

Ce n'est pas ici que je veux me réveiller tous les matins.

4

Les chiens ne font pas des chats. Et mon père a de qui tenir. Je veux parler de sa mère. C'est une femme très autoritaire. Les traits de son visage sont durs. Ses lèvres n'ont jamais appris à sourire. En vérité, c'est un amas ardent de méchanceté.

Chez nous, quand une femme épouse un homme, elle épouse toute la famille de son mari. Mais elle épouse surtout la belle-mère. La mère de mon père est veuve. Son fils unique lui voue une véritable adoration. Quoi qu'elle dise, quoi qu'elle fasse, il l'approuve sans limites. Ça se respecte une mère en islam. C'est même sacré. La vieille habite dans notre maison depuis la mort de son mari. Mon père l'a fait venir parce qu'il a toujours besoin d'elle. Depuis que la vieille est arrivée, c'est elle qui détient le pouvoir et les cordons de la bourse. Au vrai, c'est elle qui porte la culotte.

La vieille ne s'entend avec personne, sauf avec elle-même. Elle jouit d'une domination sans partage. Elle aime mettre son nez partout. Elle dicte sa loi et met tout le monde au pas. Même son silence donne des ordres. Un seul de ses mauvais regards nous fait fondre sur place. Gare à celle d'entre nous qui oserait faire ceci ou cela sans qu'elle en soit informée. Elle parle la langue des serpents et les paroles blessantes jouent des coudes pour sortir de sa bouche. Lorsqu'elle pose les yeux sur nous, c'est de haut qu'elle nous regarde pour nous rappeler notre insignifiance. Ce qu'elle dit est de l'ordre de *l'indiscutable*. Le visage peu amène, le ton condescendant et la voix virile, elle donne les directives : « Fais ci ! », « Fais ça ! » Elle ne dira jamais : « S'il te plaît. » Sous les yeux approbateurs de son fils qui lui obéit au doigt et à l'œil, la vieille parle à votre place et vous dit « ce qu'il faut penser » et « comment le penser ». Pour prendre la parole, il faut attendre qu'elle fasse un signe de la tête et vous autorise à ouvrir la bouche. Malheur à celle d'entre nous qui heurterait sa toute-puissance.

La vieille, je l'appelle par le titre qui flatte son orgueil : *hadja*. C'est ainsi qu'on nomme celles qui ont étanché leur soif de foi dans le pèlerinage à La Mecque. Alors des *hadja*, je lui en donne, en veux-tu en voilà. Et j'acquiesce à tout ce qu'elle dit. Depuis qu'elle a effectué son *hadj*, elle est toujours vêtue de blanc et ne se sépare jamais de son chapelet en pierres précieuses. On dit que quiconque égrène son chapelet en récitant les quatre-vingt-dix-neuf noms d'Allah aura ses péchés pardonnés, fussent-ils aussi nombreux que les écumes de la mer. La vieille, on dirait une sainte malveillante. Et comme on le verra plus tard, des péchés, elle en a commis plus qu'il n'en faut. Lors de ses montées de sang, mieux vaut ne pas être dans ses entours. À chaque fois que je la croise, je me dis : « Pourvu qu'elle soit de bonne humeur. » On ne peut pas dire que je la porte dans mon cœur. Et elle me le rend bien. C'est à peine si elle me tolère dans cette maison. Je ne suis pas ce qu'elle aurait aimé pour son fils. Non, je ne suis pas le garçon qui aurait fait la fierté de la famille. C'est le drame de la vieille.

Et elle me le fait payer tous les jours.

Je suis née fille.
Voilà ma punition.

*

Comme il se fait ici, je n'ai pas échappé à l'éducation des filles arabes. Sans en demander l'autorisation, la vieille nous a emprisonnées dans son armature théologique. Se croyant tout permis, elle a écarté notre mère et nous a éduquées, mes sœurs et moi, comme elle-même a été élevée par sa propre mère. C'est-à-dire dans le noviciat et la chasteté. Sous prétexte de nous mettre à l'abri du péché, la vieille nous a embaumées de ses interdictions religieuses. Surtout ne pas succomber à la chose interdite avant le mariage. Une fille n'écarte jamais les cuisses sans la bénédiction de Dieu. Une bonne musulmane ne donne ni son cœur ni son corps avant le mariage. La vieille a toujours craint que l'honneur de la famille ne soit entaché et que nous ayons à recourir à *l'homme qui répare les femmes* – le médecin qui reconstruit le corps endommagé des filles en leur offrant un hymen flambant neuf. En vérité, ici, la vie d'une fille se résume à ceci : Du ventre de sa mère à la maison de son mari. Ou pire encore : Ne quitte sa maison que pour son mariage ou son enterrement.

Avoir un père et une grand-mère comme ça, c'est la double peine. Vivre dans cette maison, c'est se taire. Tout est broyé par leur autorité. La vie va au gré de leurs désirs. Ma pauvre mère, elle, c'est la grande muette. C'est une bouche sans personne derrière. Enchaînée au pied de mon père, elle n'a rien à dire. Elle n'est même pas autorisée à sortir seule. Mon père dit que la place d'une *anthaa*, d'une femelle, c'est la maison ; le seul lieu où ma pauvre mère a le droit d'exister. Vivre, c'est être emprisonnée à l'intérieur. Les serrures ont été verrouillées sur la *séquestrée* qu'est ma mère. Les poignées pivotent mais les portes ne s'ouvrent pas. La maison est devenue son tombeau. «Elle a tout ce qu'il faut à l'intérieur. Pourquoi sortir?» dit mon père. Seulement, même en or, une chaîne reste une chaîne. Chez nous, les femmes passent leur temps cachées derrière les rideaux de leur fenêtre à regarder ce qui se passe dehors.

*

Pendant que ma mère est clouée à la maison, mon père fait ce que bon lui semble et n'a de comptes à rendre à personne. Personne n'ose lui demander où il va ni d'où il vient. Ce qu'il fait à l'extérieur, ça, ma mère ne s'en mêle pas. Et c'est souvent qu'il rentre tard de ses fumeries. Mon père est un grand fumeur d'opium. Chaque soir, il s'installe avec une poignée de clients-amis dans l'arrière-boutique de sa boucherie, le sanctuaire comme il l'appelle. Tout fumeur est considéré comme perdu dès qu'il atteint cinquante pipes par jour. Mon père les dépasse largement. L'opium est une drogue qui modifie la conscience et la perception. Dupé par son imagination, le fumeur peut avoir des hallucinations. Seulement, rien n'existe de ce qu'il croit voir. C'est ça l'opium.

Mon père n'est pas un homme qu'on a envie de retenir à la maison. On est contentes quand il n'est pas là. Le soir, lorsqu'il est à ses fumeries, je tiens compagnie à ma mère. La vieille, elle, s'absente pour des raisons que personne ne connaît. Elle s'habille, se parfume et disparaît on ne sait où. C'est son secret. Je me demande bien ce qu'elle fait dehors. Bref, quand mon père et la vieille ne sont pas là, ma mère et moi jouissons d'un peu de tranquillité. La vie ne lui a pas souri. Ça n'a pas été facile. Elle ne vit pas, ma mère ; elle feint de vivre. Quand je lui demande si ça va, elle me répond : « Tout va bien ma fille, *hamdou'Allah* ». Je vois bien que ses yeux racontent une autre histoire. Les femmes ont souvent le chagrin secret. Elles disent toujours que tout va bien, alors que rien ne va. Et dans la vie de ma mère, tout ne va pas aussi bien qu'elle le prétend. Elle a peur. Elle sait que quand mon père rentrera imbibé d'opium, elle subira ses violences d'humeur.

Un soir, je me suis dit que ça ferait du bien à ma mère de se confier. Je suis allé la voir, et j'ai tenté de convoquer sa jeunesse. Je voulais qu'elle aille doucement à rebours, retrouver ses souvenirs.

«Raconte-moi ta vie, *'umi*, mère.

– Mon histoire te ferait fuir.»

Ma mère a fait *la sans passé*. Elle qui ne perd jamais rien prétendait avoir perdu ses jours d'avant. Je voyais bien qu'elle tentait d'éviter toute discussion qui la renverrait en arrière.

«Tu sais ma fille, parfois mieux vaut passer devant ses souvenirs et se dire qu'ils ne sont pas à nous.

– Tu n'as rien vécu de beau?

– Rien qui vaille la peine d'en parler.

– Dis-moi quand même, mère.

– Ma vie n'est à offrir à personne. Laissons les souvenirs s'évaporer doucement. Je t'épargne le récit de ma vie, ma fille. C'est un fardeau que je ne voudrais pas que tu portes.»

On dit que les grandes douleurs sont muettes. Alors, ma mère préfère se taire.

«Pourquoi t'es-tu mariée, ma mère?»

– Je n'avais pas le choix!

– Comment ça?

– On m'a tout imposé.

– As-tu fréquenté mon père avant le mariage?

– On ne m'a pas laissé le temps de découvrir ses failles. Je ne savais pas que je tomberais dans un gouffre.»

À quoi bon déranger ses souvenirs? Le cœur d'une mère ne doit pas être ouvert de force. Et puis, parler du passé ne l'efface pas.

Le mariage de ma mère n'avait rien d'un choix du cœur. On lui avait dit « hors mariage point de salut ». On lui avait promis un avenir sans orage et elle s'était mariée sans amour. Elle s'était installée dans la vie conjugale avec beaucoup d'espoirs. Sans savoir qu'elle allait y laisser sa peau, et que ce qu'elle croyait être un nid d'amour deviendrait un enfer. Je crois que si elle avait pu infiltrer l'avenir, jamais elle ne se serait fourvoyée dans ce mariage.

« Comment peut-on se marier sans amour, mère ?

– Chez nous, on se marie d'abord. Et on voit après si l'amour vient ou pas. »

*

Ici, toutes les raisons sont bonnes pour se marier, sauf l'amour. Ça fait trente-cinq ans maintenant que ma mère s'est échouée dans ce mariage. Et tout aussi longtemps qu'elle mène une vie soumise et silencieuse. Et l'amour n'est toujours pas venu. On ne peut pas dire que son mariage soit une réussite. Trente-cinq ans qu'elle est obéissante sans rien attendre en retour. Trente-cinq ans qu'elle est cachée derrière l'effacement de ses propres désirs pour n'être que la servante de cet homme, fumeur d'opium et violent, que j'appelle mon père. Qu'est-elle pour lui ? Une femme obéissante qui écarte les cuisses quand il le lui demande.

« Les choses ne sont pas aussi simples que tu le penses, ma fille. Personne ne sait ce qu'est le mariage avant d'y avoir mis les pieds. Les certitudes de l'enfance ne sont pas définitives. Tu verras plus tard, lorsque l'optimisme de ta jeunesse se sera éteint. Un jour, tu comprendras.

– Comprendre quoi, ma mère ?

– Que le mariage est un long chemin au bout duquel une femme n'est plus la même. Vient un jour où cette femme repense à la jeune fille qu'elle a été. Elle se regarde dans le miroir et ne se reconnaît plus. Ce jour-là, le miroir lui dit ce qu'elle n'ose penser d'elle-même.

– Qu'est-ce qu'il lui dit le miroir ?

– Que le mariage est un gouffre à déceptions.

– Tu aimes ton mari, ma mère ?

– Disons qu'il n'a pas su m'aimer.

– Explique-lui comment tu veux être aimée.

– Les sentiments ne se quémandent pas, *ya benti*, ma fille.

– Où est l'amour dans cette affaire ?

– Si tu savais combien de mains se tendent vers là où se blottit l'amour sans jamais l'atteindre.

– C'est quoi l'amour entre un homme et une femme ?

– C'est lorsque deux êtres se rencontrent et échappent à la réalité. »

*

Ma mère est la « numéro trois », comme on dit ici. Les deux premières épouses sont stériles et ne sont plus convoquées au lit. Mon père ne les touche plus depuis longtemps. Elles vivent chacune dans une chambre et s'arrangent pour ne jamais se croiser. Elles préparent leurs repas et font leur lessive dans leur chambre. Je ne les ai jamais vues s'adresser la parole. Pourquoi mettent-elles leur langue dans la poche ? Elles pourraient la mettre ailleurs, cette langue. Au lieu de subir la disette sexuelle, elles feraient mieux de se caresser les seins et se lécher l'une l'autre, plutôt que de rester là à mourir chacune de son côté. C'est comme dans les harems, depuis la nuit des temps, les femmes se font du bien entre elles. Personne n'en aurait rien su. Même Dieu aurait fermé les yeux.

Mon père a l'amour prédateur. Il est de ces hommes qui vous forcent à les aimer, alors qu'ils savent qu'ils ne vous aimeront jamais. Ma mère, je la rêve délivrée de la domination de son mari. J'imagine ce qu'elle a traversé avant que je ne vienne au monde. Je n'ai jamais vu mes parents se sourire, s'embrasser, se tenir la main et se dire des mots doux. La vie sexuelle de ma mère est d'une misère à pleurer. Elle a toujours redouté le moment où elle serait appelée au lit par mon père. Pourtant, elle ne se refuse plus depuis la fois où il l'a frappée à sang car elle ne voulait pas se laisser faire. Depuis ce jour, en plus de la fatigue de sa journée, elle se soumet aux sollicitations de son mari. J'ai été témoin de choses dont j'ai honte de parler. On n'imagine pas ses parents faire l'amour. Mon père s'y prenait mal. Une femme, ça se prépare.

Lorsque j'étais plus jeune, par la porte entrebâillée, j'ai vu ma mère s'allonger sur le lit, remonter son caftan jusqu'au niveau du pubis et enlever sa culotte. Soumise jusqu'à l'âme, elle a écarté les jambes et a laissé faire mon père. Elle avait les yeux ouverts et regardait le plafond, pendant que son mari l'enfourchait. Je crois qu'elle attendait que ça passe, et elle devait penser à sa lessive ou à nettoyer les carreaux. Mon père ne s'est jamais préoccupé du plaisir de ma mère. Ses mains n'ont jamais su où aller sur le corps de sa femme. Aucune fantaisie chez lui. Toujours ma mère allongée sur le dos et lui sur elle. Après quelques va-et-vient furtifs, il éjacule à la va-vite, bien avant l'heure. Ce n'est pas comme ça que le dos de mon père risquait d'être labouré par les ongles de ma mère ! Il n'avait pas besoin de dire à sa femme : « Chuutttt ! », en lui mettant la main sur la bouche pour étouffer ses cris. Qu'il se rassure, ma mère ne risquait pas d'ameuter le quartier.

Ce jour-là, lorsque mon père en a eu fini de sa besogne, il s'est levé et s'en est allé faire ses ablutions avant de se jeter dans la prière. Ô mon père, ce n'est pas comme ça qu'on fait l'amour à une femme. As-tu pensé à pimenter les moments intimes ? Sais-tu que le corps d'une femme est le plus beau des mausolées ? Chaque parcelle est faite de mille douceurs. Ce sont les prémices du paradis. Il y a tant de replis à explorer. As-tu pensé à masser le corps de ta femme avec une huile sensuelle parfumée au musc oriental ? As-tu songé à lui lécher le creux de l'oreille ou à lui mordiller le lobe, à passer ta langue entre ses seins, à poser ton souffle sur sa nuque, à frôler du doigt ses fesses et ses chevilles, à sucer ses mamelons la bouche pleine de salive, à enfoncer délicatement tes doigts dans son vagin ? N'oublie pas que le Prophète a dit : « Jouir et faire jouir est du devoir des croyants. » Alors, fais jouir ta femme, mon père. Lèche-lui le sexe, elle va adorer. Mais je le sais, les hommes d'ici n'aiment pas. C'est sale, paraît-il. On peut attraper une maladie, devenir sourd et muet, ou même rencontrer un djinn au fond du vagin. Ô mon père, si tu es un homme, fais-la monter au ciel. Et son joli petit bourgeon, son clitoris, y as-tu pensé ? Sais-tu que ça se travaille comme les grains de semoule qu'on roule avec l'huile d'olive pour les faire gonfler ? Un clitoris, ça fond dans la bouche comme un gâteau au miel. Mon père, tu devrais célébrer ta femme comme on célèbre la fête de l'aïd. Sans la faire bouger du lit, emmène-la en Jordanie et fais-lui visiter Pétra la nabatéenne, la cité perdue aux mille visages. Le sexe de ta femme deviendra une mandoline sous tes doigts, et tu réveilleras en elle tant de mélodies endormies. Tu entendras les refrains du paradis. Et tu verras les houris danser sur son ventre.

Mais mon père n'a jamais eu la gentillesse d'offrir un orgasme à sa femme. Et ma mère ne connaîtra jamais Pétra. Ni les plaisirs de la huitième merveille du monde. Pourtant, elle n'a jamais rien reproché à mon père. Pour elle, c'est ça le devoir conjugal : s'allonger et écarter les cuisses. Après tout, le plaisir revient d'abord à l'homme. Ma mère est un vagin muet qui ignore les cris de la jouissance. Son ventre n'a subi que les contractions et les douleurs de l'accouchement. Elle n'a jamais réclamé son dû. Pourquoi ne fait-elle pas comprendre à son mari qu'elle ne ressent rien ? Que ça rentre et sort sans aucun plaisir. Mais «orgasme» est pour ma mère un mot honteux qu'elle n'oserait jamais prononcer. Et encore moins demander à mon père de la faire jouir. Peut-être qu'à un certain âge, une femme n'a plus besoin de sexe dans sa vie? À moins que je ne me trompe et que le désir n'ait rien à voir avec l'âge. Nous connaissons nos mères en tant que mère et pas en tant que femme. Pourtant, avant d'être mère elles sont femmes. Peut-être que lorsqu'elle est seule, ma mère se caresse «pour compenser». Les femmes ont des mains. Et ça ne sert pas seulement à faire la cuisine et le ménage. Les doigts sont faits aussi pour donner du plaisir. Mais c'est péché. Je doute que ma mère fasse ça. Nos Écritures disent que la masturbation est nuisible au corps. Les Textes orientent plutôt vers le jeûne. Comme ma mère jeûne souvent, je me dis qu'elle remplace la masturbation par le jeûne. J'ai envie de parler de tout ça avec elle. Mais une fille ne parle pas de ces choses-là avec sa mère. Elle ne peut pas la regarder dans les yeux et lui dire : «Tu es une mal baisée, maman.»

Cet homme et cette femme sont devenus mes parents. Je suis déçue d'avoir été conçue comme ça.

*

Un autre jour, j'ai demandé à ma mère :

«Pourquoi es-tu si obéissante à mon père?

– Parce que c'est un homme.

– Et alors?

– Chez nous, il faut obéir aux hommes.

– Pourquoi sommes-nous soumises?

– Parce qu'on n'a rien entre les jambes!

– On doit obéir parce qu'on n'a pas de pénis?

– Oui, ma fille. Nous naissons soumises. C'est comme ça.»

Nous sommes ce que l'on a fait de nous.
On ne naît pas soumise.
On le devient.

« Mère, pourquoi portons-nous le voile ?

– C'est une façon de dire à notre société : *Je reconnais que je traverse le monde des hommes. Et que je ne suis qu'une femme.*

– Pourquoi Allah n'intervient pas ?

– Il faut respecter le silence de Dieu.»

*

Quelle est la vie de ma pauvre mère ? Celle d'une femme privée de liberté qui ne se résout pas à se séparer de son tablier de ménagère. Elle veut que sa maison soit la mieux tenue d'Arabie. La vaisselle lui a abîmé les mains. Ses doigts souffrent de gerçures. Elle a mal au dos tant elle bat les tapis berbères et les époussète. Ses jambes enflées de fatigue lui font mal. Ses bras sont usés à force de bercer le chagrin. Ses yeux sont chiffonnés, mais elle ne s'arrête que pour s'enfoncer dans Dieu. Elle n'a jamais raté une prière, sauf pendant ses règles où elle n'a pas le droit de prier. Elle rattrape ses prières ensuite, dès qu'elle n'est plus réglée. Et elle continue de s'agiter. Elle donne du temps à tout le monde, sauf à elle-même. Je lui demande de laisser sa fatigue à la cuisine et de se donner la permission de s'allonger un peu dans sa chambre au lieu de traîner sa tristesse à longueur de journée. Par-delà son épuisement physique et ses traits faussement rieurs, la fatigue est intime.

«À chaque jour suffit sa peine. Repose-toi, ma mère.

– J'ai encore du travail.

– Pense un peu au bonheur.

– Le bonheur, j'ai longtemps cru qu'il n'allait pas tarder à venir.

– Le bonheur est peut-être en retard. Il faut attendre encore un peu, ma mère.

– Vient un jour où une femme n'attend plus rien, ma fille.»

Ma mère n'a pas le temps de réfléchir à son sort. Le bonheur est pour elle une paresse. Elle court à droite et à gauche. On dirait qu'elle tourne autour de ses blessures. Craint-elle de se retrouver confrontée à la réalité de sa vie si elle cessait d'agiter son balai ? Le sol est aussi luisant qu'un miroir, mais elle continue de nettoyer. Ses mains ne dorment jamais. À genoux, elle nettoie les plinthes en fredonnant dans une espèce de gaité triste. Mais je ne suis pas leurrée par sa belle humeur ; je sais qu'elle travaille le jour et pleure la nuit. Ma *mère-courage* frotte et répète sans cesse l'invocation suprême : «Dieu est grand.» Quand j'étais petite, en la voyant ainsi s'affairer et parler à Dieu, je croyais qu'Allah était à l'entour et n'allait pas tarder à frapper à notre porte. Si Dieu était venu chez nous, je Lui aurais ouvert la porte. Je L'aurais regardé dans les yeux et Lui aurais réclamé le bonheur pour ma mère. Mais Dieu n'est jamais venu chez nous.

Les jours heureux ne s'achètent pas.
Il n'existe pas d'épicerie du bonheur.
Et le destin de ma mère restera le destin d'une femme soumise.

5

Ce que je n'ai pas dit, c'est que mon père va plus loin que ne devrait aller un homme. Chaque prétexte est bon pour rabaisser ma mère. De ses lèvres ne s'échappent que paroles qui ternissent le ciel et font tomber la dignité d'une femme. Mon père ne mérite pas ma mère. Comment peut-elle accepter d'être ainsi bafouée? Comment peut-elle subir tant d'humiliations sans rien dire? Seulement, quand elle s'est mariée, elle ne pouvait présager de la violence à venir.

En plus de l'attitude offensante et les propos odieux que j'ai entendus, ma mère est une femme battue. «Il est juste que les femmes soient corrigées, se vante mon père. Il n'est pas mauvais de les frapper de temps en temps pour montrer qui est l'homme.» Sa peau se souvient des coups. La mienne aussi. Les coups, ce n'est pas ce qui a manqué. Ma mère ne sait pas se défendre. Et il arrive beaucoup de choses aux femmes qui ne savent pas se défendre. Ma mère est arrivée au bout de l'acceptable, mais elle ne dit rien. Pourquoi mon père n'apprivoise-t-il pas sa brutalité?

*

Un jour, je découvre des marques de violence sur le visage de ma mère.

« C'est quoi les bleus sur ta joue ? je lui demande.

– Je me suis sentie mal avec la chaleur. Je me suis évanouie et ma tête a heurté le sol.

– Fais-moi voir ça de plus près.

– Ne t'inquiète pas, ma fille... Ce n'est rien... Ça va passer. »

Ma mère jure que *ça va passer*. Elle sait bien que *ça ne passera pas*. Les bleus de la douleur finiront par s'en aller un jour. Les bleus à l'intérieur, on ne les entend pas. Ça hurle sans bruit.

« Je t'aime, ma mère.

– Que Dieu te garde sous sa Sainte Protection.

– Je crois que c'est toi qui as besoin de protection.

– Personne ne peut échapper aux griffes du destin, ma fille. »

Eh bien, le destin s'est bien moqué de toi !

*

Je me souviens de ce jour où je n'ai pas voulu laisser le temps à mon père de frapper ma mère. Je m'étais retrouvée là, entre la violence de l'un et la résignation de l'autre. Je m'étais interposée avant que la salve de coups ne s'abatte sur elle. C'est toujours comme ça lorsque mon père a abusé des fleurs de pavot. Quand sa tête est pleine de fumée d'opium, il devient imprévisible. C'est alors le pire qui le traverse. Et il a la main facile.

Ce jour-là, j'ai cru que les yeux de ma mère me hurlaient désespérément :

« Sauve-toi ! »

Emporté par sa colère, mon père s'est déchaîné contre ma mère pour un repas qui n'était pas assez chaud à son goût. Je l'entendais l'humilier : «Ça t'apprendra ! » ; « Je vais te répudier ! » ; «Tu n'es rien sans moi ! » Il lui a arraché son foulard et l'a empoignée par les cheveux pour la faire tomber à terre. De sa main gauche, il la tenait par le cou, tandis qu'il la giflait de sa main droite. Ma mère se protégeait le visage, et j'entendais ses cris silencieux percer les ténèbres. Même si je n'étais pas de taille à lutter, je me suis interposée avant que le sang de ma mère ne se mélange à ses larmes. Mais que pouvaient ses larmes stériles face au cœur sec de son mari ? Sa violence s'est déportée sur moi. Il a toujours tapé indifféremment la mère comme la fille ; après tout, l'une n'est que le prolongement de l'autre. À cette époque, je lui arrivais un peu plus haut que la hanche et mes épaules n'étaient pas aussi larges que les siennes. J'avais oublié qu'à lui seul, il a la force de trois hommes. Et que dans la rue, en voyant sa carrure imposante, les gens s'écartaient pour le laisser passer. J'avais oublié les coups et les gifles de la dernière fois, dont je gardais encore les traces. Mais je m'étais habituée à la violence. Les flammes hurlantes de la douleur n'avaient plus prise sur moi. La vraie *moi* n'était pas la fille frappée. Shahrazade était loin. Inaccessible. Cette fois-là, ma mère a échappé au pire. Je l'ai serrée dans mes bras et lui ai dit les mots d'amour qu'une fille peut dire à sa mère. «C'est l'envers du mariage, ma fille, m'a-t-elle répondu. Les indélicatesses du destin, personne n'en connaît le début. Et encore moins la fin.»

*

Ma mère ne sait ni lire ni écrire. «Si j'étais allée à l'école, dit-elle, j'aurais sans doute eu une autre vie.» Soit ! Mais école ou pas école, tu n'aurais jamais dû accepter que ton mari lève la main sur toi. Tu vis l'enfer des femmes battues. «On ne peut comprendre le malheur que si on l'a fréquenté», soupires-tu. Même si tu prends sur toi, les faits sont devant les yeux de tous. Les gens savent bien que les bleus à ton cou, que tu portes comme d'affreux bijoux, ne sont pas venus tout seuls. Les bleus sur la peau des femmes ne viennent jamais seuls. Les mains de mon père n'ont jamais servi à caresser. Ces mains-là ne savent qu'à faire couler le sang. Et lorsqu'il t'aura frappée et qu'il sera à l'extérieur, mon père fera comme si de rien n'était. Dehors, il ne montre jamais ce qu'il fait subir à sa femme *dedans*. Dans la rue, la dernière fois, je l'ai entendu parler des femmes avec l'un de ses clients fumeurs d'opium. Paisible dans la violence de ses propos, mon père a dit : « Il n'y a pas de différence entre une femme et un tapis. Plus on les bat, plus ça devient doux.»

Puis, fiers de leurs réparties, ils ont éclaté de rire. Le client a ajouté :

«Il faut tenir nos femmes, sinon elles nous feront du mal. C'est du devoir de l'homme de les corriger.

– Leur capacité de nuisance est sans limites.

– Sans les femmes, nous n'aurions pas à prier pour notre âme tous les jours. Leur cul risque de nous priver du paradis.

– Tu as raison, mon frère. Fréquentons les mosquées pour ne pas courir à notre perte, a dit le phallocrate de Dieu, qui a conclu par un proverbe arabe : *Bats ta femme tous les matins. Si tu ne sais pas pourquoi, elle le sait.*»

Puis, une poignée de main scella l'avilissante complicité entre les deux hommes.

Le destin ne s'excuse jamais. Et tu as honte de parler, ma mère. «Qui entendra mes paroles ?» dis-tu. Victime de toutes ces violences qui se taisent dans nos cultures, tu n'es qu'une femme battue de plus. Tu ne dis jamais que tu as mal. Tu sais bien que si ta bouche se plaint, une autre bouche dira : «Si ton mari te frappe, c'est qu'il a ses raisons.» Alors, tu gardes le silence et ta peau n'ose pas se plaindre. Mais si tu ne parles pas, qui parlera à ta place ? Tu n'as jamais eu ce à quoi tu as droit : le respect ! Est-ce cela un *rajel*, un homme ? Ce ne sont pas les gifles et les coups de reins mal donnés qui font un homme. Traiter ma mère autrement aurait rendu mon père un peu plus respectable à mes yeux. Dis, mon père ! Cette femme prématurément vieillie qui sourit quand rien ne va, c'est ma mère. Celle qui a peur de tes mains, c'est ta femme. Ni tes regrets ni tes excuses ne suffiront. Une femme n'oublie jamais la façon dont un homme l'a traitée. Elle se souvient de tout. Même des mots qui n'ont pas encore été prononcés.

*

Nous n'avons jamais ressemblé à une famille normale. Mon père incarne la face sombre de la virilité. Ma mère, elle, c'est la délicatesse. La bonté est inscrite en elle. Son regard ne ment pas et ses yeux sont si purs qu'on peut y voir flotter son âme. Elle est d'une servilité qui n'appartient qu'aux domestiques. Elle aurait pu s'appeler *consentement*. Avec abnégation, elle lave les pieds de son mari. Les habits de mon père sont impeccablement repassés et parfumés d'ambre. Elle nettoie et cire ses chaussures. Elle fait ce qu'elle peut pour que son *rajel* n'ait rien à redire. Oh, cette soumission consentie au nom de je ne sais quoi !

Mon père se croit tout permis. Il estime que sa femme est une servante et il la traite comme un essuie-pieds, ne supportant aucun retard. Quand il rentre de sa boucherie, la table et la nappe l'attendent. Il s'installe et attend d'être servi, *toujours*. Et ma mère obéit, *toujours*. Elle lui sert son repas au salon et disparaît dans sa cuisine en attendant de se faire siffler. Eh oui, ma mère est une femme qu'on siffle. Mon père aime porter la main à la bouche, l'embonpoint de son ventre trahit son appétit. Ses moindres volontés sont exaucées. Ce que père veut, mère le fait. Elle devance ses désirs et lui prépare les plats qu'il aime, des sauterelles grillées ou des moineaux en brochettes. Lorsqu'il s'attable, au lieu de remercier sa femme, mon père récite la sourate de *La table servie* et mange. Ma mère c'est *l'acceptante*. Et quoi qu'elle fasse, son mari ne lui sait gré de rien.

Ô ma mère, d'aucuns d'entre nous n'a une vie qui appartient à quelqu'un d'autre. Ta vie t'appartient. Revendique-le haut et fort. Combien de fois ai-je essayé de te dresser contre ton mari, en te disant que ça suffisait cette histoire de femme soumise et de suprématie masculine ?

*

Tout ce temps que ma mère a traversé à l'aveugle sans se poser de questions ! Un autre jour encore, je vais la voir et la pousse dans ses retranchements.

« Écoute ma mère. Sache que je suis fière de toi, mais tu ne devrais pas te laisser faire. Tu as assez subi comme ça. Ose dire à mon père ses quatre vérités. Je t'en prie, dis-lui que tu n'es pas la femme domestiquée qu'il croit.

– Ça ne sert à rien, ma fille. C'est la main de Dieu qui dessine les mosaïques de notre destin.

– Dis-moi, mère. Pourquoi mon père se comporte-t-il si mal avec toi ?

– Ton père d'hier n'est pas ton père d'aujourd'hui.

– Pourquoi te frappe-t-il ?

– Les dessous de nos hommes ne sont connus que par eux-mêmes.

– Pourquoi tu ne dis jamais rien ?

– Que veux-tu que je dise ? Même le ciel a ses ennuis. Moi que voilà, Dieu a voulu que je sois son épouse. Je l'ai vu se transformer et devenir violent à chaque fois que mon ventre s'arrondissait. Au fur et à mesure de mes grossesses, il se détournait de moi.

– Tu crois qu'il changera ?

– Les femmes ont un problème, ma fille.

– Lequel ?

– Croire que les hommes changent, un jour.

– Alors tu es condamnée à vivre ça jusqu'à la fin de tes jours ?

– Personne ne peut faire ployer le destin. C'est écrit, ma fille.

– Tu n'as jamais songé à divorcer ?

– Le ciel n'aime pas les séparations, ma fille.

– Pourquoi ?

– Dieu pleure en pensant aux enfants des divorcés.

– Ton mariage était une erreur.

– Sans doute. Mais les erreurs ne se regrettent pas, elles s'assument. »

Ah, si seulement les rides de nos mères pouvaient parler. Elles diraient les choses qu'elles n'osent pas dire à leurs enfants. Ma mère ne divorcera jamais. Dans sa famille, les femmes ne divorcent pas. Ce serait un échec. Une honte. « La divorcée ! », dira-t-on ; et on rira d'elle à bas bruit.

« Qu'espères-tu encore, mère ?

– Vient un jour où une femme n'espère plus rien, ma fille. Mais bon, il y a plus misérable que moi. Ça aurait pu être pire. »

Mais c'est déjà pire, ma mère. Tu le sais, toi qui crois aux forces de l'invisible. Depuis toujours, tu sondes l'avenir dans le marc de café pour y découvrir les projets de Dieu. Dès que mon père a fini son café de midi, tu récupères la cafetière et, Reine Misérable dans ton royaume qu'est la cuisine, tu lis dans le marc. Tes prédictions, tu ne les fais jamais quand mon père est là. Tu attends qu'il retourne à la boucherie. Tu as raison !

Une fois, il t'a surprise en train d'interroger les anges du mystère. Il t'avait alors reproché d'avoir conclu un pacte avec le Maître des Enfers et t'avait frappée. « Je ne veux pas être le mari d'une sorcière ! » avait-il crié en jetant la tasse contre le mur. Les yeux baissés, tu avais nettoyé et tout remis en état. C'est donc quand tu es délivrée de sa présence qu'en cachette, tu cherches à découvrir ce qui se cache dans les soubassements du destin. Je m'assieds près de toi et regarde le bleu prophétique de tes yeux. Au début, je ne croyais pas à tout ça. Mais ce que tu disais arrivait. Tu t'installes dans ta cuisine, te concentres, et on dirait que tu parles avec les anges ou peut-être même avec Dieu. Tu dis que tu entends des voix. La dernière fois, je t'ai demandé ce qu'elles te disaient. Tu as beaucoup hésité avant de me répondre que l'au-delà soufflait un décès dans la famille. «Pourvu que ce soit mon père», me suis-je dit. Oh, comme nous serions heureuses sans lui.

«C'est un homme qui va mourir? t'avais-je demandé.

– C'est une femme.

– C'est peut-être la vieille? Bon débarras!

– Tout ce que je peux dire, c'est qu'une femme va mourir.»

Ce que ma mère venait de prédire se produira bien. Le malheur frappera à notre porte.

Ma mère n'avait jamais voulu écouter les bruits de mon avenir dans le marc de café. Cette fois-là, j'avais tellement insisté, qu'à contrecœur elle céda.

«Sache que c'est la dernière fois que je fouille dans ton destin.

– Mais pourquoi?

– Parce que tu es ma fille et je ne veux pas découvrir des choses désagréables.

– Que vois-tu dans mon avenir, mère?

– Si on ne peut pas changer un pays, il faut changer de pays.

– Je ne comprends pas.

– Le marc de café prédit que ce monde est trop étroit pour tes rêves. Tu vas t'en aller rejoindre le pays de tes songes. Tu n'es pas faite pour rester ici.

– Ce pays, c'est comme ton ventre, ma mère. Je l'ai dans

mes veines. J'y suis née et j'y ai grandi. J'aime notre terre.

– Moi aussi, je l'aime.

– Je ne pourrai pas partir.

– Il le faudra, ma fille.

– Quand partirai-je, mère ?

– Bientôt.

– Si Dieu le veut.

– Dieu voudra.

– Écoute ma mère.

– Chut, Shahrazade, je sais ce que tu penses.

– Es-tu heureuse ?

– Une femme ne peut pas répondre à cette question. En revanche, elle pourra dire ce qu'il faut changer dans sa vie pour qu'elle le soit.»

Je crois que ma mère sait ce qu'il faut changer, mais préfère ne pas en parler. Seulement ses yeux trahissent ce que ses lèvres retiennent.

« Ça va, ma mère ?

– J'ai un peu mal au dos, ma fille

– Ce n'est pas le dos qui te fait mal, ma mère. C'est le fardeau que tu portes.»

Ma mère baisse la tête et sourit. Mais son sourire ne suffit pas à couvrir ses larmes. Je sais qu'elle retient l'eau de ses yeux et ne veut pas être vue en train de pleurer. Ses larmes sont sèches. Elle pleure en dedans et ça coule à l'intérieur. Pleure ma mère. Quel mal y a-t-il à pleurer ?

Je la regarde dans sa beauté humide, et me dis que même dans les larmes elle a de la grâce.

6

On dit que dès qu'une fille a ses premières règles, chaque pas qu'elle fera devra la mener vers son mari. On donne alors sa virginité à un homme qui ne la mérite pas. On noue les petites mains des fillettes à des mains ridées d'hommes qui pourraient être leur père, et qui auront tout le temps de les voir grandir. Jamais les hommes qui mangent la jeunesse des petites filles ne se disent : «Je suis trop vieux pour rendre heureuse cette enfant.» Chez nous, les filles s'endorment enfants et se réveillent adultes. C'est ce qui est arrivé à mes sept sœurs. Baignant encore dans les paradis de l'enfance, elles furent cueillies sans défense et jetées dans la fosse du mariage. Plus tôt qu'il eût fallu, mon père mit fin à leurs berceuses. Encore dans leur élan juvénile, elles abandonnèrent leur peau d'enfant pour endosser celle d'une femme. Elles tâtonnèrent dans leur mariage et, très vite, passèrent de l'enfance à la grossesse. Leurs seins se remplirent de lait et elles enfantèrent. Elles accueillirent la maternité et improvisèrent les gestes maternels, sans savoir par quoi commencer.

*

Nour, l'une de mes sœurs, était à un âge où le corps hésite entre l'enfance et l'âge adulte. À vrai dire, elle était sans poitrine. Juste de timides bourgeons. Mon père s'en débarrassa le jour où un ami lui dit : « Je cherche une fille pour mon fils. » Mon père est un adroit stratège. Prompt à saisir la moindre occasion, il est toujours prêt à se mettre en cheville avec ceux qui lui sont utiles. Soucieux de consolider sa fortune, il calcula ce qu'il pouvait tirer d'un tel marché. L'affaire étant rentable, il donna ma sœur en pâture.

« J'ai ce qu'il te faut, lui répondit-il.

– Que Dieu te bénisse, mon frère.

– Ma fille a la meilleure réputation de la ville. Elle n'a que des qualités. Elle est obéissante et sait tenir une maison. Avec elle, tu n'auras jamais d'histoire. »

Autrement dit, c'était de la bonne marchandise.

Du jour au lendemain, dans sa plus belle saison, ma sœur Nour fut emmenée loin de ce jardin fleuri qu'est l'insouciance de la jeunesse, alors même que son âge contredisait ce qu'on voulait faire d'elle. Au début, ma sœur s'était opposée à ce mariage avec toute la force de l'enfance. Mais derrière leur fard trompeur, les langues qui racontent de belles histoires lui avaient fait miroiter les gentillesses du bonheur. Sans jamais regarder ma sœur en face, on l'a badigeonnée de Reine et de Princesse et on a prononcé des paroles qui font briller les yeux des filles. Ma sœur y a cru. Elle a eu tort. Elle ne savait pas que les mots peuvent éblouir et tromper à la fois.

Chez nous, les plus belles histoires sont souvent habitées par les pires trahisons. La noria des mensonges avait réussi à convaincre ma sœur. La possibilité de l'amour l'a rendue aveugle, et elle n'a pas vu ce qui l'attendait. Les jeux de l'enfance encore dans la tête, ma sœur a dit oui pour échapper à la loi du père, sans savoir qu'elle quittait une prison pour rentrer de plain-pied dans une autre.

Puis, on procéda à sa vêture. Sans remords, on lui enfila une robe de mariée alors qu'elle ne pouvait porter que des vêtements de fillettes. «Désormais, elle appartient à son mari!», a dit mon père, en donnant sa fille au voleur des jolis jours. On célébra le mariage d'un homme laid et d'une étoile scintillante de jeunesse. Seulement la belle histoire saupoudrée de promesses en or par les brodeurs de merveilleux mensonges n'a jamais eu lieu. On devrait toujours se méfier de ceux qui n'aiment pas les rires de l'enfance. Même leurs baisers mentent à votre peau.

*

Pour mon père, le mariage de Nour s'était résumé à une transaction financière. Il en avait tiré gros sans que personne ne voie la couleur de l'argent. Seul ce que rapporte son commerce le préoccupe. Il ne s'est jamais intéressé à nous, ses filles. À aucun moment, il ne s'est senti approché par le devoir paternel. Il a vécu sans nous faire l'aumône d'un regard. On ne peut pas dire qu'il ait été fier de nous voir grandir. Pour lui, nous n'étions qu'une armée de fantômes sans pénis. *Des inachevées!*

Mon père est un homme qui n'a jamais craché sur l'argent. Personne ne manie les chiffres mieux que lui. Il a l'oreille sensible au tintement du sonnant et trébuchant. Pour lui, un sou est un sou. Et de l'argent, il en brasse beaucoup. Prisonnier de sa richesse, il en veut toujours plus. Avec lui, rien n'est gratuit et l'argent rentre à flot. Dans sa boucherie, le gras et les os ne font pas qu'arrondir ses fins de mois pour acheter son opium. En plus de la viande accrochée aux esses de sa boutique, il vend de l'huile d'olive. Sur les étiquettes des bouteilles, il a fait mettre son nom et il est écrit que c'est la meilleure huile d'olive de la péninsule. Il en boit une gorgée à chaque fois qu'un client vient acheter de la viande. « *Sab'han Allah*, dit-on, Grâce soit rendue à Allah pour la pureté de cette huile.» Mon père en boit tellement qu'on dit que dans ses veines coulent l'huile d'olive et les versets du Coran. Plus on dit ça, plus on en achète et plus il s'enrichit. Mon père a commencé avec presque rien. La viande caméline, prisée par les gens du pays, a fait sa fortune. La meilleure clientèle de la région lui est acquise. Sa boucherie est la plus renommée de la ville. Rien à voir avec le tout-venant des autres modestes échoppes à l'entour. «Ma viande et mon huile viennent du paradis. Même le Prophète en aurait demandé», renchérit-il avec un sourire qui masque ses ambitions mesquines.

*

Mon père a le sens des affaires, mais pas celui de l'amour. Après ma sœur Nour, mon père chassa du paradis de l'enfance mon autre sœur Zohra en la mariant alors que le dernier pétale de son adolescence n'était pas encore tombé. À elle aussi, on avait promis une belle histoire brodée sur le métier à tisser le mensonge. Ma sœur avait le sourire triste. On l'a félicitée et on lui a dit : «Ce sera le plus beau jour de ta vie.» Eh bien, non! Ce fut un cimetière de promesses non tenues. La vérité de ces gens-là ressemble à une horloge qui vous donne une heure, alors que les aiguilles en affichent une autre.

Le destin de Zohra fut frappé par la tragédie et son mariage prendra la forme d'un drame. Elle ne connaissait encore rien à la vie et ses joues se coloraient de rouge pour un rien. «Elle aura tout le temps de grandir et de découvrir la vie. C'est auprès d'un homme qu'une fille apprend à devenir femme», a dit mon père qui a voulu que ma sœur Zohra soit femme, alors qu'elle n'avait même pas fini d'écouter ses hanches pousser. Ma sœur Zohra semblait absente de son mariage. Lorsqu'on a voulu l'emmener vers son mari, elle s'est cachée dans les jupons de notre mère en pleurant. Elle était exagérément jeune pour que le poids d'un homme pèse sur son corps. Son regard était comme une fleur qui vous regarde et vous dit : «Ne me cueillez pas. Je n'ai pas fini de m'épanouir.» L'enfant en elle criait : «Non, je veux encore jouer.» Le mariage ne sied pas aux filles de cet âge ; mais de ça, tout le monde se moquait. J'avais envie de crier à ces gens-là : «Ne faites pas ça ! Ce n'est pas l'homme qu'il lui faut. Vous allez la faire souffrir. Ne la forcez pas.» Je n'ai rien crié et, le cœur en berne, ma sœur s'est laissé emmener vers son mari dans le palais des mauvaises histoires. À la cérémonie religieuse, *l'adoul*, le notaire de droit islamique, a demandé au futur époux : «Veux-tu épouser cette fille, Abdellah ?» Le mari a dit oui et le mariage fut officialisé. Personne n'a demandé à ma sœur si elle était d'accord pour l'épouser. Zohra aurait dit mille fois non. Une grande fête fut organisée et on déposa aux pieds de ma sœur les cadeaux de mariage. Seulement, les choses ne se passent pas toujours comme elles ont été promises.

*

Lorsque la nuit de la défloration est arrivée, ma sœur a découvert *l'épreuve* de la nuit de noces sans y être préparée. Elle avait peur de mal faire. Comme un agneau d'offrande, encore vêtue de sa robe de mariée, elle s'est allongée sur le lit nuptial et a attendu que son destin s'accomplisse. Le mari s'est mis sur elle, mais n'arrivait pas à la déflorer. Il manquait de virilité. Derrière la porte de la chambre des mariés, la famille attendait. Ça s'impatientait. Ça s'agitait. Les femmes voulaient voir les draps tachés de sang pour lancer leurs youyous. Seulement, plus le mari essayait de pénétrer la mariée, moins il y arrivait. C'est alors que ma sœur a entendu une voix qui disait : «Vas-y... Force-la !» C'était la voix du père du marié qui s'était caché derrière les rideaux d'une alcôve. Il craignait la supercherie et voulait s'assurer que la mariée était vraiment vierge. Malgré tous ses efforts, le fils ne parvenait toujours pas à déflorer ma sœur. Rien à faire. Ça ne voulait pas rentrer. Et ça, personne ne s'y attendait. Le jeune marié finit par tout avouer à l'oreille de ma sœur qui ne comprenait pas ce qui lui arrivait. «Voilà la vérité, a-t-il dit. On a arrangé ce mariage sans rien nous demander. J'ai accepté cette union pour éviter la honte à ma famille. Tu comprends, ils ne savent pas que je préfère les hommes. Sache que je ne te toucherai jamais quand on vivra ensemble. On fera comme si de rien n'était et on vivra comme un couple normal. Tu seras libre de faire discrètement ce que tu voudras. Et j'en ferai autant de mon côté.»

Pour le père, c'était un drame. Son fils n'était pas un mâle comme il faut. Il ne fallait surtout pas que ça s'ébruite. C'eût été un scandale. Le vieillard a encore dit à son fils : «Pousse Abdellah... Pousse fort... Ça doit rentrer comme dans du beurre.» Le fils a fait semblant de pousser, mais sa verge restait molle. «Mets-là lui au fond, je te dis !» Le fils a répondu à son père : «Ça ne veut pas rentrer. Cette fille est trop serrée. On dirait qu'elle a le vagin cousu.» Ma sœur s'était bloquée. On eût dit qu'elle avait un double hymen qui résistait à toute tentative d'intrusion. Le fils a encore fait mine de pousser, sans succès. Puis, à la place de la douceur, ma sœur fut exposée à la sauvagerie. « Comme ça, ça ne va pas marcher !» s'est emporté le vieillard qui est sorti de son alcôve. Il a baissé son pantalon et a dit à son fils : «Enlève-toi de là, espèce de bon à rien ! Déflorer une femme, c'est un travail d'homme. Je vais te montrer comment faire.»

Le vieux avait une verge anormalement grosse. Ma sœur a pris peur et a essayé de s'enfuir. Le vieillard l'a retenue en lui mettant la main sur la bouche. Il a dit à son fils de sortir du lit et a glissé un oreiller sous les reins de Zohra.

Il s'est mis sur elle, a récité un verset du Coran, puis d'un coup il a enfoncé son gourdin dans son sexe. La mariée s'est évanouie. Pour être sûr du résultat, le vieillard s'est acharné. Le vagin de ma sœur s'est déchiré et a fait comme un trou béant dans son âme. Elle a beaucoup saigné. Ce n'était pas beau à voir. Ce n'était plus une nuit de noces, mais une boucherie. Lorsqu'elle a repris connaissance, ma sœur a essuyé son entrejambe ensanglanté avec sa robe de mariée. Le voleur d'innocence s'est rhabillé et a dit à son fils : « Maintenant sors de cette chambre et donne les draps à ta mère qu'elle les mette sur un plateau en argent et les montre aux invités. Dis-lui aussi de faire circuler le plateau dans le quartier pour fermer la bouche aux mégères. Qu'elles voient de leurs yeux que la mariée était vierge.» Et il a rajouté : «Le premier qui parle, je le tue ! » Dehors, on a entendu d'interminables youyous pendant que les draps tachés de sang circulaient de main en main. Ici, on aime exposer le sang des vierges comme un trophée ; et du sang, il y en avait plus qu'il n'en fallait ! Voilà ce que fut la première fois de ma sœur.

*

Puis est advenu ce qui n'aurait jamais dû advenir. Ma sœur ne savait pas quoi faire de son histoire. À qui allait-elle raconter la violence sauvage qu'elle venait de subir ? Personne ne l'aurait crue. Elle n'a pas trouvé la force de faire face à la brutalité de sa vie d'enfant-adulte. Alors elle est partie là où tout se tait. Les élans du désespoir l'ont poussée vers le haut du minaret d'une mosquée. Dans la rue, les gens levaient la tête et fixaient son sommet. «Faites quelque chose, elle va sauter.», criaient les passants. «Ne fais pas ça ! » imploraient les femmes. Personne n'a pu empêcher le drame. Ma sœur, l'ange aux ailes blessées, s'est jetée du haut du minaret et son âme s'est envolée. Son corps a fait un bruit mou en s'écrasant au sol et sa vie s'est répandue dans la flaque du sang de l'innocence. Quelqu'un qui venait d'arriver a demandé :

«Que s'est-il passé?

– La pauvre fille s'est jetée du haut du minaret, lui a-t-on répondu.

– Pourquoi a-t-elle fait ça?

– Elle avait ses raisons. Et Dieu seul les connaît.

– C'est à Allah qu'il revient de clore la vie.

– Le ciel a des jambes. Quand c'est l'heure, il vient nous chercher.»

On s'est approché de ma sœur pour voir si elle était vivante.

Elle ne l'était plus.
Elle s'appelait Zohra.
Elle était vierge.
Et elle finissait d'avoir quatorze ans.

Puis soudain, alors que personne ne s'y attendait, on a entendu les Cieux gémir. C'était la voix de Dieu qui grondait dans l'empyrée, là où le Créateur séjourne avec ses anges. Alors que la terre n'avait qu'un lointain souvenir de la pluie, d'un coup tout s'est assombri. Et sont apparus des nuages tristes. Les Cieux étaient furieux. L'humeur de Dieu s'est déchaînée. Le ciel liquide s'est effondré. Les eaux d'en haut se sont mises à tomber en vagues de pluie chaude et rougeâtre. On eût dit que le ciel pleurait du sang. C'étaient les larmes d'Allah qui s'abattaient sur la terre pour nettoyer la flaque rouge dans laquelle gisait ma sœur. Les gens se sont éloignés, l'index levé vers le ciel. On les entendait dire : «C'était écrit. C'est le *mektoub*.»

Un peu plus tard, comme poussée par les vents du malheur, quelqu'un est venu frapper à la porte de la maison. Ma mère a ouvert. C'était la hurleuse de mauvaises nouvelles. C'est à elle qu'incombait la tâche d'annoncer les grands chagrins. Elle avait la tête des jours tragiques. Elle a serré ma mère dans ses bras et, avec le ton de celles qui côtoient la mort tous les jours, lui a dit :

« J'ai un drame à t'annoncer, ma sœur.

– Je suis prête à tout entendre.

– Ta fille est morte.»

Non, elle n'était pas prête à entendre ça. Une mère n'est jamais préparée à la mort de son enfant. La main du malheur venait de se poser sur notre maison. Le ciel est devenu un grand linceul noir et les étoiles des tombes. Ma mère a frappé sa poitrine et s'est griffé le visage en hurlant. Mais elle avait beau se déchirer les joues avec ses ongles et pleurer tout son sang, personne ne pouvait lui ramener sa fille. «Mon Dieu, gémissait-elle, pourquoi ma fille a fait ça ?» Puis elle s'est évanouie.

*

Au mariage de ma sœur, il avait fallu rire et danser ; à son décès, il fallait pleurer. On a transformé les youyous de joie en sanglots de tristesse et on a fait venir des pleureuses payées pour verser leurs larmes toute la nuit. Pour apaiser la douleur de ma mère, la laveuse de morts lui a dit : «Les enfants qui meurent deviennent des anges, et retournent dans le ventre de leur mère pour qu'elle ne pleure pas.» Seulement, rien ni personne ne pouvait la consoler. Elle aurait tant préféré le parfum des fleurs et l'odeur de sa fille aux condoléances qu'on lui adressait. «Pourquoi marie-t-on les enfants ?» ai-je demandé à la laveuse de morts. Elle ne m'a pas répondu. Des pleureuses, je n'ai obtenu que des regards fuyants. C'était comme ça, c'est tout. Et il ne fallait pas poser de questions. Au petit matin, les pleurs cessèrent. Devant mes yeux et ceux de ma mère, la laveuse de morts a préparé le corps pourpre et raide de ma sœur. Elle a d'abord orienté Zohra vers l'est et lui a fait sa toilette mortuaire. Puis, selon le rite funéraire islamique, elle a fait une légère pression sur son ventre pour le vider de ses gaz, avant de lui mettre du coton dans les narines, les oreilles et l'anus. Pendant qu'on lavait Zohra, je me disais qu'elle dormait. Qu'elle n'allait pas tarder à se réveiller. Et sourire. Et dire que c'était une blague. Elle adorait faire ça. Mais cette fois, ma sœur était morte pour de vrai. Les menuisiers de la fin de vie lui ont fabriqué un petit cercueil en attendant que son corps soit mangé par la terre.

À l'enterrement, ma mère fut d'abord prise d'un fou rire nerveux, avant de se mettre à crier. Pendant la prière funèbre, les gens qui s'étaient déplacés pour dire adieu à ma sœur ont dû la retenir par le bras pour l'empêcher de se jeter dans le trou où s'était définitivement endormie sa fille. Qui n'a pas vécu la perte d'un enfant ne peut comprendre la douleur de l'absence. « Pourquoi on m'a enlevé ma fille ? Je veux partir avec elle », hurlait ma mère, prête à se déchirer le cœur de ses propres mains. Elle a tellement crié qu'elle a perdu sa voix et n'a plus parlé pendant des semaines.

*

Rien ne pouvait guérir ma mère. Tous les jours, les traits rongés par le deuil, elle se rendait au cimetière fleurir sa fille et arroser sa tombe de ses larmes brûlantes de douleur. Et recouvrir d'un manteau d'amour sa sépulture. Il y a des larmes qui durent plus longtemps que les étoiles. Et les larmes de ma mère ne cesseront jamais de couler. « Oh, comme je m'en veux ! » se reprochait-elle, en tournant dans la maison comme une louve qui cherche ses petits, et en frappant sa poitrine déchirée par l'épreuve. Comment lui dire qu'elle ne pouvait rien à cette perte cruelle ? Les gens qui la croisaient au jardin des morts, agenouillée devant la tombe de sa fille, disaient qu'elle pleurait tellement qu'elle finirait par ne plus savoir pourquoi elle pleurait ni qui elle pleurait. Ces gens-là ne pouvaient pas comprendre. Ce deuil n'était pas le leur.

Ma mère passait ses jours à pleurer. J'ai tout fait pour assécher le fleuve de sa douleur. Mais c'était trop tôt. Il fallait laisser le deuil se faire. Seulement, ce que je ne savais pas c'est que ma mère ne ferait jamais son deuil. Je n'osais pas lui dire que gémir sur un malheur était le meilleur moyen d'en attirer un autre. Ma mère porterait cette mort dans son cœur pour le restant de ses jours. La seule chose qu'elle avait eu la force de faire fut de récupérer la robe de mariée de ma sœur. La robe tachée de sang au niveau du pubis n'a jamais été lavée et a été soigneusement rangée dans son armoire.

*

La dernière fois que j'ai vue Zohra, elle m'a souri de son sourire de déesse. Seulement son visage n'avait plus rien de cet air joyeux et juvénile que je lui connaissais. Nul pays n'était assez grand pour contenir sa honte. Elle n'a trouvé aucune poitrine sur laquelle poser sa confidence. À qui se confier ? À un imam ? La confession n'existe pas en islam. C'est à moi que Zohra a raconté ses épousailles de sang. Je n'ai jamais eu le courage de dire la vérité à ma mère. Avec des restes de l'enfance dans la voix, ma sœur m'a dit : « Si je raconte ça, personne ne me croira. On dira que je suis folle. » Ma sœur parlait et je sentais venir l'instant d'avant les sanglots. Plus elle pensait à ce qui lui était arrivé, plus elle se sentait souillée. Elle ne savait comment exorciser ça de son corps. Comment extraire d'elle cette nuit de la honte ? Tout le foutre du vieillard entre ses cuisses. Et si elle tombait enceinte de lui ? Le soir, elle fermait les yeux sans pouvoir chasser l'horrible vision du sexe de son violeur. Elle a été au hammam pour se laver de sa monstrueuse nuit de noces. Mais elle avait beau frotter sa peau, rien n'y faisait. Ces salissures-là ne se lavent pas. Sa vie était gâchée. Seule la mort pouvait la nettoyer. Quelques jours plus tard, Zohra s'en est allée rejoindre les Jardins Célestes. Elle s'est ligoté les pieds et les mains et s'est jetée du haut de ce minaret. Mieux valait la mort qu'une vie de honte.

*

Comme si ce n'était rien, mon père ne parla plus jamais de ma sœur. Sans doute jugeait-il qu'au fond, ce n'était *qu'une* fille. Ne voulait-il pas nous enterrer vivantes à notre naissance ? Il s'est mis à reprocher à ma mère de jeter l'argent par les fenêtres. D'après lui, elle gaspillait la nourriture. « Il y a des parts qui ne servent à rien ! » disait-il, en menaçant de réduire l'argent des commissions. Ma mère n'a jamais dit à mon père que ce qu'il considère comme de la nourriture en trop, eh bien, c'est *la part de l'absente* qu'elle amène une fois par jour sur la tombe pour nourrir le souvenir de sa fille. Elle était toute en lumière, ma sœur. Une déesse qu'un vieillard proche de la tombe a profanée. Elle n'avait qu'un âge frêle, mais son aurore racontait qu'elle serait une femme d'une beauté inouïe. Ils ont brûlé ses rêves, et ils auront à jamais les cendres sur leurs mains. La fin dramatique de ma sœur, ce funeste présage, était écrite. Le marc de café disait vrai. « Il y aura un mort dans la famille », avait prédit ma mère sans savoir que ce triste sort concernerait sa propre fille.

Zohra ma sœur, même si tu nous as quittés et que tu n'es plus que silence, sache que, de là où tu es, je revois ta joie de vivre par-delà les rives du ciel. Le temps n'effacera rien. Ton sourire brillera toujours en moi. Et ton nom coulera comme des lettres de sang sur la façade de ma mémoire. Tu es partie et tu as emporté avec toi nos aubes avec leurs fous rires. Ton voyage dans l'au-delà fut ta lune de miel. Je me souviendrai de tes cheveux de l'enfance jouant avec le vent. Un jour, nous nous retrouverons ; les âmes se reconnaissent et se retrouvent toujours quelque part. Tu étais comme les roses de Damas, ces fleurs à la vie brève. Tu n'as pas eu le temps d'éclore et de t'épanouir. Tu n'étais pas destinée à durer. Tu es allée voguer au paradis des femmes violées. Te voilà, là-haut, Princesse des cimes. Il suffit de lever les yeux pour voir les lueurs de ton âme innocente tournoyer contre les Cieux. Peut-être deviendras-tu une constellation ?

Ou une étoile brodée autour du visage de la lune.

7

J'en viens à un autre événement important de ma vie. Lorsque la nature a voulu que je devienne femme, j'ai cru qu'un drame était arrivé. En me réveillant un matin, il y avait une drôle d'odeur dans ma chambre. La même que dans la boucherie de mon père après l'abattage des bêtes. Je sentais quelque chose de chaud couler entre mes cuisses. J'ai baissé ma culotte et j'ai glissé ma main entre mes jambes. En la remontant, j'ai vu des taches de sang sur mes doigts. C'était rouge foncé et c'était bien de moi que ce sang coulait. Je ne comprenais pas ce qui m'arrivait. C'est vrai que deux jours avant, j'avais eu des ballonnements et ressenti de fortes douleurs au ventre et dans le bas du dos. Je m'étais dit que ça allait passer. J'ignorais que ces douleurs-là annonçaient les règles. Je ne savais pas que j'étais en train de devenir femme.

Affolée de voir le sang couler de ma partie intime, j'ai couru vers la chambre de ma mère qui était en train de faire sa prière. Comme je ne voulais pas la déranger, je suis allée au salon. Mon père prenait le thé avec sa mère.

La vieille s'est tournée vers moi et m'a demandé ce que je voulais.

«J'ai du sang, lui ai-je dit.

– Où ça?

– En bas

– Où ça, en bas?

– Entre les cuisses.»

La vieille a tout de suite compris de quoi il s'agissait. Ses traits se sont fermés. Je la sentais mal à l'aise. C'était déplacé de parler des *affaires* des femmes. Les règles sont un sujet tabou qu'on n'évoque pas devant les hommes. Il paraît que c'est de la pudeur. Mais ça, je ne le savais pas. Moi, je voulais juste qu'on me rassure. Au lieu de ça, la vieille m'a jeté un regard glaçant et m'a dit :

«Va te nettoyer!

– Qu'est-ce qui m'arrive? lui ai-je demandé.

– Tais-toi!

– Pourquoi?

– C'est honteux.»

Chez nous, tout a été construit sur l'autel de la honte. Le mot «règle» est un mot qu'on ne prononce pas. Et de ce que l'on m'a dit, j'ai retenu :

«C'est honteux!»

«Ça sent mauvais!»

«C'est *ah'ram*! C'est péché!»

Le mal est fait. Est-ce que ça a des conséquences? Oui. J'en sais quelque chose.

Le regard de la vieille me dissuadait d'ajouter quoi que ce soit. Avec toute la méchanceté dont sa bouche était capable, elle a ajouté : «Va te laver, tout de suite! Et mets un chiffon entre les jambes. Tu ne sens pas bon.» J'allais peut-être mourir et la vieille trouvait que je ne sentais pas bon! Mon père avait la tête plongée dans une lecture pieuse et n'avait pas entendu ce qui venait d'être dit. «Qu'est-ce qui se passe?», a-t-il demandé. Une fois le moment de gêne passé, la vieille m'a regardée d'un œil mauvais et a répondu :

« C'est le ventre de ta fille. Elle devient femme.

– Tu veux dire qu'elle a ses… ?

– Oui, c'est ça.

– Alors il faut la marier avant qu'elle ne jette l'opprobre sur la famille. »

Chez nous, on dit qu'une fille réglée et non mariée finit très vite par envelopper sa famille dans les draps de la honte. « Je t'en supplie, père. Je ne veux pas me marier », ai-je dit, en l'implorant des yeux. Mon père a détourné la tête et a dit : « Éloigne-toi de là, espèce de petite insolente ! Tu es impure ! Disparais de mon regard ! » Je savais que je n'obtiendrais pas ses bonnes grâces. Il ne pensait qu'à une chose : me marier avant que je ne lui reste sur les bras comme un invendu. Et que je traîne son nom dans la boue. « Tu es souillée ! Je ne veux pas d'une fille sale alors que je suis en train de lire le Coran », a-t-il poursuivi avec dégoût.

Il y a tant de façons d'être la fille de son père, mais je n'en trouvais aucune. Chaque mot de sa bouche était comme un coup de fouet. Bien des fois, il m'est arrivé de fermer les yeux en espérant voir apparaître les contours d'un autre père. Dans ma tête, j'essayais d'empêcher tous ces mots odieux de m'atteindre. Je me sentais coupable sans savoir de quoi. J'ai voulu m'approcher de mon père et lui embrasser les pieds pour me faire pardonner d'avoir mes règles. Mais il me repoussa. « Ne me touche pas. Tes mains sont salies par les menstrues. » Mes problèmes de femme ne l'intéressaient pas. Pour lui, j'étais déjà dans les bras d'un mari.

L'irruption fracassante de cette chose dans ma vie me terrorisait. Je trouvais ça répugnant. Ce sang chaud que je sentais couler de moi et qui mouillait ma culotte me faisait peur. La honte me lacérait le ventre. Mais pourquoi avais-je honte? Parce qu'ils m'ont appris à avoir honte! Parce que je suis née avec la honte! Mon père et sa mère n'imaginaient pas à quel point ils venaient de m'humilier. Leur façon de parler me déchirait de l'intérieur. Je voyais l'écume de la colère monter aux lèvres de mon père. Mes yeux le regardaient avec amour. Mais il ne voulait voir ni mes yeux ni mon amour.

«Tu as beaucoup sali? m'a demandé la vieille.

– Juste les draps.

– J'espère que ça n'a pas traversé jusqu'au matelas.

J'avais la peur collée à ma peau. Et ma gorge avait perdu sa voix.

– Tu as avalé ta langue ou quoi? m'a dit la vieille, en me fusillant du regard.»

Guère enclin au remords, à croire que cette faculté lui avait été retirée à la naissance, mon père ajouta :

«Va-t'en! Tu as l'âge du péché et tu sens la chienne.»

Tu sens la chienne! J'avais bien entendu. Oui. C'est ce qu'il venait de dire. Je ressentais un profond malaise face à cette accusation dont je ne pouvais me défendre. Leurs mots me brûlaient dedans. Oh, mon père, tu aurais pu faire la moitié du chemin pour m'aimer. Combien de caresses ai-je attendues, combien en ai-je retenu? Regarde-moi, j'ai un visage pour être aimée. Dis à tes lèvres avares de baisers qu'embrasser sa fille sur la joue n'est pas un inceste. C'est bête d'attendre des mots d'amour qui ne viennent pas. Il y a pourtant tant de place dans mon cœur pour les accueillir. Ô, mon père, pourquoi as-tu le cœur sourd? Je sais bien que les sentiments ne se disent pas chez nous, mais quand même! Je ne sais pas ce qu'il faut faire pour apprendre à être aimée de toi. C'est dans le regard des parents que naissent vraiment les enfants, n'est-ce pas? Comme beaucoup de filles amoureuses de leur père, j'aurais voulu l'être, moi aussi. Mais tu ne m'as jamais donné l'occasion d'être ta fille. Tu ne t'es jamais donné la peine d'être mon père. De toi, je voulais juste un sourire. Un sourire, ça protège de tout. Et on revient toujours vers ce sourire. Mais je ne savais pas encore qu'il ne faut pas chercher l'amour auprès de ceux qui vous brisent. Et de l'amour, ni mon père ni sa mère n'en ont à donner. Ce jour-là, j'ai compris que ce ne sont pas les liens de sang qui forment la parenté. J'aurais voulu rompre avec tout ce qui m'accuse d'être la fille de mon père. Oui mon père, tu n'as jamais été là pour moi. Je te condamne pour délit d'absence. Un jour, je sortirais de l'arbre généalogique. Je ne suis pas née dans la bonne famille. Ma place n'est pas ici.

En entendant les voix s'élever, ma mère a rejoint le salon. Elle qui d'habitude se domine, pour la première fois de ma vie, j'ai vu la colère broyer son visage. Elle a fixé la vieille et mon père dans les yeux : « Mais quels monstres êtes-vous donc ? leur a-t-elle hurlé. Shahrazade n'est qu'une enfant. Elle est naïve et son corps est encore caressé par l'innocence. Elle ne connaît ni le Bien ni le Mal. Regardez-la, c'est un ange descendu du ciel. Vous rendez-vous compte de ce que vous dites ? »

Puis, alors que je me tenais là, ruisselante de honte et de sang, ma mère m'a attrapée par les épaules et m'a entraînée vers la salle d'eau. Elle m'a prise dans ses bras et s'est serrée contre ma honte. Je me suis lavée et j'ai couru dans ma chambre. Je me suis réfugiée dans mon lit en essayant d'oublier ce que je n'aurais jamais dû entendre.

« Ne pleure pas, ma fille. Ne prête pas l'oreille à leurs mots, a dit ma mère, en me caressant de ses yeux réconfortants. Ils ont mangé de la vipère et creusent leur tombe avec leur langue. Un jour, ils connaîtront la colère du ciel et regretteront leurs paroles offensantes. Demain fera payer sa dette à chacun.

– C'est grave ce qui m'arrive, mère ? ai-je demandé, en cherchant dans ses yeux une réponse rassurante.

– C'est le destin de toutes les filles. Après ça, la vie n'est plus la même.

– C'est quoi le sang entre mes jambes?

– C'est la rumeur lointaine de la femme que tu seras.

– Comment ça?»

Je sentais ma mère gênée. Ses yeux évitaient les miens. Elle ne savait comment s'y prendre pour m'expliquer ce que sont les menstrues.

«Les choses arrivent comme Dieu le veut, ma fille. C'est comme le jour et la nuit, on ne les fabrique pas, ils viennent tout seuls. C'est comme l'amour, ça ne se fabrique pas.»

Puis, ma mère m'a dit en chuchotant :

« Rassure-toi ma fille, c'est normal ce qui t'arrive. C'est la maladie rouge du ventre des femmes. Ça s'appelle les règles.

– C'est quoi les règles, mère? ai-je demandé avec la naïveté propre à mon âge.

– C'est quand le sang coule de nos parties laides.

– Ça coule chez les garçons aussi?

– Les garçons passent à côté de beaucoup d'inconvénients.

– Dieu n'aime pas le sang des femmes?

– Dieu n'y est pour rien.

– Pourquoi mon père a dit que je sentais la chienne?

– Ne parlons plus de ça. Les caresses de l'oubli efface-ront l'humiliation que tu viens de subir. Un jour, l'humus du temps finira par tout recouvrir.

– Pourquoi j'ai la maladie des femmes? Je suis encore très jeune, mère.

– Tu as onze ans maintenant, ma princesse. Les filles qui vivent dans les pays ensoleillés ont leurs règles très tôt.

– Ça dure longtemps?

– Une poignée de jours.

– Ça revient souvent?

– Ce sont les contrariétés mensuelles des femmes. Ça vient tous les mois, mais rassure-toi, ça ne dure pas toute la vie. Un jour, tu seras débarrassée de ce fardeau rouge.

– Et toi mère, tu as encore tes contrariétés mensuelles?

– C'est bientôt fini, *Inch'Allah*. La ménopause frappe à la porte de mon ventre. Mes hormones se disputent et mes ovaires ne vont pas tarder à s'endormir.

– Comment sais-tu que c'est bientôt fini ?

– Il y a des signes annonciateurs, mais chaque femme est différente. Tu sais, c'est une période pénible. Chez moi, ça se traduit par des bouffées de chaleur qui remontent des pieds à la tête.

– C'est pas facile d'être une femme, mère.

– C'est Dieu qui l'a voulu ainsi.

– La vieille a dit que les règles, c'est honteux.

– La vieille n'a rien compris, ma fille. Les règles, c'est humain. Et rien de ce qui est humain n'est honteux.»

Pendant que ma mère me parlait, je sentais la meurtrissure entre mes cuisses continuer de faire couler son sang. C'était chaud. C'était gluant. C'était poisseux. Je me haïssais autant qu'il est possible de se haïr. Ma mère semblait émue de me voir devenir femme. Elle a essuyé mes larmes. «Je me sens sale, mère.» Avec ses yeux emplis d'amour, elle a soupiré : « C'est aussi ça, être femme. Se sentir sale une fois par mois. Mais tu n'as pas à avoir honte. Tu n'es responsable de rien. Mets tes sanglots à sécher. C'est nous les fautives. Nous, les mères.»

*

Ici, nous pratiquons la langue des choses cachées. J'ai grandi dans les jardins du mensonge et je n'ai jamais pu m'ouvrir à personne. Je n'ai pas connu les secrets qui se transmettent de mère en fille, et je n'ai jamais osé poser de questions. Une fois, une seule, j'ai voulu en savoir davantage sur les choses de la vie. On m'a répondu : «Chut ! Tu es encore trop petite pour ça.» J'ai reposé la question plus tard, mais je n'étais toujours pas assez grande, d'après eux. «À quoi bon poser des questions à qui ne veut pas répondre ? », me suis-je dit. Les règles, ma mère ne m'en avait pas parlé. Sa propre mère ne lui en avait jamais rien dit, non plus. Dans ma famille, nous avons grandi dans une étourdissante méconnaissance de la femme en devenir. Chut ! *ah'chouma*, c'est honteux ! C'est tout ce qu'on a su me dire. Chez nous, moins une fille en sait, plus vertueuse elle sera. On préfère la laisser macérer dans sa naïveté. Nos tapis ne sont pas assez larges pour y enfouir toute la poussière. Et nos silences sont immenses.

*

Voilà, c'est fait. J'ai la fatalité de toutes les filles. Une autre vie commence pour moi. Ma mère a déchiré un vieux drap et m'en a tendu un bout avec un peu de coton. En m'enveloppant d'un regard consolateur, elle m'a dit : « Enfonce-toi le coton là où tu sais et mets le tissu dessus en guise de langes. » J'ai mis le tissu entre mes jambes comme un pansement. Je me suis renculottée et me suis regardée dans le miroir. J'ai vu une fille accusée d'être sale. Chienne ! Ce mot me rendait encore plus sale. Je ne l'oublierai jamais. J'étais une chienne humiliée par la sauvagerie des mots de mon père. Une chienne soulagée de savoir que ce sang était normal. Mais au fond de moi, je savais que je n'étais ni une chienne ni une pute. Ces mots n'étaient que ceux de mon père.

Pour ne pas tacher mon matelas, je l'ai recouvert de plastique de peur de me réveiller un matin dans une mare de sang et d'attirer le courroux de la vieille pour l'avoir souillé de mes rouges éclaboussures. Ma mère m'a regardée et m'a dit : « Shahrazade ! » D'habitude, elle me dit : « Ma fille. » Quand elle m'appelle par mon prénom, c'est qu'elle a quelque chose d'important à me faire savoir.

« J'ai deux choses à te dire, Shahrazade.

– Oui, mère.

– Tu as l'âge de comprendre.

– Ça fait longtemps que j'ai l'âge de comprendre.

– Alors, écoute-moi bien, car d'expérience je sais de quoi je parle. Chez nous, on est habitués à parler à mots couverts et à dire les choses de biais. Quant à moi, je n'ai pu t'enseigner que ce que l'on m'avait enseigné. Dans nos pays arabes, on peut tout raconter, sauf l'intimité féminine. Tu sais, il y a beaucoup de choses que l'on ne dit pas. Et le secret de tous les secrets, c'est : la femme ! On ne parle pas de ce qui se passe entre ses cuisses.»

Ma mère semblait désarmée. Elle a ajouté :

«Je vais te dire ce que j'ai sur le cœur. Je ne sais pas grand-chose de la sexualité. On ne m'a pas appris à en parler. Dans nos contrées, on n'apprend pas aux filles à devenir femmes. On préfère leur apprendre à accepter leurs chaînes. De notre vivant, on transmet pour legs à nos filles une vie ocellée d'interdits. Et quand elles posent des questions embarrassantes, on leur enfonce dans la bouche le mot : *Ah'chouma !* "C'est honteux !" Ma génération est étouffée par la sangle des traditions. Et à notre tour, nous transmettrons à nos filles nos désastreuses paroles. Au lieu de leur apprendre l'usage de la vie, nous les culpabilisons et leur infligeons nos propres échecs. Nos mères sont fautives, et nous sommes encore plus fautives d'accepter les chaînes de nos mères. Il est temps que notre pays torturé par la frustration et les non-dits fasse grandir ses filles autrement. Et que toutes ces coutumes qui nous détruisent connaissent enfin la défaite.»

Ma mère m'a embrassée et d'une voix très douce, a dit :

«Voici la première chose que je voudrais te dire. Chez nous, tout est fait pour dégrader la femme, alors si un jour tu as des filles, jure-moi de ne pas les élever comme on les élève ici. Ne les fais pas grandir dans la crainte de la souillure, du péché et de la honte. Ne leur mets pas ça en tête. Elles ne s'en relèveront jamais.

– Sommes-nous vraiment des *êtres inachevés*, mère ?

– La femme est l'égale de l'homme. Mais ici on élève les filles pour qu'elles deviennent des femmes faibles. Des êtres inférieurs.»

Oh ces traditions qui nous escortent depuis la naissance ! Oh ces monstres souterrains venus du fond des âges qui ont franchi les cloisons du temps, et qui se sont fossilisés dans le présent. Les ancêtres sont partis et nous ont laissé des chaînes que nous trimbalons dans nos têtes.

«Et voici la deuxième chose, a dit ma mère. Dès que tes filles seront en âge de comprendre, ne leur dis pas notre vérité cousue de grossières coutures. Ne les élève pas dans l'ignorance. Dis-leur la *vraie* vérité. Oublie la honte et dis-leur ce qu'elles doivent savoir de leur corps et de leur sexualité. Dis-leur qu'elles ne sont pas des *êtres inachevés.* Jure-moi que tu n'emprunteras jamais le même chemin que les femmes d'ici.

– Je te le jure, mère.

– Alors, cesse de pleurer ma fille. Quand on est jeune, le chagrin ne dure que le temps d'un sanglot.»

Dans ma tête, j'ai serré dans mes bras la petite fille que j'étais. Je l'ai consolée et lui ai dit que rien n'était de sa faute. Et les caresses de ma mère m'ont arrachée à mes larmes.

*

Voici ce que fut mon baptême du sang. Je ne savais pas que c'était si soudain. Qu'on devenait femme en une nuit. Et qu'après ça, l'enfance est finie. Je ne savais pas que tous les vingt-huit jours, le sang viendrait me rappeler que je suis femme. J'ignorais que le corps de la femme parle de sacrifices, d'écoulements menstruels, d'accouchements dans la douleur et d'allaitements. Je ne savais pas qu'être femme, c'est apprendre à saigner. C'est une histoire de sang. Mais apprendre à devenir *vraiment* femme, c'est un long périple.

Maintenant, je sais.

8

Depuis que j'ai eu mes règles, mes espoirs d'instruction se sont envolés. L'école est d'un intérêt secondaire pour les filles, a estimé mon père. Comme s'il fallait m'en convaincre, un jour, alors que nous rentrions de la mosquée, il m'a dit : « L'école, c'est terminé ! » Je voulais continuer mes études, mais mon père en a décidé autrement. Il savait pourtant qu'il arrachait la peau de mes espoirs.

« L'école c'est pour les hommes ! a-t-il ajouté.

– Puis-je donner mon avis, père ?

– Ton avis, tu le gardes ! »

Mes yeux se sont embués. J'ai cru que l'horizon se renversait. Du doigt, mon père a pointé une direction et a tranché :

« Ta place est là-bas ! »

J'ai regardé le prolongement de sa main.

« C'est où là-bas, père ?

– Là-bas, c'est la maison.

– Et l'école, père ?

– Ce n'est pas à l'école que tu apprendras à être une bonne mère de famille.

– J'ai d'autres projets, père.

– Depuis quand une femme fait-elle des projets ? »

Même si je savais que sa réponse serait décevante, je lui ai dit : « Est-ce impertinent de demander ton indulgence et d'ajourner ta décision ? Je voudrais continuer mes études. » Je suis restée suspendue à ses lèvres, mais ses yeux contredisaient ce que j'espérais. Mon père avait établi les règles et je devais les suivre sans poser de questions. « J'ai dit non ! Je sais ce qui est bon pour ton avenir. J'ai décidé que tu resterais à la maison », a-t-il dit en me fixant dans les yeux. J'ai baissé les miens.

Mon père ne voulait pas de *femme savante*. Les quêteuses de savoir, il ne voulait pas de ça chez lui ! Qu'y a-t-il de plus terrible qu'une femme instruite ? Savoir lire et écrire, c'est être libre. On dirait qu'une femme instruite, ça fait peur aux hommes. Ils nous veulent voilées. Silencieuses. Sur les rivages de l'Histoire.

« Tu connais l'essentiel de ce qu'une femme doit connaître. Tu sais faire le ménage et la cuisine. Tu maîtrises les travaux d'aiguille. Maintenant, ça suffit !

– Père, je préfère l'école aux travaux de couture. Je ne suis pas faite pour repriser les chemises. Je suis faite pour les livres.

– Tais-toi ! Les livres, c'est pour les *hulaymas*, les savants. »

S'instruire et parler le beau langage, c'est pour les hommes. Et moi, je ne suis qu'une *sans verge*. Un *être inachevé* qui n'a pas besoin d'être instruit.

Mon père pensait avoir assez fait pour moi en pourvoyant à ma subsistance de tous les jours. J'avais un toit et un lit. De quoi me plaignais-je, au fond ? J'étais en dette envers lui et ne devais pas me montrer ingrate. Chez nous, les enfants sont toujours redevables à leurs parents. En plus, ma scolarité revenait chère à mon père. L'écolage était terminé. C'était de l'argent dépensé pour rien.

«Tu n'as jamais connu de jours maigres. As-tu manqué de viande ?

– Je n'ai manqué de rien, père. Allah te rendra au centuple le bien que tu as fait pour moi. Dieu n'oublie jamais les sacrifices des parents.

– J'ai fait ce que j'ai pu. Pour le reste, c'est Allah qui décide.

– Alors, laisse Dieu décider de ma scolarité.

– Dans l'au-delà, c'est Allah qui décide. Sur terre, c'est moi ! *F'humti ?* Tu as compris ?

– Oui père, j'ai compris.

– À partir de maintenant, tu resteras à la maison et tu aideras ta mère dans les tâches domestiques, en attendant.

– En attendant quoi, père ?

– Ton mariage ! »

Le couperet était tombé. Mon père prétendait savoir ce qui était bon pour moi. Il est de ceux qui font des choix à votre place et disposent de votre vie à leur guise et mettent à genoux vos rêves. Il s'est acquitté de ses devoirs et je devais remercier sa grandeur d'âme. Avec mon père, c'est : « Obéis et tais-toi ! » C'est ainsi qu'on m'a appris à grandir. Le silence est ma langue natale.

C'est à dessein que mon père me déscolarisait pour me jeter dans les affres du mariage. Il se chargeait *personnellement* de mon avenir, comme il s'était chargé de celui de mes sœurs mal mariées. J'étais la dernière du troupeau. Il fallait me caser, et vite. C'était comme s'il me disait : « C'est à ton tour de mourir, Shahrazade. » Moi, le mariage, ça ne m'avait jamais effleuré l'esprit. Même si je savais qu'il ne consentirait pas, même si je savais qu'il fallait tourner sept fois ma langue dans ma bouche, j'ai pris mon courage à deux mains et, les yeux embués, je me suis surprise à lui dire :

« Je ne veux pas de mari. Je veux aller à l'école. Tu comprends ?

– Comment oses-tu me parler sur ce ton ! C'est ça qu'on t'apprend dans ta satanée école ? À répondre à ton père ? Tu n'y mettras plus jamais les pieds !

– Je t'en supplie, mon père.

– Ça se passera comme je l'ai dit, et pas autrement. Mais qu'est-ce que tu crois ? »

Mes mots ne trouvaient pas le chemin qui mène aux oreilles de mon père. On eût dit que nous ne parlions pas la même langue. Comment me faire comprendre ? Le mariage était pour mon père la façon la plus propre de se débarrasser de moi. J'ai alors pensé qu'en provoquant un scandale, je serais entendue. En pleine rue, je me suis jetée à ses pieds et l'ai supplié. Le regard des gens convergeait vers nous. Les passants se demandaient ce qui pouvait bien amener une fille, au mépris de toute retenue, à se mettre à genoux et implorer son père en public. L'inconvenance de mon comportement mit mon père dans une colère noire.

« Relève-toi immédiatement, m'a-t-il ordonné.

– Au nom du Prophète ! Écoute-moi, mon père.

– Comment oses-tu me tenir tête ?

– Je t'en supplie.

– Crois-tu me faire changer d'avis en agissant ainsi ?

– Pitié.

– Cesse de te donner en spectacle et relève-toi. Les gens nous regardent. Tu n'as pas honte ? »

Mon père était intraitable. Aucune parole ne trouvait grâce à ses yeux. Je voyais dans son regard la promesse des coups à venir si j'insistais. Je me suis relevée. L'infériorité de l'enfance m'a fait dire : « Si telle est ta volonté père, alors je t'obéis. Tu es la personne que j'aime le plus au monde. » Ainsi, on pouvait dire « je t'aime » à la personne qu'on déteste le plus.

Voilà, le sujet était clos. Et mon rêve étouffé dans l'œuf.

Inutile de gémir aux pieds du prince. J'avais épuisé mon droit à la parole et sentais de moi-même que je ne devais pas aller plus loin. Le ton de mon père interdisait toute réplique et son regard disait qu'il valait mieux ne plus ouvrir la bouche. Comme on le fait chez nous, j'ai embrassé le dos et la paume de sa main droite. Et je n'ai plus rien dit. Le mariage n'était pas une proposition, mais un ordre. Et personne ne pouvait s'y opposer. J'ai baissé la tête. Les mots se sont effrités dans ma bouche et les larmes ont remplacé la parole. Dès lors, j'ai su qu'il me serait difficile d'échapper à la faux du sort. Mon père m'a poussée brutalement dans le dos pour que j'accélère le pas.

*

La suite, on la devine. Je n'ai plus remis les pieds à l'école. Je montrais pourtant de belles capacités. L'école, c'était là où tout me réussissait et où je réussissais tout. Mais ça, mon père s'en moquait. Que je sois première de la classe ne lui faisait ni chaud ni froid. Il estimait que, bonnes ou mauvaises notes, je n'avais pas besoin de faire d'études. À quoi bon? L'instruction est une perte de temps pour une femme. Sa place, c'est *le dedans*. Le mari, la maison et les enfants occuperont bien ses jours. Voilà, je serai femme au foyer et mes droits n'iront pas plus loin que la cuisine. Allez, la discussion était close.

*

Lorsque la maîtresse ne m'a plus vu à l'école, elle s'est inquiétée. Croyant que j'étais souffrante, elle est venue à la maison. Je lui ai ouvert la porte et elle s'est étonnée de me voir en pleine forme.

«Tu n'es pas malade? m'a-t-elle demandé.

– Non.

– Pourquoi tu n'es pas à l'école?

– Mon père veut me marier. Il ne veut plus que j'aille en classe.

– Attends, laisse-moi faire.»

Mon père a accueilli la maîtresse, en disant à ma mère de lui offrir le thé et les petits gâteaux. Il a écouté madame Messaoud défendre ma cause. Mes facilités faisaient le bonheur de la maîtresse qui a tout fait pour que mon avenir échappe aux phalanges de ce mauvais destin. Dans notre classe de filles, madame Messaoud défendait toujours notre cause. Elle savait de quoi elle parlait. Sous son regard bienveillant, nos oreilles s'ouvraient. Sa voix douce nous invitait à graver pour toujours dans nos têtes ce qu'elle disait : «Être instruite est le seul moyen de ne dépendre de personne. Les sous-fifres de la religion ne veulent pas de femmes éclairées, c'est là leur satanique objectif. Pour eux, il n'y a rien de pire qu'une femme qui sache lire et écrire. La feuille et le crayon sont pour vous les meilleures armes. Et les mots vos flèches. Dites-vous bien que personne ne peut rentrer dans votre tête pour vous enlever ce que vous apprenez à l'école.» Tous les jours, avant de commencer les cours, elle nous répétait : «Ici, vous ne perdez pas votre temps. Je vous apprends à lire et à compter. Alors ne jouez pas avec votre avenir.»

La maîtresse a étalé ses arguments devant la fausse bienveillance de mon père, en espérant le faire changer d'avis. Il l'a écoutée presque poliment. «Shahrazade ira très loin si vous la laissez poursuivre ses études. Elle est la plus intelligente de toutes les filles de l'école.» Je ne sais pas si mon père était fier d'entendre ça, j'en doute. Il a juste hoché la tête. Seulement, la maîtresse a ajouté qu'à moi seule, je valais bien dix garçons. Et ça, elle n'aurait pas dû le dire. Ça n'a fait qu'irriter mon père. En aucun cas une fille ne doit être supérieure aux garçons. Et puis quoi encore ! Je voyais que madame Messaoud commençait sérieusement à agacer mon père. Comment osait-elle lui tenir tête ? Elle se comportait comme son égal. À vrai dire, elle lui était même supérieure, elle, cette simple femme, cet *être inachevé* qui n'avait pas de pénis, mais de vrais arguments que mon père refusait d'entendre. Quand la maîtresse a eu fini de boire son thé et de parler, on lui a gentiment dit que j'allais me marier. Que la décision était irrévocable. Et que personne ne me reverrait plus jamais à l'école. En dépit de ses efforts, madame Messaoud n'a pas obtenu gain de cause. Tous ses arguments étaient sans valeur. Je lui ai discrètement souri pour la remercier d'avoir essayé, même si en mon for intérieur, je savais qu'elle ne pouvait pas s'opposer à la toute-puissance paternelle. Chez nous, la voix d'une femme restera toujours plus faible que la voix d'un homme. Madame Messaoud s'est levée et, sans cacher sa colère, a dit :

« Marier Shahrazade est la pire des choses à faire. Elle est faite pour les études. Vous commettez une grosse erreur, monsieur !

– Ton avis a peu d'importance. C'est moi qui décide de l'avenir de la petite, lui a répondu mon père. Maintenant, rentre chez toi. »

J'ai accompagné ma maîtresse à la porte. Elle m'a lancé un regard désolé. Avant de s'éloigner, elle m'a dit : « Ton père n'a rien compris, Shahrazade. Ailleurs, l'école est une obligation. Ici, c'est une interdiction. Ils veulent briser nos crayons, fermer nos écoles et brûler nos livres. Rien ne tue plus un pays ou une religion que certains hommes qui prétendent les représenter. Sache que chez nous, la vie d'une femme est un combat de tous les jours. Alors, bats-toi, Shahrazade. Ne baisse jamais les armes et n'attends rien de personne. Tu es très intelligente. Un jour, tu seras une femme libre. »

Au goût de mon père, la maîtresse avait des influences un peu trop occidentales. Elle n'était pas assez musulmane.

Il lui reprochait de mal porter son voile. D'avoir mis du vernis sur ses ongles. De ne pas baisser les yeux devant lui. De trop parler pour un être qui n'a rien entre les jambes. Et surtout d'être femme ; mais ça, il l'a pensé sans le dire. Une femme, c'est fait pour se taire et s'incliner devant l'homme. Et ça ne se discute pas !

*

L'école coranique non plus, je n'avais plus besoin d'y aller. Et heureusement ! J'y avais vu des choses que je n'ai jamais osé raconter à personne. Une fois, j'avais oublié mon Coran à la mosquée et je suis retournée le chercher. C'était le soir. À cette heure-là, normalement, il ne devait y avoir personne. Je pensais que tous les enfants étaient rentrés chez eux et que j'allais récupérer mon Livre discrètement. J'ai enlevé mes chaussures au seuil de l'école coranique, et je suis rentrée sans faire de bruit. C'est là que j'ai surpris le vieux *taleb* qui enseigne le Coran en train de se faire caresser le sexe par une fillette d'à peine six ou sept ans. La fille aux traits poupins était sur ses genoux. Elle avait les yeux rouges et les joues mouillées. Le *taleb* a levé la tête et m'a vue, pétrifiée par ce que je voyais. La fillette avait sa main posée sur le sexe de ce monstre censé apprendre la religion aux enfants. Le *taleb* a calmement rentré *sa chose* dans son pantalon, puis a remonté sa braguette. Comme si de rien n'était, il m'a demandé ce que je voulais. Je lui ai dit en tremblant et en bégayant que j'étais venue chercher mon Coran.

« Ben, qu'est-ce tu attends ? Récupère-Le. »

J'ai pris mon Livre et au moment où je m'apprêtais à partir, il m'a dit :

« Tu as vu quelque chose ?

– Non, maître. Je n'ai rien vu.

– Tu es intelligente, ma fille. Dans la vie, il faut savoir fermer les yeux.

– Mes yeux sont toujours fermés, maître.

– Maintenant, remets correctement ton voile, et rentre chez toi.

– Oui maître.

– Et que ta bouche demeure à tout jamais aussi fermée que le vagin d'une vierge.

– Oui maître.

– Regarde-moi quand je te parle.

– Je vous regarde maître. Que Dieu vous enveloppe de sa Grâce.

– N'oublie pas ce que je t'ai dit. Et ne répète rien à personne. Silence… sinon… ! »

Je suis sorti à reculons de l'école coranique pendant que le *taleb* passait un doigt sur sa gorge pour me faire comprendre qu'il m'égorgerait si j'avais le malheur d'ouvrir la bouche. La petite fille en a profité pour sauter des genoux du *taleb* et se diriger vers moi en courant. Je l'ai prise par la main et nous sommes sortis. C'est là que j'ai appris que le *taleb* caressait le vagin des fillettes et se faisait masturber régulièrement.

« Comment t'appelles-tu ? ai-je demandé à la petite fille.

– Yasmina.

– Que s'est-il passé, Yasmina ?

– C'est un secret, m'a-t-elle répondu.

– Pourquoi un secret ?

– Le *taleb* a dit que les enfants aiment les secrets. Que ça ne se partage pas. Les secrets, il ne faut jamais les dire.

– Sauf que dans certains secrets, il y a des choses très mal. Est-ce que tu t'en rends compte ?

– Le *taleb* a dit qu'il n'y a jamais rien de mal dans la maison de Dieu. »

Que font les enfants quand ils ont peur ? Eh bien, ils ferment les yeux et tremblent. La petite fille était terrorisée. « Raconte-moi ce qui se passe », ai-je insisté auprès de la petite Yasmina.

Elle se reprit enfin et me raconta avec ses mots :

« Le *taleb* m'oblige à faire des choses que je ne veux pas faire. Il m'a dit que j'irais en enfer si je ne lui obéissais pas. Et moi, je ne veux pas aller en enfer. Je veux aller au Paradis.

– Raconte-moi les choses que tu fais avec le *taleb*.

– Il me prend sous les bras et me pose sur ses genoux.

– Vas-y, dis-moi tout.

– Ensuite, il sort son zizi.

– Continue.

– Je n'ose pas, dit-elle, en baissant la tête.

– Tu as honte ?

– Oui.

– Ça va te faire du bien de parler. Je suis comme ta sœur. Alors, dis-moi.

– Je commence par poser ma main sur le zizi du *taleb*. Ensuite, je la fais glisser de haut en bas. C'est comme ça qu'il veut que je fasse. Il me dit : "Continue comme ça". Alors je continue. Il me dit : "Plus vite". Je fais plus vite jusqu'à ce qu'il sorte de son zizi un liquide blanc comme de la colle. Ensuite, le *taleb* me dit de prendre mes affaires et de rentrer chez moi.

– Il a déjà mis sa main entre tes jambes ?

– Oui, et il passe ses doigts sous ma culotte.

– Où ça exactement ?

– Ben, là où je fais pipi. Et il caresse mon trou.

– Tu sais que ce qu'il te fait, c'est mal ?

– Je sais que ce n'est pas normal.

– Tu en as parlé avec ton père et ta mère ?

– Non, ils ne me croiront pas.

– Il faut que tu en parles.

– J'ai peur.

– Je t'en supplie, parle.

– Non ! Fais-le, toi !

– Je te promets que je le ferai. En attendant, jure-moi sur Dieu que tu ne te laisseras plus faire. Tu sais, les adultes n'ont pas le droit de toucher les enfants. Encore moins leur mettre la main dans la culotte. Le *taleb* est un monstre, ne t'approche plus jamais de lui. Et s'il insiste, pour lui faire peur, dis-lui que tu vas tout raconter à ton père. Jure-moi que tu le feras.»

Yasmina n'a pas juré. Elle savait que si elle parlait, si elle disait qu'elle masturbe le *taleb*, ce serait comme une déflagration. On la frapperait à sang pour avoir osé dire de telles choses. Les gens auraient abondé dans le sens du *taleb*. Bien sûr qu'on aurait mis en doute la parole de la petite fille. Pour sa défense, le *taleb* aurait dit que les enfants ont beaucoup d'imagination et qu'ils ne cessent d'inventer des histoires. Moi, je ne pouvais pas faire autrement que la croire, puisque j'avais tout vu de mes propres yeux.

Je connaissais le silence des écoles coraniques. Même si le *taleb* était un homme protégé, un jour je le dénoncerais. Ça se saurait. Et il paierait. Il purgerait sa peine au fond d'une cellule. Je m'en étais fait la promesse.

9

Est venu le temps de gagner ma vie. « Ce n'est pas la maison du Bon Dieu ! » a dit mon père. Ça suffisait que je sois nourrie et logée à ses frais. Après m'avoir trouvé un travail chez l'un de ses amis, un propriétaire terrien qui possède des champs à perte de vue, il a ajouté : « C'est une bonne place ! Tu travailleras là en attendant ton mariage. »

Depuis, je suis ouvrière dans l'une des deux mille fermes que compte le plateau du *Hedjaz*. Dure au labeur, je travaille aussi tard que je me lève tôt. Je cueille des roses appelées *roses de Damas* introduites chez nous par l'occupant ottoman, il y a plus de trois siècles. De ces roses, on extrait de l'huile essentielle appelée *attar*. J'aime ces odeurs. Les yeux fermés, je reconnais leur haleine. Le patron est content de mon travail, c'est pour ça qu'il me paie. Seulement, ce que je gagne, je n'en vois pas la couleur. Tout va dans les poches de mon père. Chaque samedi, il vient chercher le fruit de ma sueur. De la main à la main, le patron donne l'argent de mon maigre salaire à mon *wali*, mon tuteur. En l'occurrence mon père. Mon geôlier. Chez nous, toutes les femmes ont un tuteur. Elles sont mineures à vie. Elles sont comme des petits enfants qu'on jette dans un lit à barreaux pour entraver leurs mouvements. Plus ça va, plus je me dis que je ne suis pas à ma place dans ce pays.

*

Au presque jour, après que la voix ordonnatrice du muezzin a appelé au *sobh*, la première prière de la journée, j'enfile ma pudeur et pars travailler avant que les aurores de braise ne se lèvent et ne déversent leurs humeurs brûlantes. La journée, je porte un chapeau de paille à large bord pour me protéger d'un soleil bouillant. La main des faiseurs de pluie ne calligraphie aucun nuage qui viendrait ombrer un peu les champs. La peau de la terre, craquelée comme des gerçures, soupire de sécheresse. Les prières ont beau essorer les Cieux, les eaux de pluie se refusent à tomber. Je devine l'heure grâce à la position du soleil et la longueur de mon ombre. Dans les hauteurs, les rapaces tournoient contre le ciel. Pas un prélude de vent. Rien ne vient casser l'embrasement qui farde la ville de ses couleurs ardentes. L'air est en feu. Le brasier d'en haut ne cesse d'accabler ma nuque. Mon corps est mouillé et ma peau colle à mes vêtements trempés de sueur. Courbée et voilée, je travaille sans compter. La chaleur coule dans mon dos, rend pesant chaque geste et plus lourds mes instruments aratoires. Toute la journée, je suis à la peine et ne me plains de rien. On pense qu'une femme ne peut pas faire grand-chose, pourtant je fais des choses que même les hommes ne peuvent pas faire. Je travaille et je repense à l'école. Ça me manque terriblement. J'aurais tout donné pour y retourner. C'était le lieu où les soucis du quotidien ne rentraient pas. J'adorais la poésie. J'en lisais dans des livres que mes copines me prêtaient en cachette. Ces livres-là, je ne les rapportais jamais à la maison de peur que mon père les découvre en fouillant mes affaires d'école comme il le faisait tous les jours. Il dit que les poètes sont des sans foi destinés à l'enfer. Moi, j'aime les poètes qui font des mots un joyau pour le cœur. J'aime les amants des vers. La poésie, c'est mon immunité contre mon pays. Elle me fait m'enfuir sans bouger de place. La poésie rend le malheur supportable. Mais pour l'heure, je gagne ma vie en transpirant. Et peu importe, ce travail dans les champs est pour moi une bouffée d'air dans cette effervescence florale. J'ai la main verte. Je cueille les roses encore humides de la transpiration de l'aube. Et les baptise de la rosée du matin. Les fleurs ne sont pas méchantes ; alors d'un doigt, j'effleure les bourgeons aussi jolis que des clitoris prêts à éclore.

*

Je travaille avec des filles aux ongles noirs qui n'ont pas eu le temps d'apprendre à lire. Contrairement à leurs frères, elles n'ont jamais mis les pieds à l'école. Faute de mieux, les filles des champs, ou les *filles en retard*, comme on les appelle, se contentent de ce travail.

« Chacun porte son lot de malheur, me dit Fairouz, l'une d'entre elles. Nous avons été jetées au monde sans aucune chance. Dieu a détourné son visage et nous a abandonnées à notre destinée dérisoire. Nous sommes des petites gens et tu ne nous ressembles pas.

– Pourquoi tu me dis ça, ma sœur ?

– Parce que nous sommes les oubliées de Dieu, et nos vies sont minuscules. Les beaux lendemains ne sont pas pour nous. Toi, tu es de la classe supérieure. Ça se voit. Nous, nous sommes pauvres et sales, juste bonnes à travailler la terre. Et à se crever le cul à longueur de journée.

– Quel mal y a-t-il à travailler la terre ?

– Aucun, sauf qu'on fera ça toute notre vie. Nous serons toujours des gens de rien. Le sort s'en prend toujours aux plus faibles. Qu'as-tu en commun avec nous ? Tu es trop jolie pour travailler dans les champs. Nous avons les mains ouvrières. Les tiennes sont douces, elles sont faites pour caresser les livres. Je suis sûre que tu sais lire et écrire.

– Ne t'inquiète pas ma sœur, Dieu a l'ouïe fine. Il entend tout le monde. Un jour, tu sortiras de la misère.»

*

Je comprends qu'il me faudra beaucoup de patience avant de me faire accepter. Les filles avec lesquelles je travaille sont considérées comme moins évoluées, simplettes, pour ne pas dire attardées. Fairouz accepte son sort et dit qu'il ne faut pas réclamer la lune. «Tu sais, me dira-t-elle, je n'ai pas eu la chance de faire partie des gens qui savent lire. Quand on n'est pas allé à l'école, on est plus bête que les autres.» Fairouz dit que les gens instruits comprennent mieux la vie, et elle aurait tout donné pour faire partie de *ceux qui comprennent*. En attendant qu'adviennent des jours meilleurs, sous un ciel suintant son feu, les braves filles des champs travaillent du matin au soir. Je suis leur pareille. En plus de la cueillette des roses, on nous demande de traire les vaches, de changer leur couche et de nettoyer l'étable de fond en comble. Nous cueillons et emballons les dattes et les olives pour l'exportation. Même si c'est un travail difficile, le dos voûté, nous endurons sans jamais nous plaindre. À la pause, nous mangeons sous la clémence de la fourrure d'un arbre dispensateur d'un peu d'ombre.

Une fois, je demande à Dünya, une autre fille des champs :

«À quel âge as-tu commencé à travailler ici ?

– Oh, je devais avoir, quoi ? neuf… dix ans ?

– Tu n'as jamais rêvé de faire autre chose ?

– Rêver ! Ici, les femmes ne rêvent que pour tromper le quotidien. J'ai traversé mon enfance sans la voir. Alors, ça fait longtemps que mes mains tiennent le vide et que mes rêves sont tombés de fatigue. Je n'ai pas pu éviter les mauvais gestes du destin, et aujourd'hui j'ai la vie des petites gens sans instruction. Ma faute, c'est d'être femme, pauvre et illettrée.»

Au loin, on entend rire des filles très jeunes.

«Écoute-les rire, me dit Dünya.

– Je les entends.

– Sais-tu pourquoi elles rient?

– Dis-moi.

– Elles rient parce qu'elles ne savent pas qu'elles sont malheureuses.»

*

Quelques jours plus tard, je rentre en confidence avec Amina. Avant de venir travailler dans les champs, elle avait la réputation qui sentait mauvais. «J'étais une fille qui passe d'une main à l'autre», dit Amina. Elle ajoute que le sort est vicieux et que si on l'avait aidée, elle ne se serait jamais prostituée. Et à son jeune âge, elle avait déjà un lourd passé.

«Quel âge as-tu? je lui demande.

– Dix-neuf ans.

– Et toi?

– Onze ans.

– Tu sais, quel que soit son âge, c'est en empruntant les labyrinthes du malheur qu'on apprend la vie. Mon père est mort et je me faisais grimper pour aider ma mère. Il fallait que je rentre avec de l'argent, sinon personne ne mangeait à la maison. Alors, j'ai fait la pute. J'essayais de trouver des clients riches. Je leur donnais ce qu'ils voulaient, et ils payaient pour ça. Mais en vérité, je détestais leur argent, leur odeur et leur arrogance. Je me vengeais à ma façon. Ma chatte était large comme un étang plein de vase. Souvent, je ne me lavais pas entre les clients. J'en prenais plusieurs à la suite. Ça sentait le poisson pourri entre mes cuisses. Je mettais du déodorant sur mon sexe et aucun homme ne s'apercevait de rien. J'étais trempée de semence masculine et ces imbéciles croyaient que je mouillais pour eux. Ils ne savaient pas qu'ils pataugeaient dans le sperme des autres. Tu sais, faire la pute c'est dangereux. Parfois, je tombais sur des clients violents qui ne voulaient pas payer. Mais il fallait bien que je récupère mon dû. Alors je me battais avec eux jusqu'au sang. Un jour, j'ai arrêté d'aller avec les hommes. Mais j'ai mis du temps à me racheter à mes propres yeux. Et même si je ne gagne qu'une misère ici, et que je survis plus que je ne vis, au moins je n'ai plus honte de moi. On peut tout fuir, sauf sa conscience, ma sœur.»

Amina et Dünya se prostituaient ensemble. Elles se sont connues sur le trottoir dans le *Quartier des plaisirs*. Un jour, l'homme d'Amina a disparu sans donner de nouvelles, la laissant seule avec ses enfants, et la vie est devenue difficile.

«Il faut tomber dans la pauvreté pour comprendre ce que je dis, soupire-t-elle. On dirait qu'on a la vie contre soi.

– Pourquoi ton homme est parti?

– Il voulait un garçon. Je n'ai eu *que* des filles, alors il m'a quittée.»

Je n'ai jamais aimé ce « que» dépréciatif qu'utilisent les femmes de chez nous, sans même s'en rendre compte; mais je préfère ne pas reprendre Amina. Bref, elle était dans une situation désespérée et il lui a bien fallu calmer l'estomac de ses filles. «Le ventre des enfants ne s'habitue jamais au vide. Tous les jours, trois paires de petits yeux me réclamaient à manger.» Amina avait honte d'en être arrivée là et ne voulait pas que ses enfants grandissent entre les griffes de la privation et que leurs rêves d'enfants soient détruits en s'habituant à l'odeur âcre de la pauvreté. Elle craignait qu'elles deviennent des domestiques qui nettoient les cuvettes des toilettes chez les riches. Ou qu'elles se mettent à voler. Ou pire encore. «Tu sais, quand tu trébuches dans la vie, personne ne te tend la main, dit-elle. Quand une femme n'a plus rien, il ne lui reste que son corps à vendre. C'est ce que j'ai fait.»

Amina a guetté un frémissement du destin, mais rien n'est venu la sortir de son malheur. Pour affronter la rudesse de sa vie, elle s'est prostituée dans les arrière-boutiques des épiceries et se faisait payer en légumes. Parfois, elle baissait sa culotte à la va-vite pour un ou deux litres de lait. «En contrepartie de coups rapides, les épiciers me donnaient des fruits pourris prêts à être jetés. Je les triais un par un. Je les lavais et j'en faisais un cageot présentable que je rapportais à la maison. Mes enfants se jetaient dessus en croyant que je venais de l'acheter.» Amina racolait les clients partout où elle pouvait, et les suivait dans les pires endroits. «Les hommes me passaient dessus pour une bouchée de pain. Je n'étais pas une femme, mais juste un trou dans lequel ils se vidaient. Je prenais tout ce qui venait. J'ai englouti tout ce que je pouvais. Je débordais de sperme. J'ai fait des choses impensables. Il m'est arrivé de faire ça dans un cimetière avec le gardien des lieux. J'ai même été avec des religieux qui détournaient la tête en me croisant à la mosquée et faisaient mine de ne pas me reconnaître. Qu'on ne se méprenne pas, chez nous la religion et le sexe ont toujours fait bon ménage. J'étais la fiancée de tous les hommes. J'avais perdu ma dignité et je n'osais plus me regarder dans le miroir, tellement je me haïssais. Je ne m'arrêtais que pour faire ma prière et reprenais le travail dès que Dieu avait le dos tourné.

– N'aie honte de rien ma sœur, lui ai-je dit. Tes péchés sont déjà effacés. Tu as fait ça pour tes enfants.

– C'était faire la pute ou je crevais de faim. Je m'étais rabaissée à mettre en valeur ma poitrine dans un indécent décolleté et j'exhibais mes jambes pour que les hommes s'arrêtent sur moi plutôt que sur une autre. Crois-moi, la concurrence est rude, mais il fallait bien aguicher les clients. J'avais honte de ma mise outrancière. Je rougissais en montrant mes jambes et mes seins, mais je le faisais en pensant à mes enfants.

– Tu prenais tes précautions ?

– Même au marché noir, la pilule est trop chère. Alors, je m'enfonçais du coton au fond du vagin pour absorber le sperme. Et je priais pour ne pas tomber enceinte. À force d'ouvrir les cuisses trente fois par jour, j'en avais le vagin aussi large que les égouts de la ville. Tu ne peux pas t'imaginer combien c'est humiliant de se faire prendre entre deux portes dans les arrière-boutiques.»

En rentrant chez elle, Amina regardait ses enfants manger et ressentait de la fierté. Elle a arrêté le commerce de son corps quand elle a trouvé ce travail dans les champs. «J'étais maigre comme un clou. J'étais une fille fêlée de l'intérieur mais je ne montrais rien. Je drapais ma honte derrière un sourire, mais le ventre de mes enfants se moquait de mon sourire. J'avais faim mais je préférais voir manger celles à qui j'avais infligé la vie. Une fois leur estomac apaisé, je prenais les restes.»

*

Et moi, sitôt que j'avais terminé mon travail, j'ajustais mon voile et me dépêchais de rentrer à la maison avant que les voiles du crépuscule ne fassent disparaître les derniers lambeaux de lumière. Et qu'apparaissent les ombres de la nuit qui chassent les femmes de la rue. Pas question pour moi de faire un détour. Au moindre retard, je risquais d'être livrée aux gémonies de la vieille.

10

On dit qu'une bonne musulmane n'est jamais pressée de se déshabiller. Vertueuse, elle se garde pour son mari et ne faute jamais. Irréprochable, elle se tient à distance de ses pulsions et se soustrait aux plaisirs de la chair. C'est pourquoi une *Arbya*, une Arabe digne de ce nom, doit rester *intouchée* jusqu'au mariage. Dans mon pays, la sexualité d'une fille est surveillée de très près. Sa vie intime est soumise à la loi du père, de l'oncle, de la tante et des cousins. À vrai dire, c'est l'affaire de tout le monde. Même les voisins ont leur mot à dire.

*

La vieille veut me garder vierge pour le mariage. Depuis que ma poitrine a cessé d'être comme celle d'un garçon, son regard ne cesse de tamiser mes intentions. Elle travaille dur à ce que ma réputation ne soit pas ébouillantée par les mauvaises langues. Et on ne rigole pas avec l'honneur d'une fille. Chez nous, la vertu et la honte sont deux sœurs jumelles. La honte, c'est le complexe oriental. Tous les jours, dès que je rentre du travail, j'ai droit à l'accueil de la vieille qui me considère d'un œil soupçonneux. Craignant que je revienne auréolée des parfums du scandale, elle épie le plus insigne détail. Son regard déshabilleur cherche à s'assurer que je n'ai pas rompu mon vœu de chasteté. Qui sait? Peut-être un début de ventre avec ses rondeurs coupables. Son obsession est de me découvrir un jour engrossée, pleine du fruit d'un amour nomade bâti à la hâte. Autrement dit, que mon ventre annonce la naissance d'un bâtard. «N'oublie pas que si tu regardes le vice, le vice te regardera aussi», me répète la vieille. Chez nous, on n'imagine pas une fille seule avec l'enfant du péché dans les bras. Mieux vaut être morte que fille-mère.

La vieille est une Bédouine à l'ancienne, grillagée par les traditions qui prétend savoir mieux que quiconque comment *tenir les filles*. Elle soutient que son âge lui confère le droit de m'apprendre à devenir femme, et déclare que Dieu a fait naître les femmes pour qu'elles soient de bonnes épouses pour leur mari. «Rendez heureux vos époux, dit-elle, et vous serez des femmes accomplies. Quand on est une femme mariée, il faut savoir tenir sa maison, faire la lessive, le repassage, le ménage et la cuisine. Et surtout, ne rate pas ta recette ! Ton mari risquerait de se fâcher et de te frapper.» La vieille dit ça comme si être frappée par un mari est une chose naturelle. Comme si les bleus sur le corps d'une femme, ça va de soi. «Les filles d'aujourd'hui ne savent plus rien faire. Quelle drôle de génération ! Elles ne sont même pas capables de repriser une chaussette ou de coudre un bouton. Et encore moins de faire la cuisine comme il faut.» Pour le *f'tour*, la rupture du jeûne, la vieille prend les légumes pour *l'harira*, la soupe du soir et dit : «Regarde-moi et prends-en de la graine si tu ne veux pas être une bonne à rien ! » Devant mes yeux, les épluchures des légumes rampent sur ses mains.

«Les hommes se lassent vite, poursuit la vieille. Les

ruses des femmes, ça existe. Une épouse doit savoir s'y prendre. Si elle fait bien à manger à son mari, je te jure qu'il n'ira jamais manger ailleurs.»

Manger ailleurs ! Sous-entendu, honorer un autre sexe féminin.

«Oui *hadja*.

– Un homme, ça se retient par le ventre. Crois-moi, je m'y connais.»

La vieille dit qu'une mauvaise épouse est vite délaissée. Et si j'écoute ses conseils, je ferais des hommes ce que je voudrais et ils me mangeront dans la main. Enfin, d'après elle.

*

La vieille ne cesse de rôder autour de mon corps. Le fond de mes culottes semble être sa préoccupation majeure. En vérité, mon bas-ventre est son obsession. On dirait qu'elle n'a rien à faire qu'épier ce qui se passe entre mes cuisses. Rien ne l'arrête. Pas même mes pertes blanches qu'elle va vérifier dans mon linge sale.

«Le démon cherche toujours à se saisir des jeunes filles, dit-elle, en s'approchant de moi. Au fait, as-tu tes règles ?

– Oui *hadja*. Je suis dans ma période rouge.

– Ton odeur est forte.

– Pourtant, je me suis lavée.

– Ta culotte ne doit jamais avoir une couleur douteuse.

– Ma culotte est propre.

– Enlève-la et montre-moi.»

J'enlève ma culotte. La vieille me fait écarter les jambes. Elle passe sa main sur ma fente et renifle son doigt.

«Tu vois, me dit-elle, ça sent l'œuf pourri.

– Ça ne sent rien, *hadja*.

– Tais-toi. Et va faire tes ablutions !

– Oui *hadja*.»

Bien sûr que je n'avais aucune odeur désagréable, mais

la vieille ne rate aucune occasion de m'humilier.

«Et n'oublie pas que pendant leurs règles, les femmes sont bannies des mosquées. Alors, n'y mets pas les pieds tant que tu es impure. Ne me fais jamais honte. Et ne t'avise pas de parler aux hommes. Méfie-toi de ce qui ondoie entre leurs jambes. Les mâles aiment aller entre les cuisses des femmes. Sache qu'on sent l'odeur du sexe sur la peau d'une femme sans vertu. Malheur à toi si tu ne m'écoutes pas.

– Je suis une bonne musulmane. Je ne suis émue que par notre Prophète.

– Jure-moi que personne ne t'a salie?

– Je jure que nul homme ne m'a foulée. Je suis vierge de tout péché et je n'ai jamais éprouvé de désir pour aucun homme. Seul Dieu est autorisé à regarder ma nudité.»

Et toujours ces soupçons au travers des remarques obliques de la vieille. Tous les vingt-huit jours, elle me demande :

«Tu as bien eu ta maladie du mois?

– Oui *hadja*.

– As-tu eu mal au ventre?

– Oui et mes seins m'ont fait très mal. Mes règles étaient abondantes et douloureuses.

– Qu'as-tu encore à me dire?

– Que puis-je dire que votre intuition ne sache déjà?

– Alors c'est moi qui vais te dire quelque chose. Ne fais jamais rien qui puisse nuire à notre dignité. Ta réputation est la mienne. N'oublie pas que si tu pèches, les portes du ciel se refuseront à toi et il n'y aura personne pour défendre ton âme. Si un jour tes règles ne sont plus là, il faut m'en parler au plus vite. Fais en sorte que l'on ne soit pas obligé de recoudre ton honneur. Et prends garde au qu'en-dira-t-on.»

Et cette peur du regard des autres! La parole sans jugement n'existe pas chez nous. Qu'on se rassure, je n'ai pas de retard. Je ne suis pas une fille gâchée. Je suis intacte. Mon sexe est cousu et mes cuisses sont verrouillées. La vieille est satisfaite lorsqu'elle voit, chaque mois, mes culottes tachées de sang. Mes eaux rouges la rassurent. Je ne suis pas enceinte. Tout va bien. Allez, encore trois gouttes de sang et tout le monde est content, me dis-je.

*

C'est un grand malheur pour une fille de perdre sa virginité. Pas de sexe donc avant les noces. Rien avant *la nuit de la défloration*. Je dois rester chaste, sinon je serai comme une marchandise abîmée dont personne ne voudra sur le marché du mariage. Dans toute société, il y a des choses qui comptent et d'autres moins. Chez nous, une importance élevée est accordée à la virginité. Nous n'avons que ce mot à la bouche. L'hymen, cette membrane tant convoitée, est sacralisé et aucun parent n'imagine sa fille déflorée avant qu'elle n'ait la bague au doigt. Aucun homme ne se contenterait des restes d'une virginité. Les hommes aiment être les premiers. Déflorer une fille, que dis-je ? Perforer ! Trouer ! Dépuceler une fille est le summum de la virilité. La vieille me regarde comme si les portes de l'enfer se reflétaient dans mes yeux. Son regard fouineur se porte sur mon ventre et son ton souligne la suspicion :

« Sache qu'une femme ne se donne jamais gratuitement à un homme. Déflorer une fille, ça se paie. La virginité, ça a un prix. L'hymen d'une musulmane est une porte fermée à double tour. Elle réserve son entrejambe pour son mari qui donnera l'argent qu'il faut pour ça. N'oublie pas que le vagin d'une fille appartient à son mari.

– Je ne suis pénétrée que par Dieu.

– On ne sait jamais, le Diable parle à tout le monde. Tu es de moins en moins petite. Tu n'as plus la poitrine plate. Tu es déjà bien formée et tes seins parlent pour toi. Sache que les hommes regardent les filles avec d'autres yeux dès que le bout de leurs seins commence à pointer.

En vérité, les mâles te regardent avec leur sexe. Ils ont le démon entre les jambes. Alors, méfie-toi des déchireurs d'hymen et ne te laisse pas approcher. Si tu ne fais pas ce que je te dis, la fureur du ciel s'abattra sur toi et tu iras en enfer ! Ne viens pas pleurer s'il t'arrive quelque chose.»

À croire que chez nous, tous les chemins mènent le corps de la femme vers l'enfer, plutôt qu'au Paradis. Je n'ose pas dire à la vieille que l'enfer est vide et que tous les démons sont sur nos terres. Alors, je continue d'être une fille bien qui se tient à la droite de Dieu. Je me signale par ma vertu. Et je joue une autre Shahrazade. La chaste. Celle que je ne suis pas. Ah, s'ils savaient !

«Je n'ai commis aucun péché, *hadja*. Je ne laisse personne menacer ma réputation. Ce serait offenser Dieu que vous mentir. Mon entrejambe est cimenté. Je suis un mur impénétrable.

– Méfie-toi de tout le monde ! Et ne parle pas aux étrangers. La rue, c'est l'arène des mâles. Sache qu'un homme, ça présume de ce qu'il a dans la culotte et ça erre entre sa femme et les autres femmes. Les hommes mariés ne se considèrent pas *mariés-mariés*. Ce sont des noceurs sans scrupules. Des vauriens qui n'hésitent pas à pousser les portes de l'adultère. Ils te promettent que c'est pour la vie, alors qu'ils ont déjà un pied en dehors de ta vie. Seule l'énigme entre les jambes des femmes les intéresse. Au début, ils sont débordants de gentillesse jusqu'à obtenir ce qu'ils veulent. Et si une fille a le malheur d'esquisser un sourire, voilà qu'ils la prennent pour *une qui couche*. Refuse les sourires de la rue. N'oublie pas que *femme qui sourit, bientôt au lit*. Une fois qu'il lui sera monté dessus, le garçon ira se vanter auprès de ses copains et exposera les détails de son intimité. On la prendra pour une fille à hommes. On détruira son honneur et on dira : "Elle couche !" Elle sera la risée du quartier et ne pourra même plus marcher tranquillement dans la rue. "Voilà celle qui se laisse toucher", dira-t-on, encore. Tout le monde saura qu'elle a écarté les cuisses et on la traitera de putain. Les autres garçons, qui n'ont rien à faire de leurs journées, si ce n'est se faire l'œil, le dos contre *le mur des fainéants*, la voudront aussi. Si elle refuse, on dira que c'est une garce qui fait la difficile et on la violera. Ceux qui auront bruit de l'affaire diront : "Une fille n'est jamais violée sans raison. Elle a dû le chercher, l'allumeuse." Alors, ne te laisse pas approcher par la racaille. Si un homme te suit, ne te retourne pas. Il pourrait croire que tu es une fille facile. Une femme qui cède n'est pas une femme, mais une putain. Déflorer une fille c'est sacré, ça signifie dot et mariage. Et baisse les yeux ! répète à l'envi la vieille. N'oublie jamais que Satan a plusieurs visages. Qu'il tire le corps des femmes vers le péché. L'œil du Malin est orienté vers l'entrejambe des vierges.

– N'ayez crainte, *hadja*. Je me comporte comme Dieu le demande.»

*

En plus de ses mises en garde, la vieille n'a pas sa pareille pour me rendre la vie impossible. Un soir, en rentrant de mon travail, je la trouve sur le seuil de la porte. J'ai cru que c'était le Diable qui m'attendait les mains sur les hanches. Elle est folle de rage. En me voyant, elle se met à hurler :

«Ah te voilà, toi ! C'est à cette heure-ci que tu rentres ?

– Je viens de finir mon travail, *hadja*.

– Tu as une heure de retard.

– Le patron nous a retenues pour charger les roses dans les camions de livraison.

– Menteuse !

– Que le Diable m'emporte si je vous mens.

– Viens. Suis-moi.»

La vieille me prend par le bras et m'entraîne de force vers ma chambre.

«Dis-moi la vérité. Où étais-tu ?

– Je vous dis que je reviens du travail.

– Tu mens. Tu étais avec un homme.

– Je vous jure sur le Prophète que je n'étais avec aucun homme.

– Laisse le Prophète tranquille. Et déshabille-toi.

– Pourquoi me déshabiller ?

– Fais ce que je te dis ! »

Je m'exécute et pose mes vêtements sur le bord du lit. Je garde ma culotte et mon soutien-gorge. La vieille prend mes habits et les renifle un par un.

« Pourquoi vous sentez mon linge, *hadja* ?

– Tais-toi !

– Que recherchez-vous ?

– La souillure !

– Comment ça ?

– Je cherche l'odeur du mâle. S'il y en a une, je la reconnaîtrai.

– Ça ne sent pas l'homme. Mes habits sentent la sueur, c'est tout.

– T'as de la chance », dit-elle, en jetant mes vêtements par terre.

Je les ramasse et m'apprête à remettre mes habits. La vieille m'en empêche.

« Laissez-moi me rhabiller, je lui dis.

– Non !

– Je n'ai rien à me reprocher.

– Enlève ton soutien-gorge.

– Ça ne sent pas l'homme, je vous dis.

– Tais-toi. Et obéis ! »

J'enlève mon soutien-gorge et le lui tends. Elle l'examine, le renifle comme un chien et le jette par terre.

« C'est bon ? Je peux me rhabiller, maintenant ?

– Enlève ta culotte

– Non.

– Enlève-la, sinon ça va mal se passer. »

À contrecœur, j'enlève ma culotte. La vieille la prend et examine la partie du tissu en contact avec mon vagin.

« C'est mouillé, me dit-elle.

– C'est normal, c'est ma transpiration. Je travaille toute la journée en plein soleil.

– Heureusement pour toi que ce n'est pas du sperme.

– C'est ce que vous recherchez. Du sperme ?

– Tais-toi. »

Elle enfonce un doigt dans mon sexe et me dit :

« Ton hymen est bien en place. Arrange-toi pour qu'il le reste.

– Ça fait longtemps que je vous le répète. Je suis vierge.

– Et ne t'amuse jamais à marcher les pieds écartés ou à faire le grand écart, tu pourrais rompre ton hymen !

– Je marche toujours les jambes serrées, *hadja*.

– Ne te masturbe pas non plus. N'oublie pas que c'est péché.

– Mais pourquoi vous me dites tout ça ?

– Pour que tu saches qu'Allah a créé le vagin de la femme pour le seul plaisir de l'homme. Une musulmane ne se caresse pas et ne prend pas de plaisir seule. »

J'aurais bien aimé vérifier, moi aussi, les culottes de la vieille. Eh bien, elles ne sont pas aussi propres qu'elle le prétend. Elle qui est toujours vêtue de blanc et se prétend vertueuse, ne l'est pas tant que ça. Elle qui, du matin au soir, prône la droiture et répète à longueur de journée que le sexe ne doit point faire barrage à l'âme ; eh bien, elle a un amant. Et qui est son amant ? C'est le meilleur ami de son défunt mari. C'est l'imam de la mosquée qui, de surcroît, a déjà trois épouses et tellement d'enfants qu'on ne les compte même plus. L'imam, c'est le mari de remplacement de la vieille. Sous prétexte de lire le Coran, elle s'enferme dans sa chambre avec lui dans le confort soyeux de l'adultère. Et d'après ce que j'ai vu, ils ne s'adonnaient ni à des prières ni à des lectures pieuses.

*

Le lendemain soir, la vieille me dit :

« J'espère que tu ne me caches rien. Sache que j'ai du flair. Et n'oublie pas que tout se sait, tôt ou tard.

– La main sur le Coran, je jure que je n'ai rien à me reprocher.

– Si je sens que tu me mens, je t'emmène voir *le liseur d'âme*. Il verra tous les péchés au fond de toi.

– Le *liseur d'âme* ne verra dans mon cœur que la foi en notre Créateur.

– J'espère que tu ne fréquentes pas les filles frivoles ? Elles sont pourries et leur parler c'est l'être aussi. Les filles du dehors ont la réputation ignominieuse et le cul qui pue. Il faut leur sceller le vagin. Dieu n'aime pas les filles à la culotte sale. Évite toutes celles qui exerceraient une mauvaise influence sur toi. Et prends garde à ce que rien ne vienne à mes oreilles.

– Méfiez-vous des "Ouï-dire" et des "Il paraît que".

– Je me méfie surtout de toi. De toute façon, je te fais surveiller. Sache que celui qui t'a à l'œil ne te quitte pas d'une semelle.

– Ah bon ! Et par qui me faites-vous surveiller ?

– Si tu crois que je vais te le dire, tu te mets le doigt dans l'œil. »

J'ai juste envie de dire à la vieille : « Qu'est-ce que ça peut bien te foutre, ma vie sexuelle ? Tu n'en sauras jamais rien ! Je t'ai vue te faire chevaucher par l'imam. La prière est un bon prétexte pour assouvir tes désirs. Tu te caches derrière la religion et tu joues la chaste. Avec ta vertu ostentatoire, ton habit religieux et ton chapelet à la main, tu es aussi tordue que les autres. Non, tu es pire qu'eux. Et moi, si j'ai envie de me caresser, je le fais. C'est mon sexe ! »

Au lieu de ça, je dis à la vieille :

« Ces filles-là, je ne les approche pas.

– As-tu des amies sérieuses ?

– La seule fille que je fréquente s'appelle Laïla.

– La fille de l'imam ? La couturière qui travaille avec

sa tante dans le magasin d'habits pour femmes *Rue des Vierges*?

– Oui, c'est elle.

– Son père, l'imam, est un grand religieux. C'est un homme formidable.»

Tu m'étonnes qu'il soit formidable. C'est ton amant, espèce d'hypocrite.

«Laïla est ma seule amie. C'est une fille convenable.

– Ce n'est pas une fille volage. Son père l'a élevée dans la droiture. Elle ira au Paradis, inch'Allah.»

Et toi, la vieille, ce n'est pas sûr que tu ailles au Paradis. L'imam, non plus. Celui-là même qui fait partie de ceux qui nous imposent leurs convictions religieuses. Et qui est aussi corrompu que les autres. Et qui couche avec la vieille.

*

La vieille a tort! Mon amie Laïla est tout, sauf vertueuse. Et ce n'est pas sûr qu'elle aille, elle non plus, dans les jardins opulents du Paradis. Toujours est-il que la vieille voit d'un bon œil mon amitié avec la fille de l'imam. Laïla et moi avons le même âge. Elle préfère les filles, elle aussi. C'était un coup de foudre entre elle et moi. Un coup de foudre entre deux femmes, ça arrive à n'importe quel âge. J'ai craqué lorsque j'ai vu son sourire aussi beau que la Namibie, la terre de ses ancêtres, avec ses déserts majestueux. Laïla est aussi féline que les guépards de son pays. Oh ce sourire qui rend ses lèvres tellement désirables. Dès que l'on se voit, elle enfante en moi le désir. Nos yeux s'auréolent alors d'envies. Nous seules devinons ce que cachent nos regards. Laïla et moi, on s'aime d'abord avec les yeux; le toucher vient après. Je ne couche pas avec un homme. Je couche avec une fille. Et il n'y aura jamais de trace de sperme dans mes culottes. Que la vieille se le tienne pour dit.

C'est si facile d'être quelqu'un d'autre.

11

J'ai un ange posé sur mon épaule droite. Et Satan sur mon épaule gauche.

Ma chambre, c'est l'antre des caresses interdites. Nul ne sait ce qui s'y passe quand je suis avec Laïla. C'est là où nous partageons l'intime. Cavalières du désir, nous dénudons le prohibé et échappons à l'empire du Sacré. La nuit, nous faisons ce que le jour nous refuse. L'obscurité n'est pas faite seulement pour se blottir dans les rêves ou contempler les astres. Lorsque tout est sombre, la pudeur est abandonnée et nous franchissons les portes de l'interdit. Les draps s'impatientent et les nuits volées à l'illicite nous attendent et c'est sur mon lit que s'ébattent nos plaisirs. Nous cascadons la vertu et empruntons les chemins scandaleux qui font sursauter Dieu. Nous sommes les complices de Satan. Ô heureuses *transgresseuses* que nous sommes.

Laïla *est* moi ; je *suis* elle.
Dès que je la vois, je me sens plus belle que d'habitude.
Et brusquement surgit l'éveil des sens.

Laïla veut dire *La nuit* en arabe. Elle est comme son prénom. Elle est noire comme la peau de la nuit. Longtemps, et aujourd'hui encore, les Noires ont servi d'esclaves chez les riches. Nul n'a le droit d'acheter la vie de l'autre. Laïla est belle et la beauté n'est pas faite pour l'esclavage. C'est un choc esthétique pour qui voit cette fille la première fois. Son corps a été pétri par les mains du ciel. Laïla, la diablesse, est cambrée comme le sont les filles dont la peau a été faite de noir. Ses gestes sont un poème qu'elle écrit avec son corps. Ses seins dorés ont été moulés comme deux moelleux oreillers pour que les anges y posent leur tête. Son corps a les rondeurs du péché et son sourire est une invitation à l'audace. Oh ces pensées impies qui m'assaillent. Advient alors une histoire d'âme et de plaisir qui rend les nuits belles.

Au début, nos gestes abritaient une délicieuse timidité. S'en sont suivi des élans naïfs et des caresses tout excusées de débutantes. Nous étions *apprenantes* et maladroites ; et nos envies hésitaient. Nous étions à l'aube du désir ; à cet âge où les flammes jumelles de l'amour balbutient. Rapidement, nos mains ont perdu leur naïveté pour se faire plus savantes. Notre inexpérience n'a pas duré longtemps. On n'apprend pas aux sirènes à nager.

*

Lorsque Laïla arrive, l'amour devient une religion et le sexe une prière. Je reçois sa nudité à peine déguisée et le désir s'enroule là où se croisent nos regards. Je sais qu'elle mouille déjà. Et lorsqu'elle s'approche de moi, le désir emplit ma tête. On dit que quand ces pensées sont là, alors Satan n'est pas loin. Jaillissante d'une beauté arrachée au ciel, Laïla porte une robe de nuit largement décolletée qui laisse apparaître la vallée sacrée entre ses jambes.

Les étoiles ouvrent leurs yeux et nous promettent une nuit d'amour. Dans le lit, nous sommes deux dos qui se font face, comme deux miroirs avec les mêmes envies. On découvre alors la complicité entre filles. Les fesses de l'une sont à quelques empans des fesses de l'autre. On se colle un peu plus et c'est délicieux de *se sentir*. Nous nous tournons l'une vers l'autre et je prends Laïla par la taille et l'attire à moi. Ses seins sont faits pour mes mains. On dirait deux petites poires sucrées. Nous nous voulons et passerons la nuit à nous désirer. Et ce corps, mon Dieu ! Et ces lèvres très ourlées et cette chevelure noire de jais qui, telle une parure poétique, cascade jusqu'aux deux fossettes du bas de son dos ! La fenêtre entrouverte laisse entrer une nuit odorante des parfums d'Orient. La chambre s'embaume de senteurs de roses, de jasmin et d'effluves miellés et féminines de chèvrefeuille aux fleurs jaunes.

La nuit s'embrase et le ciel est séduit par ce qu'il voit. Laïla et moi, nous nous offrons l'une à l'autre sans retenue, et explorons les possibles du corps. Dieu ne contrôle plus ses anges dissipés. Je parle à Laïla la langue de la nuit. «Viens, approche-toi.» Laïla approche ses chairs impatientes sans obéir à nul autre désir que son plaisir. Sa main ciselée effleure les deux dunes sur ma poitrine. Des frissons parcourent nos seins qui frémissent au toucher. Nos nudités se frôlent. Nos caresses se répondent. Nos ventres s'ouvrent. Et nous nous laissons aller à notre part sauvage.

«Enlève ta robe de nuit, Laïla.

– Oui, dit-elle, en se débarrassant de son linge impudique.»

Ah ! Tu rougis, ma princesse !

Laïla offre aux Cieux sa féminité. Son corps se livre sans réserve aux jeux de mes doigts. Désormais nous sommes deux âmes égarées entre les mains de Satan. Par nos actes défendus, nous nous promettons l'enfer. Laïla, c'est ma reine de Saba. Elle est Noire et je suis Blanche. L'amour n'a pas de couleur. Les sentiments, non plus. Et nous voilà sans une once de pudeur. Nous changeons l'heure du ciel et le temps nous obéit. Pour ne pas trop offenser Dieu, nous Lui demandons de détourner la tête. Ça ne va pas durer longtemps. Dieu obéit et regarde ailleurs pendant que nos âmes se possèdent. La lune se joint à nous et éclaire le corps de Laïla, faisant naître des caresses divines sur l'incandescente noirceur de sa peau de soie. Les anges veillent à nos côtés sans jamais s'offusquer de ce qu'ils voient. L'ombre de nos jambes enlacées flotte sur le mur. On entend nos cœurs s'élancer. Si fort que j'ai peur que les caresses de nos âmes réveillent les humains. Nous craignons d'être surprises mais il nous plaît de franchir les portes du sacrilège. Le cœur au galop, nous prenons des risques insensés. Si quelqu'un entrait et nous découvrait dans les bras l'une de l'autre dans cette insolente impudeur, bouche contre bouche et sueur contre sueur, Dieu seul sait ce qu'il adviendrait de nous. La célébration des plaisirs prohibés est sévèrement punie. Notre jouissance-miroir aura été notre seul crime.

Nous sursautons et cessons de vivre au moindre bruit. Je retiens mon souffle. Mais à cette heure profonde, le cœur de la ville ne bat plus. Même les djinns sont plongés dans le sommeil. Quand l'on tend l'oreille, on n'entend rien, si ce n'est la respiration de Dieu qui vient troubler nos jeux saphiques. Alors, Laïla et moi retournons à notre part de la nuit.

« Rassure-toi. Tu ne crains rien, lui dis-je.

– Je ne suis pas inquiète. La mosquée dort et les anges veillent sur nous.

– Heureusement que le Prophète ne nous entend pas.

– Tu oublies que le Prophète était d'abord un homme sensuel qui aimait les femmes. Il en a même épousé treize. Et puis, si on nous surprend, au mieux on finit en prison. Au pire, on nous tue. Et au pire du pire, on nous brûle vives. »

Seuls ceux qui ont mis les pieds dans nos contrées intolérantes comprendront la gravité de nos actes peccamineux. Deux êtres du même sexe qui s'aiment dans des draps trempés de désir est un crime. On ne bafoue pas la religion impunément! «La plus violente des révolutions ne fera pas changer les choses», me chuchote Laïla. Elle sait bien que les révolutions arabes ne donnent rien de bon. Ça n'aboutit jamais. On ne sait pas s'y prendre. On a beau faire, les barbus reprennent toujours le pouvoir. Et c'est souvent bien pire qu'avant. Grandes sont nos espérances et grandes sont nos désillusions.

Ma fenêtre entrouverte, découpée dans un mur presque aveugle, ressemble à la lucarne d'un cachot depuis laquelle on voit un fragment de ciel qui raconte à Dieu ce que nous faisons. Laïla regarde le noir du ciel et dit :

«Il y a de la lumière dans les étoiles.

– Tu crois que quelqu'un y habite?

– J'en suis certaine.

– Les étoiles sont des femelles en fusion. Elles ne vont pas tarder à se décrocher et nous rejoindre.

– Caresse-moi, Shahrazade. Moi aussi, je suis en fusion.»

Ce dont je suis certaine, c'est qu'au même moment, quelque part sur la péninsule Arabique, d'autres filles se dénudent et se laissent emporter par la ronde du désir. Lorsque la nuit déploie ses étoiles, les murmures de Satan appellent tout le monde. Alors les filles vendent leur âme et changent de peau et les plaisirs de Satan circulent dans les veines des filles arabes.

Qu'on ne vienne pas nous juger!

J'effleure les seins de Laïla, qui aussitôt réagissent. En pèlerinage, mon doigt tourne autour de son téton comme un pèlerin tourne autour de la Pierre Noire à La Mecque.

Que Dieu pardonne mon blasphème. Et je n'ai pas besoin de dire à Laïla : « Ouvre-toi ! » ; elle s'offre à moi sans condition.

Désormais, chaque caresse est un pas qui nous mène vers les portes battantes de l'enfer. Un violent désir émane de nous ; alors, d'un revers de main nous écartons la prudence. La sueur fait luire l'écorce de nos corps et nos entrailles brûlantes se désirent et s'enflamment. Je sais ce que Laïla veut. Et ce qu'elle veut, je le veux.

*

Ce que nous faisons fait rougir les anges.
Nos âmes s'enlacent.
Et que la nuit se fasse.

*

Mon bas-ventre me titille à force de remous et ma langue a envie de flatter l'entrejambe de Laïla. « Enlève ta culotte », lui dis-je. Et son sourire, oh qu'il est divin. Laïla est allongée ventre et sexe offerts. Son corps est une image sacrée. Elle écarte les jambes et se laisse regarder. Son entrejambe laisse apparaître une merveilleuse fente rosâtre au milieu d'une broussaille de poils crépus. Son sexe nacré comme un coquillage a été dessiné par une main sacrée. Comment ne pas être éblouie ? Ô, cette divine fente ! Il me semble alors voir le visage de Dieu. Et la pécheresse que je suis éprouve ce qu'éprouvent les Saints.

« Et cette petite main, qu'est-ce qu'elle cherche ? me demande Laïla.

– À aller où tu sais.

– Qu'elle y aille. Elle est attendue, comme toi et moi sommes attendues en enfer.

– Nous n'irons pas en enfer, ma chérie. Depuis le début, Dieu nous observe d'un œil, et dit que l'amour est débarrassé de fautes. »

L'odeur de notre désir coule de notre entrejambe et s'échappe par la fenêtre. Dieu respire notre féminité. Il est fier de sa création lorsqu'il voit deux femmes s'aimer.

« Regarde, me dit Laïla, Dieu descend vers nous.

– Bienvenue à Allah parmi nous. »

Dieu est là. Il s'installe près du Diable.

« Finalement, ces deux-là sont complices, je dis à Laïla.

– Alors, pourquoi nous sentons-nous toujours coupables, Shahrazade ?

– Demande ça à nos traditions, ma chérie. »

Les yeux de Laïla invitent ma main à s'aventurer en elle. Mes doigts errent sur sa mousse d'où émerge timidement sa rose. Et ma main joue avec son sexe comme une main joue avec les étoiles. J'écarte les pétales de son sexe. « Explore-moi, Shahrazade. » J'enfonce un doigt dans son gouffre délicieux.

« Tu aimes, ma sœur ? je lui demande.

– Je ne suis pas ta sœur.

– Ah bon ? dis-je, sur un air faussement vexé.

– Je suis *comme* ta sœur.

– Pourquoi *comme* ?

– Parce qu'on ne couche pas avec sa sœur, voyons !

– Tu trouves ça drôle ?

– Oui. Embrasse-moi, maintenant. »

Cette fois, Laïla laisse voir bien plus que le Diable n'en eut demandé. La lune perce le ciel et déverse ses lumières crépitantes sur le clair-obscur de son entrejambe, juste là où frémit son désir. Ses lèvres s'entrouvrent et dévoilent son clitoris, comme une huître qui laisse apparaître une perle rare. Laïla est abondamment mouillée. Ô femme-fontaine, ô femme-océan.

Mes lèvres tenaillent le clitoris de Laïla que je mets en bouche comme une olive bien dure. « Essore-moi de mon désir. Bois-moi, Shahrazade. » Je m'abreuve en elle comme à une source fraîche d'une luxuriante oasis. Il sort de Laïla un lait féminin dont on ne veut jamais être sevré. J'enfonce ma langue dans sa fontaine enchantée. Laïla se laisse boire. J'avale les gouttes de rosée qui coulent de sa jarre. Je ne sais plus très bien où nous sommes. Pas en terres d'Arabie. Nous nous sommes absentées vers des ailleurs consolateurs. Laïla sourit et c'est un sourire de déesse. Elle ferme les yeux. Je devine ce qu'elle ressent. Délicatement, ma langue glisse le long de sa fente que j'entends gémir. «Ça vient, continue Shahrazade.» Et c'est l'enfer qui parle à travers la bouche de Laïla quand elle dit : «Encore... encore... enfonce deux doigts.» Je fais ce qu'elle me dit de faire. Sous ma langue, Laïla est une lyre qui gémit. J'entends venir son plaisir. C'est la sublime morsure de la jouissance qui approche. Puis, elle explose. Je la serre contre moi et respire ma Déesse Noire et il me semble sentir les parfums de l'enfer. Non, c'est l'odeur de Dieu. Je ne sais plus. Oh Vierge Noire ! Tout me plaît en toi.

Surtout l'arabesque de tes lèvres.
Surtout tes mains et tes doigts fuselés.
Surtout ton regard.
Surtout ta peau de nuit.
Surtout tes seins.
Surtout ton sexe.
De la jeune fille Noire que tu es, j'aime. Surtout tout.

Laïla et moi suintons la souillure et le péché. Nous ne sommes pas des saintes. C'est peut-être là que nous sommes au plus près de Dieu. Nous sommes irrévérencieuses. Nous sommes des femelles sataniques.

«Tu te rends compte ? me dit Laïla. C'est péché ce que nous venons de faire.

– Pourtant, c'est le seul moment où l'on sent Dieu palpiter dans notre âme.»

Et lorsque le fond de la nuit caresse nos paupières, Laïla me dit :

« Douce nuit, Shahrazade.

– Sainte nuit, ma belle.»

La nuit allume les songes et les yeux de Laïla se referment comme deux pétales assouvis. Enserrées l'une à l'autre, nuit contre nuit et rêves contre rêves, nous nous endormons exténuées de plaisir entre les cornes de Satan. Nous laissons le Paradis s'écrouler sur nous. Le temps s'endort à son tour. Demain, nous serons blanchies et innocentées par Dieu. Et comme deux houris innocentes, nous redeviendrons vierges.

*

Avant que la nuit n'autorise le jour à se lever, je réveille la belle endormie. Avec Laïla, ma beauté noire-de-peau, chaque matin est un premier matin. On entend le muezzin appeler au *sobh*. Laïla et moi secouons le bonheur pour qu'il se réveille à son tour. Dieu a effacé nos péchés de la veille. À l'aube, les anges vagabonds remontent se perdre dans les Cieux et se caressent sous l'œil approbateur d'Allah. Laïla est collée à moi. Le désir ravivé, nos mains intuitives savent où aller. «Ouvre-moi.» J'écarte doucement les jambes de Laïla. «Va au fond.» Ma langue va loin en elle. Tout au fond de son antre sacré.

Ces choses-là doivent aller loin.
C'est comme la littérature.
Ça doit aller au fond.

*

Puis vient l'heure de rendre hommage au Divin. Laïla et moi saluons le jour et faisons nos ablutions et notre prière. Au presque-jour, je regarde Laïla s'éloigner. Oh, cette terrible cambrure. Toute la journée, j'aurais la tête entre ses cuisses. Criante de beauté, elle marchera dans mes pensées en attendant que s'illumine la prochaine nuit qui livrera passage à nos orgies câlines et nos moments de petites éternités. Aux prochaines aubes de Satan, nous nous aimerons de tous nos feux dans les jardins du péché. Après avoir effacé l'empreinte des anges sur nos oreillers, je reprendrai mes airs de fille de bonne famille. Ce qui s'est passé sous les couvertures restera sous les couvertures. La nuit ne doit rien au jour, et mon visage ne trahira rien de ma jouissance. Les plis de ma bouche retiendront mes secrets. Nous avons tous des cachettes au fond de nous. Personne ne saura rien de nos instants lumineux. Je connais les mérites du silence.

Alors, je redeviens une fille à la culotte sage.

12

La femme aux huit filles, c'est ainsi qu'on appelle ma mère. De son ventre sourd au bonheur, les filles sont sorties l'une après l'autre. Seulement, ç'avait beau se suivre, rien de bon ne venait. Les grossesses tournaient comme le lait qui caille. Mon père en était navré et disait que le ventre de ma mère avait promis beaucoup, mais n'avait donné que bien peu. Son orgueil de mâle mis à bas, il maudissait les entrailles de son épouse et les rendait responsables de son malheur. Il prétendait que ma mère était issue d'une lignée ensemencée par un mauvais sperme. « Les mères qui ne font que des filles sont moins méritantes sur terre », se désolait-il. Pour rentrer dans le monde des *vraies* femmes, il fallait accoucher d'un garçon.

Ma mère n'était qu'une demi-femme qui, à chaque fois, disait : « C'est peut-être pour la prochaine fois, *inch'Allah*. » Seulement, le malheur est patient et la grossesse miraculeuse tardait à venir. La rumeur à deux jambes courait dans les venelles. Les commères y allaient de leurs racontars semés aux quatre vents. La bouche des moukères déversait de terribles commérages. Ah la rumeur, cet incendie sans flammes ! Ça jasait dans les chaumières. Les lèvres des mégères crachaient leur venin et les insultes pleuvaient sur le ventre de ma mère et mouillaient ses yeux. Pourtant elle essayait de ne pas prêter l'oreille à la calomnie, même si les bouches colporteuses de ragots prétendaient que sa poitrine était habitée par le mal. Il en était qui soutenaient que ses seins n'auraient jamais assez de lait pour allaiter un garçon. Ma mère n'avait accouché que de *chounes*, comme dit mon père. *Choune* veut dire vagin en arabe. Et quand on demandait à mon père s'il avait des enfants, il soupirait : « Je n'ai que des filles ! »

*

Mes sœurs et moi étions le drame qui empêchait mon père de transmettre son nom et de perpétuer son sang. Ma mère savait que tant qu'elle n'aurait pas accouché d'un garçon, elle ne serait pas *acceptable*. Pensant qu'il s'agissait de l'œuvre du Malin, elle alla à La Mecque et tourna sept fois autour de la Pierre Noire en implorant le Prophète. Elle alla au cimetière prier les morts. Elle invita les pauvres, les veuves, les aveugles du quartier et tous les enfants de la ville qui ne mangeaient pas à leur faim. Tous les vendredis, après la prière, elle fit l'aumône à la sortie des mosquées. Elle se prosterna jour et nuit aux pieds d'Allah pour que son vœu soit exaucé. Mais ses prières déchiraient le ciel sans jamais atteindre Dieu. Le livre des légendes dit qu'il faut être trois sous les draps pour faire un garçon. Il faut d'abord Dieu, puis l'homme et la femme. Allah doit venir dans le lit conjugal et disperser sa semence. Seulement, Allah refusait de rejoindre la couche de ma mère. Sa piété mal rétribuée, elle finit par se dire que Dieu ne lèverait pas le petit doigt pour elle.

Notre culture est faite de superstitions et ma mère en

était la première victime. Se heurtant à l'immobilité divine, elle en déduisit qu'elle était possédée par un mauvais esprit. Elle essaya alors toutes sortes de fétichismes. Pour conjurer le mauvais sort, elle alla quérir l'aide de personnes qui profitent du malheur d'autrui. Elle consulta les sorcières les plus réputées d'Arabie et autres diseuses de bonne aventure. Ma mère était prête à croire n'importe qui. Même les pires escrocs dont le fonds de commerce est de vendre des sacs d'espoir aux désespérés. À chaque fois elle échouait, mais elle retentait pour mieux échouer la fois d'après. Elle fit confiance à ceux qui empochent votre argent sans vous dire que vos espoirs trébucheront et finiront en poussière. Un jour, elle alla frapper à la porte d'un charlatan à la réputation usurpée qu'on appelle l'Éveillé, qui lui dit que le démon était entré dans la famille. Et que depuis, son ventre était hanté par un djinn. Un autre escroc, qui se faisait appeler *Le Maître de l'impossible*, lui dit : « Je vois ton ventre se remplir d'un beau mâle. Le ciel te conseille de boire cette décoction pendant quinze jours et le miracle se produira. » Le charlatan, qui profite des drames de la vie, donna à ma mère des amulettes censées avoir des vertus ancestrales pour favoriser une gestation masculine et ajouta :

« Bois ça et ta vie changera.

– Qui te dit que ça va marcher ta décoction? lui demanda ma mère.

– Je n'ai jamais connu l'échec. Je suis guidé par la main de Dieu », lui répondit le *Maître de l'impossible*, en rangeant dans sa poche l'argent que ma mère venait de lui glisser.

Ma mère n'a jamais mis en doute les talents d'orateurs de tous ces aigrefins. En rentrant à la maison, elle récitait mille formules apotropaïques. Croyant dur comme fer à ce qu'elle disait, elle levait les yeux au ciel et on l'entendait dire : « Cette fois, ce sera un garçon. » Eh bien non ! La fois suivante n'était jamais la bonne. Son ventre ne voulait pas s'appliquer, et la graine du miracle refusait de germer. Elle eut l'idée d'acheter un nourrisson à une famille pauvre. Seulement, l'adoption est interdite en islam. Il fallait bien se rendre à l'évidence, aucun garçon ne sortirait du ventre de ma mère que l'on disait damnée. Son corps était découragé. Et son utérus baissait les bras. Elle décida de ne plus jouer avec le destin. Ma mère sentait que le mot *répudiation* était posé sur le bout de la langue de mon père. « Répudiée ! Répudiée ! Répudiée ! » Il suffisait qu'il prononce trois fois ce mot pour que *de jure* la sentence soit exécutée. On dirait que chez nous, les femmes ont des vies à usage unique ; des vies jetables, en somme. En vérité, chez nous, une femme devrait rentrer dans le mariage sans jamais défaire sa valise. Sur nos terres, on répudie pour un oui ou un non. Une femme est toujours une épouse à l'essai. Seulement, ces *sentiments temporaires* ne conviennent à aucune femme.

*

Jusque-là, mon père n'avait été que trop patient. Enfin, c'est ce qu'il pensait. Et ma mère le savait. Elle était consciente de son statut de femme en sursis. C'est grâce à son mari qu'elle était à l'abri des intempéries de la vie. C'est lui qui « fait rentrer l'argent » à la maison. Qu'aurait-elle fait sans un sou et sans travail si mon père la chassait comme une malpropre ? Une femme seule est une femme sans destin. Sans famille, où serait-elle allée ? Le temps a vagabondé et les siens sont morts. Elle n'avait plus personne chez qui se réfugier avec ses blessures. Personne ne tend la main à une femme mise dehors. Ici, on ne vous retire pas l'épine du pied lorsque vous boitez. Et quand une femme tombe, personne ne l'aide à se relever. Les gens auraient secoué la tête avec compassion, mais aucun n'aurait levé le petit doigt. On lui aurait fermé la porte au nez. Et à son âge, ma mère n'imaginait pas refaire sa vie. Mon père était son premier homme, et je la voyais mal mettre sa nudité entre les mains d'un autre. Pour elle, un corps féminin ne doit pas être visité par plusieurs mâles. Je ne devrais pas dire ça, mais je suis sûre qu'un autre homme aurait réveillé ses parties endormies et ravivé son désir abîmé. Une femme d'un certain âge, c'est comme des braises recouvertes de cendres. Il suffit de souffler dessus pour que le feu reprenne.

*

Décidément, la vie est têtue. Et lorsque l'étau du destin se referme sur vous, il n'est rien qui ne vous soit épargné. Un jour, mon père décida de découdre la vie commune avec ma mère.

« Je vais prendre une autre épouse ! lança-t-il.

– Le Coran t'y autorise Mohamed, répondit ma mère. Moi, mon ventre est condamné. Tu as ma bénédiction.

– L'avis d'une femme ne compte pas. Je n'ai pas besoin de ta bénédiction.

– Dans ce cas, je te souhaite tout le bonheur du monde. »

Ce fut un soulagement pour ma mère lorsque mon père décida de prendre une quatrième épouse. Lui qui craignait d'arriver la tête couronnée par la blancheur des années et le dos voûté sans héritier pour se survivre. Finalement, les sacrements du mariage n'avaient pas été bafoués puisque la Loi Divine permettait à mon père d'osciller entre quatre épouses sans que personne ne trouve à y redire. Ah la polygamie, cette excroissance conjugale ! Cette infidélité légale ! Cette pieuse trahison ! Cette extension de la virilité ! Je crois que la polygamie est un délit du cœur !

*

Il était fatal qu'un jour mon père prenne une autre épouse. Je suis étonnée qu'il ne l'ait pas fait plus tôt. Désormais, le ventre de ma mère ne sera plus insulté. Il n'y aura plus de batailles dans ses entrailles. Ses ovaires reposeront en paix. Voilà, sa période de fécondité est terminée. Et c'est tant mieux. C'est au tour d'une autre, maintenant.

«Je veux une bonne vierge docile avec des hanches bien larges. Je la veux silencieuse et obéissante, a dit mon père à sa mère.

– Oui, mon fils. Je te jure de ramener une fille bien de chez nous. Elle aura le bassin large et dira oui à tout.»

*

La semaine suivante, en véritable arrangeuse de mariage, la vieille s'en alla dans les montagnes en quête d'une épouse. Elle m'emmena pour l'aider à porter les cadeaux. Faisant mine de l'ignorer, je lui demandai :

« On va-t-on?

– Chercher une femme.

– Mais il y en a à la maison!

– Je te parle de *vraies* femmes.

– Mon père en a déjà trois.

– Oui, mais elles ont la maladie du ventre.

– C'est quoi cette maladie?

– C'est quand le ventre d'une femme ne donne que des filles. Comme le ventre de ta mère, si tu veux savoir.»

La vieille ne met pas longtemps à trouver la candidate idéale. C'est une perle, paraît-il. Tu parles! La bonne vierge habite avec sa fratrie dans un campement de Bédouins au *Djébel el-nour*, la Montagne de la Lumière, sur le chemin qui mène à la grotte considérée comme ayant été le lieu de méditation du Prophète. Après les *salamalecs* d'usage, la vieille demande à la mère de la fille :

«Ta fille n'a pas été touchée, n'est-ce pas?

– Ma fille est vierge jusqu'au bout des ongles, répond la mère avec une assurance exagérée.»

La vieille est méfiante. Elle sort le Coran de son sac,

le met entre les mains de la mère de la future épouse, en lui disant : «Ne te vexe pas, ma sœur. Ce n'est pas que je n'ai pas confiance en toi, mais il faut me jurer sur le Livre Saint que ta fille est vierge.» La mère de la future épouse met le Coran contre sa poitrine et ouvre la bouche pour dire : «Je jure sur Dieu que ma fille est vierge. Rien n'est plus fermé que le *taboun* de ma fille, la chatte de ma fille. Sa fente est blindée. C'est une maison que personne n'a jamais ouverte. Ma fille n'a jamais été bricolée par aucun homme. Je vous donne la plus belle de mes filles et les clés en or de sa virginité.» Certes, elle a les hanches larges mais ladite beauté est loin d'être un joyau. En guise d'avance sur la dot, la vieille donne une grosse liasse de billets au père de la fille. Eh bien, elle n'est pas bon marché, celle-là ! L'affaire est vite conclue. Le père compte les billets, les met dans sa poche et dit : «Que ce mariage soit béni.»

Il se débarrassait enfin de sa dernière fille.

Sur le chemin du retour, je souhaite tout le malheur du monde à la future épouse. À elle, son père, sa mère, ses frères, ses sœurs, ses grands-parents, et à tout ce qui pourrait sortir de son ventre.

13

Aujourd'hui n'est pas un bon jour. La nouvelle épouse vient d'arriver avec sa vingtaine vicieuse. Elle s'annonce à nous avec une voix aigüe et des vêtements aux couleurs vives qui heurtent le regard. Rien qu'à la voir, je sens que ça va très mal se passer. Le moins que l'on puisse dire, c'est que ses traits n'appartiennent pas à la beauté. Elle est moche dehors comme dedans. Et je ne parle même pas de ses poils sur les jambes, les bras et les aisselles. Son visage mal ciselé est parsemé de grains de beauté. Sauf qu'il y en a beaucoup trop et on ne voit que ça. Ils auraient pu trouver mieux, quand même !

*

C'est avec l'arrivée de la nouvelle épouse que les vrais problèmes commencent. Dès le premier jour, comme si mes yeux avaient deviné avant moi, je me méfie de ses airs de sainte-nitouche. Elle a beau jouer la fille de bonne famille, je doute de la pureté de ses intentions. Tout comme la vieille, elle cache son jeu. La poilue a une tête un peu trop innocente pour être complètement sincère. Je la trouve trop dévergondée pour la vierge qu'elle prétend être. Son attitude dit autre chose que ses mots. Elle a l'air fourbe. Non, elle *est* fourbe. Et l'avenir me donnera raison.

La coépouse a les fesses généreuses. Et son cul, c'est la maison de tout le monde. On y rentre sans toquer. Les mâles de son village devaient être les bienvenus. Tout le monde a dû lui passer dessus, même les djinns avec leur sexe monstrueux. Ça se passe comme ça dans les kharias, les villages. Les filles de son genre se font sodomiser dans les champs, là où personne ne les surprendra, entre deux bottes de paille. C'est courant. Qui ne sait pas ça ! Pourquoi préfèrent-elles se faire prendre par-derrière ? Pour préserver leur virginité. Et laisser l'honneur de la défloration au mari.

Sous sa gentillesse de surface, la coépouse cache ses arrière-pensées. Dès que mon père lui parle, elle baisse les yeux et fait la timide qui rougit. Je m'aperçois très vite qu'elle fait la droite alors que tout est tordu chez elle. Ses paroles, ses regards et jusqu'à sa façon de se tenir sont aussi tordus que ses intentions à peine voilées. Je la devine vénale, prête à tout pour s'offrir la vie dont elle rêve. Le moment venu, elle raccourcira la jupe pour arriver à ses fins. Mais pour l'instant, elle n'ose pas se montrer telle qu'elle est vraiment. L'insolence de son allure agacerait n'importe qui, sauf mon père qui la reçoit les bras ouverts. Franchement, il aurait pu éviter de nous infliger ça. Mon père va épouser une imbécile. S'abaisser à ce point. Quand même !

*

On croit toujours que ça n'arrive qu'aux autres. Eh bien, non ! Désormais, notre maison est pleine à ras bord de polygamie. Et dès qu'il y a polygamie, les femmes se jalousent et se détestent. S'en suit une noria de coups bas et de crêpages de chignon entre rivales. Il suffit d'un regard mal placé ou un mot de travers, et voilà qu'éclatent de violentes disputes. C'est comme dans les harems où toutes les femmes sont possédées par le même homme. Ce n'est jamais bon. Les hommes épousent plusieurs femmes et les laissent régler leurs comptes entre elles. Elles ourdissent alors toutes sortes de ruses et de complots pour se faire du mal.

Je pensais que ma mère allait en faire autant. J'espérais qu'elle défendrait son territoire, mais je me suis trompée. Elle ne semble pas touchée par la venue de la coépouse. Nul orgueil en elle qui considère les choses avec sérénité. Elle dit qu'il faut tourner le visage à la colère et éteindre sa jalousie. Il y a des cœurs qui ne détestent jamais, peu importe combien ils ont souffert. Ma mère est de ces cœurs-là. Je ne comprends pas qu'elle puisse accepter ça, sans rien dire.

Je lui rends visite dans sa chambre.

« Écoute mère. Elle n'a pas sa place chez nous, celle-là. Je vais lui dire ce que je pense.

– Ça ne se fait pas, ma fille.

– Pourquoi as-tu donné ta bénédiction pour cette quatrième épouse ?

– Avais-je le choix ?

– Ça ne se partage pas, un homme !

– Que puis-je faire, ma fille ?

– Une femme peut tout partager, sauf son mari.

– C'est un droit que notre religion accorde aux hommes. Je ne vais quand même pas me battre avec Dieu. C'est écrit dans le Coran, ma fille.

– Nous ne faisons qu'obéir à des Textes qui n'ont plus lieu d'être.

– C'est comme ça. C'est notre destin, ma fille.

– Non, ma mère. Ce sont nos faiblesses qu'on appelle

le destin. Le destin, c'est autre chose.

– C'est quoi le destin pour toi ?

– C'est quand on cesse d'obéir à ce qui est écrit d'avance. Et qu'on réalise ses rêves d'enfance.

– Tu as raison, ma fille. Moi, mes rêves ont été fauchés à leur naissance.»

Le mariage de mon père est une chose que je n'accepte pas. Ma mère, elle, ne voit le mal nulle part. Ses yeux et sa bouche sont sans jugement. Elle demeure la tête haute dans sa manière d'accepter le sort. Même si je sais qu'elle souffre dans son orgueil de femme, elle ne se départit jamais de sa dignité. Elle se tourne vers moi. Son regard me gronde, et la parole toujours mesurée, me dit gentiment :

«Fais-lui bon accueil. Je t'en prie, ne fais pas d'histoires.

– C'est au-dessus de mes forces, mère.

– Tu parles dans la colère, ma fille. Ne dis jamais les mots que tes lèvres auraient à regretter. Rien ne vaut l'éloquence du silence.»

Ma mère est lucide. Elle a l'expérience de la vie et préfère rester modérée. Elle a toujours veillé à ne jamais froisser personne. «Lorsqu'on ouvre la bouche, dit-elle, la tête doit choisir avec soin les mots à ne pas dire.» Alors, ma mère se tait et accepte sa place dans la hiérarchie des épouses. Une autre femme aurait tout fait pour nuire à sa rivale. Ma mère, non ! Elle a l'élégance du cœur. Elle préfère voir le meilleur chez l'humain. Toujours prête à revêtir les vêtements de l'indulgence, elle va jusqu'à souhaiter la bienvenue à la coépouse. «*Marhaba bik ya ben'ti*, bienvenue à toi, ma fille. Tu es ici chez toi», lui dit-elle. Si ma mère ne la considère pas comme sa rivale, alors ce sera la mienne.

*

Ma mère est plus intelligente que la nouvelle venue. Elle

est bien au-dessus d'elle. Seulement l'autre est plus jeune. Et cette différence d'âge sera suffisante pour faire la différence. Ma mère n'est pas étonnée ; elle sait que bien souvent, les hommes laissent tomber leur femme pour une plus jeune avec des seins et des fesses plus fermes. Ma mère n'a peut-être plus la beauté de ses galants jours d'autrefois, mais elle a quelque chose de plus. Elle a la bonté. Si on le lui demandait, elle prendrait sur elle toutes les fautes de l'humanité. Elle est si généreuse qu'elle n'hésiterait pas à tirer le lait de son sein pour le donner à boire à un mendiant. Elle prendrait dans ses bras tous les enfants de la terre pour les aimer. Ma mère est la femme la plus extraordinaire que je connaisse. Mais c'est une femme humiliée et sa revanche viendra de moi. C'est normal que je la défende. Si je suis encore vivante, c'est grâce à elle. Et l'autre, la montagnarde, plus je la regarde, plus je me dis que je vais lui empoisonner l'existence. Elle va voir ce qu'elle va voir. Et mon père, se peut-il qu'il vaille mieux que ce qu'il donne à voir ? Rien ne peut autant parfaire son bonheur que l'arrivée de sa nouvelle épouse. Et dire que mon père, le boucher, s'est entiché de cette espèce de basse-côte ! Son regard ne se fatigue pas d'onduler sur la croupe orgueilleuse de la nouvelle venue. Depuis que *l'épreuve* est arrivée – oui *l'épreuve*, c'est comme ça que je l'appelle –, mon père ne sait plus où il en est. Il a suffi de seins et de fesses bien moulés pour qu'il perde la tête. Je me demande si l'opium ne lui brouille pas la vue. Sa bouche ne jure que par : « Malika par-ci, Malika par là.» Son prénom signifie reine en arabe. Tu parles d'une reine ! Mais je dois avouer qu'elle a un atout : ses formes. Elle est bien faite. Elle a un cul bien né. Et ça plaît à mon père. Elle sait y faire. Décidément, j'avais raison : cette fille est une garce.

Afin d'éviter tout esclandre, ma mère me conseille d'être aimable avec la coépouse. Ce n'est pas demain la veille.

Le jour venu, je m'arrangerai pour qu'elle se prenne les pieds dans le tapis. Voilà qu'avec son air emprunté, la fille des hautes montagnes me fait un sourire qui traverse toute sa figure et va jusque derrière sa tête. Mais je vais lui faire avaler son sourire, à celle-là ! Avec son air merveilleusement idiot, elle me dit : «Salam, ma sœur.» À vrai dire, elle ne parle pas ; elle crie ! Si elle montait sur un minaret, elle remplacerait à elle seule tous les muezzins de la ville.

Je ne lui réponds pas.

«Alors, ça va ? insiste-t-elle.

– Je n'ai pas entendu ce que tu as dit.»

Et là, elle se répète en criant plus fort :

« Ça va *ya h'ti*, ma sœur ?

– Ça allait mieux avant que tu n'arrives ! »

L'heure n'est pas aux paroles courtoises et ma réaction la fait hésiter. Elle ne sait pas quoi dire et finit par me demander, avec son accent gondolé des montagnes :

« On va bien s'entendre toutes les deux, n'est-ce pas ? hurle-t-elle, comme si j'étais à l'autre bout de la ville.

– Ce n'est pas la peine de crier aussi fort. Je ne suis pas sourde !

– On sera amies, n'est-ce pas ? »

Pauvre fille, va ! ... Amies ! Compte là-dessus ! Elle est ici avec l'intention de prendre la place de ma mère, et elle veut qu'on soit amies. Mais que croit-elle ? Les mains sur les hanches, je la toise et la déshabille du regard. Mes yeux insistent sur son espèce de poitrine prétentieuse. Ses cheveux sont longs, noirs et frisés. Et ses lèvres épaisses. Décidément, elle a tout pour plaire ! Elle croit que je la regarde, mais je ne suis pas en train de la regarder : je suis en train de la détester. Quelle image se fait-elle d'elle-même ? Je suis sûre que si elle se regardait dans un miroir, la vaniteuse dirait que ce n'est pas elle qui est laide, mais le miroir. Regardez-là avec ses airs innocents ! Écoutez-la parler avec sa voix perchée. Faut la voir jouer sa musulmane ! Je ne suis pas assez naïve pour croire ce qu'elle essaie de me faire croire. Allez, allez, on ne me la fait pas à moi ! Son regard en dit long sur ses soubassements. Et ses intentions, je les vois de près comme de loin. La dernière fois, ma main était à deux doigts de partir en gifle quand elle s'est approchée de moi pour me dire :

« Pourquoi tu es dure avec moi ? Je ne t'ai rien fait, ma sœur.

– À moi, non. À ma mère, oui ! »

Depuis ce jour, nous nous haïssons en silence.

*

Dès le début, la nouvelle épouse fait entrevoir à mon père les délices de son entrejambe. Seulement, nul ne peut s'accoupler sans être marié. Même si le désir fouette son sang, mon père n'a pas le droit de la toucher malgré les impatiences qui harcellent sa virilité. C'est pourquoi il se dépêche d'officialiser son union pour que leurs corps fassent connaissance. Une semaine après son arrivée, la fille des montagnes devient officiellement la quatrième épouse. Ses pieds et ses mains sont décorés au henné. Les épousailles n'ont rien d'une modeste affaire et on ne fait pas les choses à moitié. Ce ne sont pas des noces au rabais ; non, c'est une alliance qui mérite une très belle fête. Ça doit faire l'événement. Plus grandes sont les cérémonies, plus prestigieuses sont les maisons. On déploie alors tout le faste. Et à quoi sert cette argenterie si ce n'est à en mettre plein les yeux aux invités ? Le jour du mariage se pare d'habits de fête et on prend soin des hôtes comme il se doit. On entend mon père dire : « Ô gens de bien. Ordre est donné d'ouvrir les festivités. Que la cérémonie commence. » Fusent alors les youyous des femmes.

C'est un mariage coûteux et bruyant qui s'en suit avec mille et cent invités qui félicitent mon père et lui souhaitent beaucoup de descendants mâles. C'est la cérémonie des simulacres. Chez nous, les mariages sont plus importants que l'amour et les enterrements plus importants que les morts. Bref, n'est pas invité n'importe qui. Les gens du commun ne sont pas conviés. Ne sont présents que ceux qui comptent : les notables, les *quelqu'un* et les *soi-disant* sont reçus avec les splendeurs voulues. Ça joue à qui est le plus haut placé dans l'échelle des apparences sociales. En tenue d'apparat, les parents de la mariée, heureux d'avoir casé leur fille, sont descendus de leurs montagnes pour assister au mariage. La joie est partout sauf dans mon regard. Cependant, je ne montre rien. J'observe les mondanités. Je vois des visages sur lesquels je ne peux mettre de nom. Je souris à tout le monde alors qu'au milieu de cette allégresse, je pense à ma mère, en quarantaine dans sa chambre. Mon père lui a interdit de se montrer. Pendant ce temps, dans la cour de la maison, les meilleurs plats du pays sont servis. Les moutons rôtissent et les odeurs de viandes grillées épousent celles des sucreries au miel. Ça embaume tout le quartier. Les tables débordent de nourriture, en veux-tu en voilà. Les hommes sont avec les hommes. Et les femmes, eh bien, elles sont entre femmes avec leurs caftans qui chamarrent leur allure ! On bascule dans la démesure avec des joueurs d'oud et de musique traditionnelle arabe. On se croirait à Bagdad au temps du calife Haroun Al-Rachid. Il ne manque que les coups de canon dans le ciel. L'exubérante fête bat son plein. Les parents de la coépouse et toute leur smala ne mangent pas, ils s'empiffrent joyeusement. La sournoiserie et les faux-semblants se mélangent aux effluves des brûle-parfums qui diffusent des senteurs de rose et de musc. C'est une chorégraphie de flatteries. Seulement, personne ne pense ce qu'il dit. On fait mine d'admirer la mariée sans oser dire ce qu'on pense vraiment d'elle. C'est le palais des murmures où les femmes parlent de quoi ? Eh bien, de sexe. C'est ce qui alimente les conversations à bas bruit. La main sur la bouche, elles chuchotent entre elles des histoires audacieuses et racontent les exploits de leur mari au lit. D'autres, le cœur débordant de secrets, parlent de leur amant et de leurs rendez-vous secrets. Dans la foule, j'entends cette femme délaissée et furieuse qui se plaint de son sort à son amie :

«Les hommes ne sont jamais reconnaissants. Je donne à mon mari tout ce qu'il veut, mais il va voir ailleurs. Dès qu'il voit un cul, il faut qu'il l'enfourche.

– Va voir un marabout pour l'ensorceler, lui répond son amie.

– Tu parles ! J'en ai vu mille. Ils disent qu'il n'y a rien à faire.

– Et pourquoi donc ?

– Il paraît que le Roi des djinns a élu domicile dans son sexe.

– Tu devrais faire comme moi.

– Tu as secret ? Dis-moi vite, ma sœur.

– Figure-toi que moi, tous les jours, je suce mon mari jusqu'à ce qu'il ne reste plus une goutte. Les hommes sont comme les chèvres, il faut les traire tous les jours.

– J'ai déjà essayé. Je l'ai même sucé plusieurs fois par jour. Mais ça ne marche pas. Le pire, c'est que maintenant il confond l'appel à la prière avec l'appel à la fornication.

– Alors là, je te plains, ma sœur. Que Dieu te vienne en aide.»

D'autres femmes en profitent pour régler leurs comptes. En vérité, les fêtes sont plus ragots que fêtes. Ça cause en mal. Les bavardages malveillants s'en donnent à cœur joie. On dirait un essaim de mauvaises langues dans un harem. Voilà que la vieille disparaît avec son amant l'imam. On devine pourquoi. Je les avais à l'œil, ces deux-là. La mariée, elle, ploie sous sa carapace de bijoux étincelants. Elle garde les yeux baissés en signe de soumission à son mari. On a fait venir une coiffeuse et une maquilleuse a essayé de lui donner un coup d'éclat. Elle l'a grassement enduite et tenté de mettre ses yeux en valeur en peignant ses paupières de couleurs qui lui donnent un air vulgaire. On ne pourra pas dire : «La mariée était belle.» Ainsi ornée, avec ses chevilles enserrées de bracelets en or, elle ressemble moins à une mariée qu'à une tenancière de maison close. Malgré ses sourires étudiés, on voit bien qu'elle n'est pas à l'aise dans ses oripeaux.

Au bout d'une demi-heure, l'imam réapparaît. Il s'excuse et prétend avoir eu besoin de méditer. C'est le moment, dit-il, où Allah lui envoie des révélations. On fait mine de ne pas douter de la sainteté de ses propos. Quelques instants plus tard, c'est au tour de la vieille de réapparaître, prétextant s'être refait une beauté. Mais personne n'est dupe. Je les déteste tous, avec leur hypocrisie, leurs salamalecs et leurs gestes maniérés. Heureusement que mon amie Laïla est là. Elle est assise près de moi. Je me tourne vers elle et lui demande :

«Sais-tu que ton père couche avec la vieille ?

– Oui, je sais. Ça a fait le tour de la ville. Tout le monde est au courant, sauf ma mère.»

Puis, Laïla et moi préférons parler d'autre chose. Nous échangeons nos rêves en contrebande. Son regard me dit à demi-mot qu'elle a envie. La liane du désir nous mène l'une à l'autre. Quand mes yeux parlent à Laïla, ce sont ses sens qui me répondent. Nos envies franchissent la lisière de nos corps. Nous transpirons de désir.

«Je suis trempée, me dit Laïla.

– C'est normal avec cette chaleur.

– Ce n'est pas la chaleur. Je mouille pour toi. C'est toi qui me mets le feu.

– Chut…

– J'ai des papillons dans le ventre.

– Chut ! je te dis. On risque de nous entendre.

– Je ruisselle, Shahrazade. Je suis en crue.

– Une musulmane ne devrait pas dire ça.

– La musulmane te dit qu'elle a la foufoune en feu.

– Moi aussi, je suis chaude.

– Chaude comment ?

– Comme la plus brûlante des saisons.

– Et moi, je suis en ébullition. J'ai de la lave blanche qui coule entre les cuisses.

– Je m'occuperai ce soir de ton vestibule enchanté.»

Dieu nous a faites portées sur le plaisir. Mais devant les autres, Laïla et moi, restons sages, le désir immobile.

*

Les festivités durent trois jours. C'est un mariage comme la ville n'en a jamais connu. On danse. On festoie. On échange des courbettes. On dépose de l'argent dans la corbeille de la mariée. Les jongleurs jonglent et les cracheurs de feu lancent leurs flammes vers le ciel. Les poètes y vont de leurs joutes poétiques. En cercle autour de la mariée, les musiciens laissent courir leurs doigts sur le luth. Discrètement, je vole quelques gâteaux et les cache dans la poche de ma robe. Je traverse la foule et disparais rejoindre ma mère dans la trop bruyante solitude de sa chambre. Je la trouve assise, le regard absent et le cœur clos comme une tombe. Elle récite les versets du Coran. «Tiens ma mère, je te rapporte des pâtisseries.» Ses yeux sont une fontaine à larmes. J'appose ma main sur la sienne. Elle m'embrasse. Et je la laisse à son infini chagrin, seule dans sa chambre que j'appelle la vallée des pleurs. J'éprouve du remords à laisser ma mère, mais il le faut avant que l'on s'aperçoive de mon absence. Je me dépêche de rejoindre la fête avec ses apparences et son chiqué ridicule. Mon père parle affaires avec les notables de la ville, mais sa tête est ailleurs. Ses yeux dévorent la mariée. Son désir erre sur le bas-ventre de la coépouse. Il attend que la fête se termine pour rejoindre dans la chambre nuptiale celle qui comblera ses impatiences. La mariée est prête à être déflorée. Après tout, elle est là pour ça. «Pourvu qu'elle soit stérile!», me dis-je.

*

Le temps est passé et le mariage a été consommé. La coépouse est à présent à l'abri du besoin. La voilà officiellement installée dans la vie de mon père. Elle va pouvoir mener une existence dorée. Depuis qu'elle est mariée, *celle d'en haut* comme l'appelle ma mère, fait comme chez elle. Les masques sont tombés et maintenant elle revendique les lieux. Ne l'ai-je pas entendue dire, en montrant bien haut la bague au doigt : «Je suis une épouse légitime. Je suis ici chez moi! Cette place me revient de plein droit.» Les belles parures du destin lui ont mis entre les mains un homme fortuné. Elle était prête à vendre son âme au Diable pour épouser un homme aisé. Désormais, c'est chose faite. Et son passé de pauvre est derrière elle. *Celle d'en haut* occupe une chambre avec un confort qu'elle n'a jamais connu avant, à un jet de pierre de la chambre de *la femme oubliée* qu'est devenue ma mère. Le cœur en cicatrices, ma mère vit dans un espace où l'on peut à peine faire quatre pas dans un sens et trois dans l'autre. Elle est devenue une machine à soupirer, et son âme cent fois recousue pleure de partout. Ma pauvre mère, *meskina*, enterrée vivante, dort seule dans l'exiguïté de ce lieu que mon père lui a attribué et qu'il ose appeler chambre. Ma mère, cette femme sèche de l'intérieur, soupire et laisse tomber ses yeux :

«C'est comme ça, ma fille! Il y a toujours une raison quand une femme ne dort plus dans le lit conjugal.

– Ce n'est pas ta place ici, mère. Cette chambre est trop petite pour toi.

– Je suis là où Dieu veut que je sois, ma fille.»

Ma mère continue d'accepter son sort sans ouvrir la bouche. Et moi, je me dis que le mariage est le martyre d'une femme.

*

Mon père n'est plus le même homme depuis que celle d'en haut est entrée dans sa vie. Il suffit qu'elle claque des doigts pour qu'elle obtienne ce qu'elle veut. Chaque jour, elle revoit ses prétentions à la hausse et devient de plus en plus exigeante. Elle qui n'a jamais rien possédé, son armoire en cèdre du Liban est pleine d'habits neufs. Mais ça ne lui suffit pas. Elle raffole des parfums. Elle en a, en veux-tu en voilà. Et elle en veut toujours plus. Dominée par le souci de toujours plaire à mon père, elle se change deux fois par jour et ne se gêne pas pour se pavaner en posant sur moi son regard évaluateur, jaugeant la façon modeste dont je suis vêtue. Mes vêtements ont fait leur temps. Tout comme ceux de ma mère qui partent en vétusté.

*

Désormais, mon père est pris par une autre vie. C'est un homme occupé à aimer ailleurs. Depuis que *l'autre* est là, il ne pose plus les yeux sur la *femme périmée* qu'est devenue ma mère, considérée comme une moins que rien. Une femme ne sait jamais qui elle va épouser, et le malheur apparaît à ma mère sous une lumière plus crue. À quoi pense son cœur ? Elle seule, peut le dire.

« Ça ne te fait rien, ma mère ?

– Que veux-tu, ma fille ? Plus rien ne m'étonne. L'humanité n'est parfaite dans aucun genre. La sainteté n'est pas de ce monde. C'est pourquoi il faut faire preuve d'indulgence. »

Je sais que ma mère est plus touchée qu'elle n'en laisse paraître. Même si ses jours grimacent, elle s'accroche à sa foi et s'en remet aux bons soins du Créateur. « Ceci est la volonté de Dieu », dit-elle. Je sais bien que chez nous, personne n'ose retrousser les manches contre la volonté d'Allah. Mais Dieu n'y est pour rien. Ce n'est pas Lui qu'il faut blâmer. Et pour ma mère commence une lente descente aux enfers.

*

Celle d'en haut ne se salit pas. Pourquoi se salir puisque ma mère s'occupe des tâches les plus serviles ? Elle est meilleure au lit qu'aux fourneaux, l'autre ! « Le ménage, tu n'as pas à t'occuper de ça », lui a dit mon père. Ça n'est pas tombé dans l'oreille d'une sourde. Le ménage, ce fardeau-là, revient à ma mère qui du matin au soir brûle sa vie à préparer les repas, laver le linge sale et nettoyer la maison. Et que fait la coépouse de ses journées ? Rien. C'est une reine de paresse qui se fatigue à se faire belle. Elle passe son temps à rêvasser à je ne sais quoi. Elle qui avait les mains rêches, l'oisiveté les a rendues douces. Elle est d'une lenteur et d'une mollesse, mon Dieu ! c'est insupportable ! Tous les jours, elle s'agite à ne rien faire. Elle a tout compris, à nous regarder nettoyer sans se donner la peine de retrousser ses manches. Et un verre, juste un verre, croyez-vous qu'elle le rincerait ? Allons donc ! Ça ne lui viendrait pas à l'idée de passer un coup de balai. Elle n'a pas de vie si ce n'est celle d'une bonne à rien. Les indices de sa fainéantise sont partout. Quand on la cherche, on sait où la trouver, avachie sur son lit à attendre que mon père rentre de sa boucherie. Elle se fait les ongles, s'applique sur le visage des masques d'argile et des crèmes sur le corps. Jamais ma mère ne lui fait une remarque. Elle pourrait pourtant. Elle a presque trois fois son âge, tout de même ! « Que veux-tu, c'est comme ça, dit ma mère ! *Babak*, ton père a épousé une paresseuse. »

Ah, si seulement elle n'était *que* paresseuse !

« À part écarter les cuisses, qu'est-ce qu'elle sait faire ? je demande à ma mère.

– Tu sais, nous avons tous notre part de ténèbres. Les gens ne sont pas toujours ce que l'on croit. Il suffit d'un rien pour qu'ils se transforment en démons. Ça la démange là où tu sais. Ça existe, des femmes comme ça.»

Oui ça existe. La preuve ! Quand mon père rentre du travail, il la trouve étendue, toujours prête pour la bagatelle. Elle ne pense qu'à ça. À vrai dire, c'est la plus allante. Elle a un appétit sexuel hors norme.

«Comment va ma princesse? lui demande mon père.

– Elle attendait son homme, lui répond-elle, le regard languide.»

La coépouse se rend à la cuisine et prépare à mon père un thé avec des clous de girofle. Sa mère lui a dit qu'il n'y a rien de tel que les clous de girofle pour leurs vertus stimulantes et pour consolider l'endurance des hommes. Et elle a bien compris qu'elle n'était pas là pour le ménage. Elle est là pour satisfaire ce qui serpente entre les jambes de mon père. Combien de fois l'ai-je entendu dire à mon père : «*H'ouini*, baise-moi.» Mais avant, il ira fumer son opium.

*

Le temps est passé et la coépouse a changé de peau. Seulement, quel que soit le nombre de fois qu'un serpent mue, il restera toujours un serpent. La tête de la coépouse s'est métamorphosée. Ses cheveux n'ont pas échappé à la teinture. Elle est blonde, maintenant. Eh bien, c'est raté ! Les vraies blondes, ça ne court pas les rues chez nous. En plus, elle a défrisé ses cheveux et ses lèvres sont abusivement colorées d'un rouge trop rouge. Elle ne doute pas de sa féminité et pousse l'audace jusqu'à se coller de faux cils. Elle porte un chemisier violemment décolleté et une jupe qui ne demande qu'à être relevée. Tous les matins, l'espèce de mal dégrossie monte sur sa balance et se demande : «Où en suis-je avec mon poids ?» Elle est toujours au régime et ne cesse de travailler les creux et les saillants de sa silhouette. On dirait qu'elle compte les grains de semoule avant de manger. Elle nous a rapporté la sottise dans son trousseau de mariée, celle-là. Mais elle ne se rend pas compte de son ridicule. Son intelligence ne va pas jusque-là. Voilà qu'elle lâche sa chevelure et s'ébroue devant moi avec ses yeux fardés n'importe comment. Comme si j'étais à l'autre bout de la rue, elle s'approche en pouffant et engage un dialogue qu'elle prend pour de la conversation. Elle rejette en arrière la fausse blondeur de ses cheveux et me demande en me criant dans les oreilles : « Que penses-tu de ma nouvelle couleur ? » Si elle croit que je vais lui dire ce qu'elle brûle d'entendre, elle se met le doigt dans l'œil. Je vais lui dire ce que mon père m'a dit le jour où il m'a vue maquillée.

«Tu veux vraiment mon avis ? je lui demande.

– Oui, dis-moi s'il te plaît.

– Tu es sûre ?

– Certaine.

– Eh bien, puisque tu veux savoir, je vais te dire, moi, ce que je pense de ta couleur : tu ressembles à une grosse pute.»

La voilà qui reste sans voix.

«Tu veux savoir autre chose, ma jolie ? je lui demande.

– Non plus rien, me répond-elle.

– Alors, ne me demande plus jamais ce que je pense de tes cheveux, de ton cul ou de ta chatte !

– Ne te fâche pas, ma sœur.

– Je ne suis pas ta sœur, tu as compris ?

– Oui, oui, j'ai compris.

– Alors la discussion est close. Point final ! »

Après ce que je viens de lui dire, son assurance se défait. Elle ravale sa salive et retourne dans sa chambre. Je ne peux m'empêcher de remarquer au travers de sa jupe serrée qui étrangle ses hanches le mouvement exagéré de ses fesses bien rebondies.

Que croit-elle celle-là ? Je la hais !

*

La mère de la coépouse vient régulièrement rendre visite à sa fille. Un jour, avec sa vulgarité habituelle, je l'ai entendue la mettre en garde contre l'ennui de la conjugalité : «Ma fille, un homme ça ne se tient pas seulement par le ventre. Un homme, ça se tient par le sexe. Alors, tu sais ce qu'il te reste à faire. Ne t'endors pas dans ta vie de couple. Ne laisse pas ton mariage mourir dans les habitudes. Fais-toi baiser et donne à ton mari tout ce qu'il veut. Il faut que le *zob* de ton homme se retire à contrecœur d'entre tes cuisses. Tant qu'un homme a du sexe avec sa femme, il n'ira jamais voir ailleurs. Sache que rien n'est définitivement acquis dans la vie. Attention à la routine, c'est le pire ennemi du couple.»

La coépouse a bien retenu la leçon. Alors, elle fait tout pour entretenir la flamme et attiser le désir de mon père. Dès l'aube, ses yeux et sa bouche sont chargés de couleurs. À vrai dire, elle est outrageusement maquillée. Et il n'y a que mon père pour trouver ça réussi. Je me suis toujours demandé ce qui, chez une femme, éveille le désir des hommes. Mais que donne-t-elle à mon père que ma mère ne lui a pas donné? Ça, je le saurais bientôt; et ça va au-delà de ce que j'aurais imaginé.

À l'évidence, mon père n'est pas aussi bon croyant qu'il le prétend. Lui qui loue les grandes valeurs religieuses. Lui qui porte sur le front la *zébida*, cette tache sombre due à la friction du front et du tapis de prière, cette tâche qui est de la peau morte et qui, à elle seule, vaut son pesant de respect. Lui, le soi-disant pur et vertueux, le voilà dans l'indélicatesse du péché. En plein ramadan, il caresse les fesses de la coépouse. Regardez-la faire sa vierge effarouchée en sentant posées sur son derrière la main de mon père. Faussement outragée, elle lui dit : «Voyons Mohamed, c'est le mois Sacré ! Dieu nous regarde ! C'est péché ! » Puis, la bouche en cœur, elle ajoute d'un ton lascif, en faisant durcir le désir de mon père : «Tu es le meilleur. Tu es un homme. Un vrai.» Elle dit exactement ce que mon père a envie d'entendre. Au lieu de dompter sa poitrine, elle s'arrange pour que ses seins portés haut se hasardent à l'extérieur de leur emplacement habituel. Son soutien-gorge semble alors offrir ses seins plus qu'il ne les soutient. Plus elle voit l'effet qu'elle produit sur mon père, plus elle remonte la jupe. «Viens, je vais m'occuper de toi», lui dit mon père. Alors l'espèce d'oiselle fait ses yeux de biche et avance sa silhouette ondulante en jouant de sa cambrure. Avec des gestes travaillés, elle frotte sa poitrine contre mon père. Comme un appel muet, son regard frôle la partie masculine de son homme. Elle passe langoureusement sa langue sur les lèvres et entrouvre sa bouche. Elle met sa main sur le sexe de mon père.

«Tu as envie ? lui demande-t-il.

– J'ai toujours envie.

– Allons-y ! » lui dit mon père, avec le sourire de celui qui a des impatiences là où l'on sait.

Et ils passeront la nuit à connaître les joies d'en dessous la ceinture.

14

Six mois plus tard.

La coépouse est gravement enceinte. Ils n'ont pas perdu de temps, ces deux-là. Ça a dû marcher du premier coup leur affaire. Elle est tellement grosse que son ventre ressemble à une outre qui l'empêche de se pencher vers le sol. Elle marche en se dandinant pour bien montrer, même de dos, que madame est enceinte. Pas un jour ne passe sans que mon père ne lève les yeux au ciel en psalmodiant une prière pour que ce soit un garçon. La dernière fois, je l'ai entendu dire : «Le ventre des femmes est comme un château hanté. Personne ne sait ce qui va en sortir.» Pour mener à bien cette grossesse, il ne ménage pas sa peine. Il rapporte à la coépouse des pastèques et des fraises qu'elle mange avec des pistaches, en caressant le rêve qui se dessine dans ses entrailles. Au salon, elle prend la main de mon père pour lui faire sentir le bébé qui se pétrit en elle. «Tu sens ? *Il* donne des coups», lui dit-elle. Elle se garde bien de dire : «*Elle* donne des coups.» La coépouse se regarde dans le miroir en se croyant effleurée par la grâce. Elle prétend que si une femme est belle pendant sa grossesse, c'est qu'elle accouchera d'un garçon. Si elle s'enlaidit, c'est qu'elle porte forcément une fille. Alors, elle s'égare dans le miroir à force de s'admirer. Elle prend des airs de grande dame et s'adresse à son reflet : «Je suis belle. Ça ne peut être qu'un garçon.» Son ventre pointu prédit une belle surprise, contrairement à l'arrondi qui annonce une fille. Autre signe qui confirme, selon elle, l'arrivée d'un garçon : ses mamelons sont plus foncés que d'habitude et les poils sur ses jambes poussent plus vite. Elle parle même de son urine jaune pâle, signe que c'est un garçon – jaune foncé, jaune sale, c'est une fille. Et bien sûr des envies de salé. Ça aussi, c'est bon signe. Superstitieuse, elle va jusqu'à mettre du sel sur sa poitrine et il ne fond pas. Si elle avait attendu une fille, il aurait immédiatement fondu. La mère de mon père s'intéresse de près à la naissance à venir. Elle s'enquiert de la libido de sa bru. Si son activité sexuelle n'a pas faibli, cela prédit un garçon.

«Et au lit? demande la vieille. Comment ça se passe avec mon fils, Mohamed?

– Ça va *hamdou'Allah*, grâce à Dieu. C'est comme au premier jour. Sans vous manquer de respect, votre fils à ce qu'il faut, là où il faut. Il me fait du bien.»

La vieille sourit jusqu'aux oreilles et dit :

«Ça, c'est un homme!»

Tout va bien, la libido de la coépouse ne baisse pas les bras.

Pour l'instant, les étoiles sont alignées.

*

Plus le ventre de la coépouse grossit, plus on a l'impression qu'il occupe toute la maison. Les conversations dans la ville vont bon train : «Mohamed, aura-t-il *enfin* un garçon?» se demande-t-on. Pour aider Dieu à réaliser son rêve, mon père achète à sa nouvelle femme de jolies toilettes et des caftans appropriés à son état. Dans sa chambre, elle cache des cartons où elle empile les habits dans lesquels elle ne rentre plus, en attendant de les envoyer à sa mère, ses sœurs et toute sa smala. Puisse-t-elle accoucher d'une fille. Ah, si seulement ! Mais plus je la regarde, moins je suis rassurée. Elle a une tête à faire des mâles.

L'Événement approche.
Ses seins sont prêts à allaiter.

15

Neuf mois après que le mariage a été consommé, la coépouse s'apprête à donner naissance à ce qui incubait dans son ventre. « En aucun cas, ma femme ne sera touchée par un homme dans une maternité, a dit mon père. Ça, jamais ! » Il n'imagine pas son épouse, cuisses écartées et pieds bloqués dans les étriers, se faire tripoter par un médecin. Un bon musulman ne montre pas le sexe de son épouse à un autre homme. On ne touche pas à la femme d'un Arabe ! Alors, pour que les choses se passent à la maison sous ses yeux, mon père fait venir la sage-femme la plus connue des environs. On a exagéré sa réputation en lui prêtant des pouvoirs hors du commun. On dit qu'elle fait des miracles. C'est elle que mon père a choisie moyennant rétribution à hauteur de sa notoriété.

Le travail a commencé depuis plusieurs heures. La coépouse est allongée dans son lit, les jambes surélevées à l'aide de coussins. Sa respiration est saccadée. Elle transpire de partout. On dirait que c'est la première femme de l'humanité à mettre un enfant au monde. Pourtant, il en est sorti de bien plus gros sur terre. Ce n'est plus un accouchement, mais une pièce de théâtre. On entend la coépouse hurler à l'autre bout de la ville. Elle appelle sa mère au secours. Sait-elle qu'il n'y a pas d'accouchements sans douleur? Qu'on lui fasse une péridurale et qu'on en parle plus! Pendant ce temps, mon père s'impatiente devant la porte de la chambre. Plus la coépouse hurle comme si on lui arrachait la peau, plus on entend mon père prier et murmurer dans sa barbe : «Mon Dieu, faites que ce soit un garçon.» Au même moment, dans ma tête, je m'adresse au même Dieu que mon père et Lui demande le contraire : «Mon Dieu, faites que ce soit une fille.» Avoir *encore* une fille aurait définitivement réduit en cendres ses espoirs de postérité. C'est peut-être sa dernière chance d'avoir un garçon. Mon père est adossé au mur dans le couloir. J'ai la mauvaise idée de passer par là. Comme s'il avait lu dans mes pensées, il me crie :

« Dégage de là, tu vas me porter malheur.»

Du regard, je m'excuse d'exister. Je m'éloigne et lui dis :

« Oui père. Je m'en vais.»

Pourvu que ce soit une fille! me dis-je encore.

Avec ma mère, les choses étaient plus simples. Ça sortait tout seul. Dieu sait si son ventre en a vu des cordons sectionnés. Mais là, la sage-femme semble dépassée par les événements. Sa notoriété est en jeu. «Chez nous, les humains font des projets, mais c'est Dieu qui décide», dit-elle, semblant douter du bon déroulement de l'accouchement. Ça commence mal. La coépouse souffre. Après tout, elle l'a bien cherché! Personne ne l'a obligée à se marier et se faire engrosser. La sage-femme m'appelle pour l'aider. C'est la première fois que j'assiste à un accouchement. Dans la chambre, ça sent le sang et la sueur. «Courage ma fille», dit la sage-femme à la coépouse, en priant Allah et en lui épongeant le front avec de l'eau fraîche. Déchirée par la douleur, celle-ci continue de hurler et de se débattre avec ses contractions. Je me dis que si elle crie autant, c'est que les choses se compliquent. Peut-être que l'enfant n'arrive pas à sortir par la voie normale. Peut-être ne s'est-il pas retourné et qu'il n'a pas la tête en bas ? S'agit-il d'une naissance en siège, comme on dit ? Pourtant la coépouse n'a pas le bassin étroit. Elle a les hanches bien larges comme le voulait mon père. La sage-femme continue de réciter des sourates en posant ses mains apaisantes sur le ventre de la coépouse.

« Inspire ! Expire ! lui dit-elle. Inspire à fond et coupe ta respiration. Pousse ! Mais ne pousse pas comme pour aller à la selle. Ne pousse pas avec ton cul. Pousse avec le ventre.

– *Immaaa*, maman, continue de crier la coépouse.

– Pousse, je te dis ! lui hurle la sage-femme. »

La coépouse pousse, mais pas comme il faut. Et plus elle pousse, plus elle laisse échapper ses flatulences et ses fèces. C'est aussi ça un accouchement, et je le découvre. Ce sont des choses pas très belles à voir et des odeurs désagréables. La sage-femme s'énerve : « Malika, tu fais n'importe quoi ! Je te dis de pousser avec le ventre. » Avec le peu de force qui lui reste, la coépouse bloque sa respiration et pousse. La sage-femme l'encourage : « Le col est bien dilaté. *Allah Akbar*, Dieu est grand. Pousse une dernière fois. On voit la tête. Il arrive, *inch'Allah*. »

Finalement, le *inch'Allah* a payé et l'enfant s'expulse de lui-même. Au vrai, il n'avait besoin de personne pour naître. C'est juste un gros bébé qui a dû jouer des coudes pour sortir de sa mère. La sage-femme se signe et remercie Allah. Sa réputation est sauve. Elle prend les ciseaux, coupe le cordon et nettoie le nouveau-né de la substance grasse et blanchâtre qui le recouvre. La coépouse saigne beaucoup. Le nouveau-né l'a déchirée. Avec une serviette tiède, la sage-femme lui nettoie l'entrejambe. Puis, les doigts rouges de sang, elle prend une aiguille et fait de la broderie sur le vagin de la mère. « Je vais te coudre comme il faut pour que ton sexe soit agréable pour ton mari. Les hommes aiment quand c'est bien serré», dit la sage-femme. D'un coup, elle enfonce l'aiguille là où c'est déchiré, et elle recoud à vif la coépouse qui se met à crier encore plus fort.

Entre-temps, le bébé a rempli ses poumons d'air et poussé son cri primal. Voilà, l'arbre du Paradis vient de donner son fruit. C'est un garçon. La main du miracle s'est posée sur le ventre de la coépouse. Elle réalise le rêve que mon père faisait depuis tant d'années, comme une récompense du ciel. L'arrivée de cet enfant baigne la maison dans la lumière. D'un coup, les murs se mettent à trembler. C'est la sage-femme qui lance d'interminables youyous. Puis elle sourit et dit : «Cette maison est enfin bénie.» Ça veut tout dire ! Ici, la voix d'une accoucheuse n'est jamais la même selon qu'elle auréole une naissance d'un glorieux :

«C'est un garçon.»

Ou la déplore d'un déceptif :

«C'est une fille !»

*

Malheureusement, les choses se sont passées comme l'avait prédit ma mère. Elle avait bien vu la forme d'un pénis dans le marc de café. La coépouse est en admiration devant les testicules de son petit. C'est le masculin sacré. Le phallus de son enfant comme objet d'adoration. Voilà qu'elle embrasse la verge de son enfant. Décidément, j'aurais tout vu ! «Il est déjà en érection. Quel beau mâle !» dit-elle. La vieille me demande de préparer le thé et me dit : «Quelle chance pour toi ! Allah nous a fait cadeau d'un garçon. Remercie Dieu d'avoir enfin un frère.» La vieille lève les mains au ciel et rend grâce à Allah. Elle prétend que c'est grâce à ses prières que le bonheur est entré dans la maison. L'opulente accoucheuse en sueur dit : «Je vais prévenir les voisines.» Mon Dieu, tant de considération pour un pénis ! La vieille suit l'accoucheuse en lançant les plus grands youyous de sa vie. «Dieu est grand, hurle-t-elle, mon fils a un fils.» Il est enfin là *l'Envoyé du ciel* qui va transformer la vie de mon père. La vieille et la grosse sage-femme courent comme des folles dans la rue. Elles mettent leur main droite à l'oreille et avec leur langue experte mélangent leurs «youyouyouyousss» qui résonnent de maison en maison. C'est un événement d'ampleur. De mémoire, aucune naissance n'avait jamais fait autant de bruit dans le quartier. On ne parle plus que de ça. La rue entière se met à danser et à taper des mains. Mon père a enfin la bénédiction d'Allah. «Il faut remercier Dieu quand on voit de quoi il est capable», dit-il. Et Allah, le Roi de l'Univers, venait d'être capable de créer des testicules et une verge. La voilà, la Vraie Création. Mon père peut désormais se prévaloir d'être un vrai mâle. Allah est grand et la coépouse un champ fertile béni par le Créateur. L'accouchée est fière du fruit de son ventre. «Oh, la petite merveille, se vante-t-elle. Il sourit aux anges.» Tu parles ! Tous les bébés sourient aux anges ! La coépouse prend le nouveau-né tout fripé et le serre contre sa poitrine. Aussitôt, le petit s'occupe à tirer le lait de la mamelle de sa mère.

Maintenant qu'elle a mis au monde un garçon, la coépouse peut se flatter d'être une vraie femme. «Seules les mères ayant accouché de mâles méritent de marcher la tête haute», avait dit mon père. Celle qui a un garçon existe par le nom de son fils. On l'appelle avec respect la *Mère d'Ibrahim* ou la *Mère d'Abdelkader*. Elle est la mère d'un mâle, et ça change tout à sa vie.

On dirait que dans nos contrées les mâles vengent leurs mères de la verge qu'elles n'ont pas. Ô vous les femmes arabes, cessez de faire des seigneurs de vos garçons. Arrêtez de les asseoir sur les trônes que vous avez construits dans vos têtes. Les mâles qui sortent de vos ventres ne sont pas des dieux. Vous leur donnez vos faveurs et les choyez dès leur naissance. Vous cédez à leurs caprices parce qu'ils sont garçons. Vous êtes en adoration devant leur phallus. Vous leur faites croire qu'ils sont divins. Arrêtez ça ! Cessez de fabriquer des femmes en extase devant le sexe en érection de leur progéniture. Le pénis de vos garçons n'est pas un objet de sainteté. Vous idolâtrez un morceau de peau. Cessez de porter au fond de vous les ravages de vos mères. Faites-le savoir à vos filles. Dites-leur que les mères devraient plutôt apprendre à leurs fils à s'occuper d'une femme comme il faut et à la faire jouir, au lieu de vouloir la dominer, la mettre à genoux, pis, à quatre pattes. Vous pensez en faire des hommes, et vous les élevez dans la méconnaissance de l'amour et des merveilles du sexe. Vous les programmez à tirer leur coup. Vous les dressez à perforer la membrane des filles. Et plus tard, ils ne penseront qu'à prier, manger et éjaculer. Ô vous les femmes de mon sang, dites-le aux générations qui couvent dans le ventre de vos filles. Dites-leur que lorsqu'ils deviendront des hommes, qu'ils se souviennent que c'est un ventre de femme qui les a fait naître. Guérissez vos garçons. Initiez-les à l'amour. Pensez aux femmes et donnez à vos garçons des prénoms que leurs épouses auront envie de prononcer avec tendresse. Faites-le, sinon les mâles de demain seront pires que ceux d'aujourd'hui. S'ils sont des Dieux pour leur mère, ils seront des Diables pour leur femme.

Une fois que le nouveau-né a eu vidé le sein qui pendouille sur la poitrine de sa mère et qu'il a fait son rot, *celle d'en haut* tend le Saint-bébé ridé à son père en lui disant : « Regarde. C'est tout toi. » Et elle ajoute : « Il est là, ton fils », en insistant bien sur *Ton* fils. Le bébé n'est pas vraiment une réussite, il n'y a pas de quoi crier victoire. Mais bon ! Mon père veut vérifier que ses yeux ne lui mentent pas. Sous l'emprise de l'opium, il est devenu paranoïaque. On a très bien pu lui faire croire que c'est un garçon. Comme il ne fait confiance à personne, il plonge sa tête dans l'entrejambe du nouveau-né. Et ce n'est pas une petite fente qu'il voit. Non, là, c'est un vrai pénis avec des testicules. Pour mon père, c'est la preuve définitive de l'existence de Dieu. Son vœu est exaucé. C'est le plus beau jour de sa vie. Enfin du sang neuf ! Mon père lève les yeux au ciel et fait une prière. Un héritier mâle, c'est sacré. Il est là le *Fils du Ciel*. Celui qui va faire voguer son nom à travers les siècles. Mon père s'habille de la plus belle des manières, enveloppe le nourrisson dans une couverture et sort dans la rue. Ses yeux cherchent des témoins et sa bouche un auditoire. Tout le quartier l'entend crier trois fois « Gloire à Allah ! », en brandissant l'enfant en l'air comme si Dieu était à portée de main. Les femmes continuent de lancer leurs youyous et les hommes tapent des mains en disant qu'Allah est grand.

*

Le nouveau-né est appelé Mahboub. Son prénom signifie le *bien-aimé* en arabe. Il a le nez et les yeux de son père. C'est sûr, il est bien de lui, la ressemblance est frappante. Il ne manque que la barbe au petit *bien-aimé*. À l'entour de la soixantaine maintenant, la poitrine gonflée d'orgueil et portant beau, mon père brandit l'enfant dans la rue pour que ceux qui n'en auraient pas encore eu l'occasion le voient. Pour remercier Allah, mon père fait la *zakat*, l'aumône légale avec pour arrière-pensée les largesses de Dieu. Une dîme qu'il entend faire prévaloir auprès d'Allah une fois dans l'au-delà. Mais bon, avoir un mâle justifie tous les sacrifices. Alors, mon père donne à poignée à qui tend la main. Les gens font la queue devant lui en chantant et en attendant chacun son billet.

D'ordinaire, chez nous, on égorge deux moutons à la naissance d'un garçon et un seul pour une fille. Pour fêter l'arrivée de son fils et rendre son dû au Divin, mon père aiguise le meilleur de ses couteaux et égorge six moutons.

Les bêtes se vident d'elles-mêmes et leur langue traîne par terre. Leurs gorges crépitent comme des voix enrouées. Du sang, il y en a partout dans la cour. Un vrai carnage. J'ai envie de vomir à la vue de ce massacre. Pauvres moutons ! Mais quel plaisir trouvent-ils donc ? On dirait qu'ils sont en train de fêter la naissance d'un nouveau prophète tant ils s'émerveillent devant le nouveau-né. L'enfant du quatrième lit est beau comme un ange, disent ceux qui n'ont pas encore reçu d'argent. Et plus le sang coule de la gorge des moutons, plus fusent les youyous des femmes et se répandent des *sab'han Allah*, Grâce soit rendue à Allah.

*

Depuis qu'elle a accouché d'un garçon, mon père a élevé la coépouse au rang de *femme supérieure*. La mère de Mahboub a fait ses preuves. Mon père ne veut plus aucune familiarité entre elle et moi. Il m'interdit de l'appeler par son prénom et m'ordonne de lui dire *Lalla*, madame. Tu parles d'une Dame ! Ça ne m'empêchera pas de la traiter de tous les noms. Et lui dire ce que je pense. Le petit, lui, n'est jamais rassasié. Quelle que soit l'heure de la journée, vous le trouverez la bouche accrochée au sein de sa mère. Il est là l'enfant dont on dit qu'il est né en récitant les sourates du Coran. Certains courtisans prétendent qu'il tient du Prophète et qu'il aurait appris le Coran dans le ventre de sa mère. L'Héritier marche déjà sur les pas accomplis de son père. Et la coépouse, à quoi pense-t-elle ? À la joie d'avoir donné la vie et au bonheur d'être mère ? Moi, je la soupçonne de toute autre chose. Son mariage n'était pas désintéressé. L'avenir de son fils est assuré. Il a son pain cuit pour le restant de ses jours. Chez nous, les garçons ont toujours eu un traitement de faveur. À lui seul, Mahboub aura la moitié de l'héritage. Les filles, elles, se partageront les restes. Ici, on n'hérite pas à égalité. À l'homme la part de deux femmes. L'acte notarié est déjà dans le coffre-fort de mon père. Nous, les filles, sommes une demi-valeur. Ne s'agit-il pas d'une injustice ? Oui, mais c'est une injustice divine, diront certains. Et tout ce qui est divin n'est pas discutable. Et ce *divin* arrange bien les affaires de la coépouse. Ils vivront confortablement à la mort de mon père. Voilà pourquoi les mères arabes préfèrent avoir des garçons.

*

Fut un temps où mon père se partageait entre sa boucherie et la mosquée. Désormais, il a d'autres priorités. La boucherie, il ne s'y rend que de loin en loin. L'ouverture et la fermeture de la boutique ont été confiées au plus fidèle de ses employés. En revanche, il n'oublie pas de veiller au grain. Tous les soirs, il s'en va fumer l'opium avec ses amis et empocher la recette de la journée en vérifiant qu'il ne manque pas un centime. Même s'il ne doute pas de son employé, un croyant au-dessus de tout soupçon, la confiance de mon père a ses limites. La foi, c'est la foi ; et l'argent, c'est l'argent. On ne sait jamais ce qui peut passer dans la tête d'autrui, aussi pieux soit-il. L'argent, c'est la grande affaire dans la vie de mon père. En rentrant à la maison, il lisse les billets au fer à repasser et les range dans le coffre-fort de sa chambre. Ensuite, il s'occupe de sa jument qui l'attend le feu aux fesses. Aller au lit, c'est bien la seule chose à laquelle elle ne dit jamais non. Elle est toujours prête. Chez elle, le sexe est une addiction. Mon père est émerveillé par le corps de cette garce qui, je dois l'avouer, a retrouvé ses formes de jeune fille. Elle a perdu le poids qu'elle avait pris pendant sa grossesse et a recouvré son ventre plat. Et moi, j'ai enfin compris ce qu'elle donne à mon père que ma mère, trop croyante, a refusé de donner. L'autre jour, alors qu'ils étaient dans leur chambre, par la porte entrouverte, j'ai entendu la coépouse dire à mon père :

« Mohamed, je sais que tu aimes que je te suce. Et que

je me mette sur toi.

– Ah ça, j'adore.

– Veux-tu essayer autre chose ?

– Quoi par exemple ? Tu me combles tellement.

– On pourrait mettre un peu de piment. Qu'en penses-tu ?

– On a déjà tout fait.

– Non, pas tout.

– À quoi penses-tu ?

– Réfléchis.

– Aide-moi.

– Je t'appartiens. Tu peux tout me faire.

– Toi, tu as une idée derrière la tête.

– Donne-moi mes foulards.

– Pour quoi faire ?

– Les foulards, ça ne sert pas qu'à se voiler.

– J'aime quand tu es coquine, Malika.

– Attache-moi les mains avec ce foulard et bande-moi les yeux avec l'autre. Punis-moi. Donne-moi la fessée. Je suis une petite fille pas sage.

– Tu aimes ça, hein ?

– Je suis ta pute. Prends-moi, maintenant, là, tout de suite.

– Écarte bien tes jambes.

– Pas comme ça, Mohamed.

– Comment ? »

De là à être vulgaire, il n'y a qu'un pas que la coépouse n'hésite pas à franchir, en laissant aller sa vraie nature. J'ai voulu voir et mal m'en a pris. Je suis sûre que ce n'était pas sa première fois. Elle devait déjà faire ça dans son village, comme je l'avais pressenti. Je l'entends gémir. Elle est en train de venir. Elle va bientôt lancer des youyous. Bon, j'arrête là. Je ne veux pas connaître la suite. J'ai vu ce que je ne voulais pas voir. Je préfère m'éloigner.

*

Le lendemain, je croise la Diva des Enfers à la cuisine.

Elle a les yeux encore pleins de la jouissance de la veille. L'occasion est trop belle.

«Tu es vraiment une bonne croyante, lui dis-je.

– Que Dieu nous garde des mauvais travers de ce bas monde.

– Mon œil ! Et à part ça, ça t'a fait du bien ?

– De quoi parles-tu, ma sœur ?

– Tu ne vois vraiment pas ?

– Je te jure que non.

– Quand tu fais ta chatte en chaleur, par exemple. Et que tu dis à mon père de t'attacher les mains et de te bander les yeux.»

Elle ne s'attendait pas à ce que je lui dise ça. Elle essaie de se défendre comme elle peut :

« Loin de moi ces choses-là, me dit-elle. Dans mes mains, il n'y a que le chapelet de prière.

– Raconte ça à qui tu veux. Je t'ai vue le cul en l'air.

– *Subhan'Allah*.

– Arrête avec ton "Gloire à Allah" dénué de piété. Tu joues la sainte, alors que tu es aussi hypocrite que ta vieille Bédouine de belle-mère.

– Je te jure que je suis bonne musulmane, dit-elle, en faisant sa mielleuse.

– Une bonne musulmane qui fait sa prière et qui se fait défoncer le cul ? C'est ça ?»

Je regarde autour de moi pour m'assurer qu'il n'y a personne. C'est le moment de mettre le feu aux poudres. Je m'étais juré de ne rater aucune occasion de lui empoisonner l'existence. Je vais lui mettre la honte de sa vie. Je me fais aussi vulgaire qu'elle et lui demande :

« Allez, avoue. Ça t'a fait du bien ? Tu as pris ton pied par-derrière ?

–...

– Tu es du genre à te faire trouer l'anus et te purifier le cul à l'eau bénite de zam-zam. J'espère que tu ne fais pas ça quand tu es en pèlerinage à La Mecque.

–…

– Tu ne sais plus quoi dire, hein ? Elle est où ta langue de salope ? Parle au lieu de faire ta pucelle effarouchée.

–…

– Ce n'est pas toi qui as dit à mon père : « Mets-la-moi dans le cul » ?

Et là, elle réalise enfin que j'ai vraiment tout vu.

« Tu n'es plus aussi bavarde que dans le lit, hein ? lui dis-je. Crois-moi, je vais te faire une sale réputation. Je vais raconter tes exploits à tout le monde. »

La coépouse est à deux doigts de tourner de l'œil. Elle se reprend et me dit :

« Je t'en supplie Shahrazade, n'en parle à personne. De grâce, garde pour toi ce que tu as vu. Je te donnerai des caftans, des bijoux et de l'argent. Je te donnerai tout ce que tu veux contre ton silence.

– Si tu crois que tu vas m'acheter, tu te mets le doigt là où je pense ! »

Je ne m'étais pas trompée sur son compte. Tu parles d'une musulmane ! Maintenant, elle sait que je sais. Je la tiens.

*

Le reste de son temps, mon père le partage entre son fils, la mosquée et ses faucons. Comme tout Bédouin qui se respecte et qui a du sable qui coule dans le sang, mon père possède une volière. Ses faucons, il s'en est occupé mieux que nous, ses propres filles. Il prétend avoir un lien spirituel avec ses rapaces qu'il nourrit de la meilleure viande de la boucherie. Et nul n'est autant qu'eux digne de sa confiance. Ma mère, elle, n'existe plus. Mon père l'a définitivement rangée dans les tiroirs du passé. À ses yeux, elle n'est plus qu'un fantôme.

Ma mère, ne sois pas blessée par ma sincérité. Tu t'appelles Fatima Zahra, comme la fille du Prophète. Ton prénom veut dire *la resplendissante*. Je ne t'ai pas connue à l'heure de ta fraîcheur, mais j'ai entre mes mains ton visage dans l'ovale d'une photographie. Regarde, c'est toi jadis. Tu avais vingt ans. Tu étais sans rides. Ta peau était aussi tendue que celle d'un tambour qui chante la beauté. Je n'aurais jamais deviné que c'était toi, si je ne savais pas que c'était toi. Regarde comme tu étais belle. Je dis *Tu étais* alors que j'aurais préféré dire *Tu es*. On ne devrait jamais parler de la beauté d'une femme au passé. La photographie, je te la montre. Tu ne dis rien. Tu regardes juste la nostalgie silencieuse de la jeune fille que tu étais. Tu fermes les yeux et je crois que tu revois ta jeunesse défiler. Le temps est passé, et aujourd'hui ton dos est voûté par le poids de la vie. Les bourrasques du temps ont arraché la peau de ta beauté. Tu as vu la coépouse ? Elle n'a pas un cheveu blanc. Eh oui, ma mère, *celle d'en haut* a les talents qui te manquent. Et je ne te dis pas de quoi elle est capable. J'ai vu et entendu ce que je n'oserai jamais te raconter. Regarde le reflet peu flatteur que t'inflige le miroir ! Il n'aime pas ton air de vieillarde prématurée. Tu lui fais pitié. Et un miroir, ça ne ment pas, ça vous montre ce que vous lui montrez. Regarde, le gras est là et tes caftans sont remplis de partout. Qu'y a-t-il donc sous ta grossière écorce ? À vingt ans, une fille a le *corps d'avant* ; toi, tu as le *corps de l'après*. Je t'ai vue toute nue au hammam. J'ai vu ton ventre à la peau de misère. J'ai vu tes seins fatigués qui s'effondrent sous l'effet de leur propre poids. Tes seins dont on a dit qu'ils ont allaité la misère. Tes seins qui donnent leur âge et pendouillent. Oh, ma mère, tant de grossesses imposées ont flétri ta jeunesse et ont eu raison de ta silhouette. Tu as passé ta vie le ventre poussé en avant. Je connais des femmes qui le dissimulent. Toi, tu ne peux plus le rentrer ce ventre qui déborde de partout. Et ces vagues de chair qui racontent ce que ton corps a traversé. Je ne parle même pas des bourrelets, de la cellulite, des vergetures et des varices. Cette peau pesante, cette flaque de graisse ; c'est toi ma mère, la femme que j'aime le plus au monde. Tes enfants ont fait des enfants, et voilà ce qu'il reste de toi. Ah, si seulement je pouvais t'offrir une nouvelle féminité !

Ton regard est un bras qui se tend comme un geste inachevé vers le bonheur. Avec tes cheveux gris, tu parais vieille, alors que tu ne l'es pas tant que ça. Regarde ton visage lacéré de rides inquiètes et de cernes qui ombrent tes yeux. Et ces poches sous tes traits de khôl qui cachent tant de sanglots bâillonnés que tu gardes pour plus tard. Et ces taches brunes qui criblent tes mains. « Ce sont les empreintes du temps, ma fille. » Plus je te regarde, plus je me dis : « C'est une vieille femme qui m'a faite. » Pourquoi as-tu gâché tes belles années ? Pourquoi t'es-tu laissé vieillir ? Est-ce arrivé d'un coup, la vieillesse ? Le jour de ton mariage ? Comment te dire les choses sans te faire mal ? Tu devrais soigner ton apparence. Au lieu de ça, tu te laisses aller. Tu n'as jamais essayé de paraître à ton avantage. Jamais de couleurs qui égayeraient un peu ton visage. Ta tenue est négligée et les habits que tu portes ne flattent pas ta silhouette. Tu n'y peux rien, je sais. Mais quand on est une femme, il paraît qu'on n'a pas le droit de se laisser aller. Je sais bien que tu n'as pas l'âme à porter les vêtements du *sheitan*, du Diable, comme *celle d'en haut*. Alors qu'elle est vêtue de soieries, tes toilettes aux couleurs passées sont hors d'âge. Quand même, ce sont des habits de pauvresse que tu as là, ma mère. Tu n'as jamais cherché à être quelqu'un d'autre. Tu es toi, c'est tout. Et cette odeur de cuisine et de sueur fixées à ta peau ! Tes mains sentent l'ail et l'oignon. Qu'est-ce qui pourrait bien raviver ta splendeur d'antan ? Referme tes souffrances. Et retourne à tes vingt ans, ma mère.

Ça me fait mal de te voir vieillir. Si je le pouvais, je prendrais toutes tes bouffées de douleur sur mon dos. Je voudrais avoir les mains d'une guérisseuse et poser mes doigts sur ta peau pour soulager tes cloques de tristesse. Dis-moi ce qui pleure en toi? À partir de combien de larmes une femme est-elle malheureuse? Les femmes discrètes pleurent sous la pluie pour que ça ne se voie pas. Mais il ne pleut pas chez nous. Tu pleures? Vas-y maman, pleure. Les larmes ne font pas de bruit.

Une femme qui pleure n'est pas juste une femme triste.

16

Ça fait longtemps maintenant que Mahboub, le *bien-aimé*, ne cherche plus le sein de sa mère. Il a été allaité jusqu'à ses deux ans comme le veut la loi. Puis il a été retiré à sa mère. Désormais, il appartient au monde des hommes. Et c'est une nouvelle vie qui commence pour lui.

*

Depuis qu'il a un fils, mon père a changé du tout au tout. Il a fait de son *bien-aimé* le digne successeur dont il a toujours rêvé. Le fils est le prolongement du père. Ces deux-là s'admirent. On dirait qu'ils se sont attendus toute leur vie. « Mon fils », par-ci ; « Mon fils », par-là. Le petit héritier, futur dépositaire de l'autorité masculine, se comporte en mâle hautain. Sa masculinité éclate déjà ; et il a les airs de ce qu'il sera. En vérité, il *est* ce qu'on attend de lui. Son corps ne montre encore que des traces d'enfance et sa voix est à des années de muer, mais on le considère comme l'Homme de la maison avec son petit vêtement religieux et ses minuscules babouches jaunes. Mon père prépare son fils à prendre la suite de la boucherie familiale lorsqu'il se retirera des affaires. Il lui a offert un couteau avec un manche en cuir de chameau. Pour se faire la main, le père apprend à son *bien-aimé* à trancher les gorges. Égorger, ça se transmet de père en fils. Mon père insiste sur la *dhabiha*, le rituel d'abattage des animaux. Les oreilles bien ouvertes, l'enfant écoute son père. Pour l'instant, il s'initie à égorger des lapins et des poules. Le petit prend ses responsabilités. Pénétré de son importance, il retrousse ses manches et, sans état d'âme, avec un sang-froid déconcertant, il tranche la gorge du lapin. Le geste est impeccable. Et pour ce geste-là, aux yeux du père, le fils vaut toutes les filles de la terre.

*

Aujourd'hui, le *bien-aimé* est habillé comme un prince. On vient de fêter sa circoncision. On a fait venir le barbier qui lui a coupé le prépuce sans anesthésie. On a enveloppé son très précieux *qadib*, verge, dans du coton qui est vite devenu rouge de sang. Le *bien-aimé* s'est évanoui de douleur. Lorsqu'il a repris connaissance, il a souri en grimaçant et a juré sur le Coran qu'il n'avait pas eu mal, contrairement aux faibles filles qui pleurent. Une fille, ça pleure pour rien, tout le monde le sait. Maintenant qu'il est circoncis, le petit Mahboub est un vrai musulman. La coépouse s'émerveille devant son enfant divin : «Mon fils bande tout le temps. Bienheureuses seront ses épouses.» Bientôt, elle va dire qu'il éjacule des rivières. Ce qu'elle ne dit pas, c'est que sur les conseils de sa mère qui pratique la sorcellerie, elle a discrètement récupéré le morceau de chair qui a été tranché de la verge de son fils. Je l'ai vu faire quand elle a fait cuire le morceau de prépuce avec des carottes, des olives et des pruneaux. Elle a servi ça à mon père qui a tout mangé et n'y a vu que du feu. Il a avalé le prépuce de son fils tout en disant qu'il n'avait jamais rien mangé d'aussi bon. La mère de la coépouse avait juré à sa fille qu'ainsi son mari n'aurait d'yeux que pour elle et que jamais, il ne regarderait une autre femme.

*

Désormais, de moi, on exige soumission et obéissance. Mon père décrète que je dois me mettre au service de son fils.

« Occupe-toi de Mahboub comme si c'était ton propre fils, me dit-il.

– Oui père. J'en prendrai soin comme de la prunelle de mes yeux. »

Pour commencer, mon père veut que j'appelle son fils *sidi*, monsieur. Et la nuit, à chaque fois que l'héritier a « envie de faire », il m'appelle pour que je lui rapporte son pot de chambre en attendant que son pénis cicatrise. En guise de berceuse, il me faut réciter à l'enfant miracle les sourates du Coran jusqu'à ce qu'il s'endorme avec les anges. Et quand il s'oublie, je dois lui mettre des langes propres au-dessus de son pansement. Et lorsqu'il dort, il m'arrive de faire semblant de ne pas sentir l'odeur de son urine et le laisse tel quel dans ses langes mouillés toute la nuit. Pourquoi devrais-je m'en occuper, moi ? Je ne suis pas sa mère. Ni sa bonniche. Pourtant, je dois obéir !

*

Obéir ! Ce mot me fait penser à la fois où je n'avais pas encore atteint l'âge de la pudeur. Je ne portais pas encore le voile et, tant qu'une fille n'est pas voilée, elle est considérée innocente. Mon père venait d'acquérir un jeune faucon à prix d'or et voulait le dresser. Il m'avait amenée avec lui sur des terres plates et dénudées de toute végétation où les faucons débutants ne pouvaient pas rater leur proie. C'était là qu'il entraînait ses rapaces pour qu'ils se mesurent aux meilleurs fauconniers du pays. Mon père voulait que ses faucons soient les plus agressifs d'Arabie. Pour cela, il leur donnait du sang à boire plusieurs fois par semaine. Le vieux rapace de mon père était alors considéré comme le meilleur faucon de la péninsule, tant par sa beauté que ses qualités physiques. On disait qu'il était le seul à ne jamais manquer une proie. « Un bon faucon, dit mon père, doit viser juste et obéir au doigt et à l'œil à son maître. »

Ce jour-là, mon père ôta le capuchon de la tête de son vieux faucon qui trépignait d'impatience, avant de le lâcher dans les airs. Il devait servir de modèle aux autres rapaces tenus en chaînes. Le vieux faucon déploya ses ailes et monta comme une ombre brune jusqu'à disparaître dans le ciel. Pendant ce temps, mon père donna de la viande crue aux autres faucons pour allumer leur férocité. Puis il me demanda de lâcher un lapin, la proie la plus appréciée. Mon père siffla et le vieux faucon à la vue perçante se mit à perdre de l'altitude en dessinant de larges cercles. Le rapace resta en suspens un instant, avant de s'abattre comme la foudre sur le lapin qu'il déchiqueta de son bec noir bleuté très tranchant. Mon père siffla de nouveau et le vieux faucon, le bec rouge de sang, revint aussitôt poser ses pattes jaunes et enfoncer ses griffes acérées sur le bras protégé de mon père, qui me demanda de l'encapuchonner, puis de le remettre dans sa cage avec un morceau de viande en guise de récompense.

Maintenant, c'était au jeune faucon de faire ses preuves. Un jeune adulte de quatre ans, acheté un lingot d'or, qui en était à ses premières séances d'apprentissage. Mon père prit l'oiseau sur son bras, le décapuchonna et lui ordonna de s'envoler. Les yeux de mon père suivirent avec admiration l'envol majestueux du faucon qui montait et descendait dans le ciel au gré des courants chauds. J'ai lâché un autre lapin et mon père siffla. Le jeune faucon tournoya dans les airs. Puis, serres écartées, fit une spectaculaire attaque en piqué. Mon père souriait et applaudissait son animal pendant qu'il déchiquetait le lapin, le réduisant en lambeaux et le vidant de ses viscères en un rien de temps. Jusque-là, le jeune faucon se comportait à merveille. Mon père siffla le rappel. Seulement le rapace, trop excité par l'odeur du sang, ne vint pas se poser sur le bras de mon père. L'oiseau fut sifflé une seconde fois, mais n'obéissait toujours pas. «Toi, tu es mort!», dit mon père à son faucon. Quand le rapace revint se poser sur son bras, mon père le capuchonna d'une main et, de l'autre sortit son *khanjar*, le poignard qu'il portait à la taille. Puis, d'un coup, il lui trancha la tête. Mon père ne versa pas une larme. C'est moi qui pleurai.

«Pourquoi tu l'as tué, père?

– Il n'y a rien dans sa tête. Autant la lui couper.»

Mon père nettoya le sang de la lame de son *khanjar* et ajouta :

« Un faucon, c'est comme une femme. Ça doit obéir ou...

– Ou quoi?

– Ou ça meurt!

– Pourquoi?

– Les femmes et les faucons sont faits pour obéir!»

Puis mon père donna le jeune faucon décapité aux autres rapaces qui le dévorèrent. J'ai eu peur et j'ai eu envie d'uriner.

«Accroupis-toi et écarte tes jambes, dit mon père.

– Comme ça? demandai-je, en faisant glisser ma culotte.

– Plus bas... Plus près du sol.»

À ce moment-là, un chien errant s'approcha de nous. Ce n'était pas un chien. C'était une chienne toute maigre. On voyait ses côtes, elle avait l'air affamée. Elle aussi se baissa pour uriner. «Fais comme *l'kelba*, la chienne», me dit mon père. Je m'accroupis et urinai. J'avais les joues brûlantes. J'avais honte sans savoir pourquoi. Sans doute parce que je faisais comme la chienne. Je n'ai jamais oublié cette scène : moi accroupie en train d'uriner, avec la tête tranchée du faucon devant mes yeux et la chienne qui me regardait. J'ai entendu mon père soupirer dans sa barbe : «Au moins, un homme, ça reste debout pour uriner!» La chienne se releva et dévora ce qui restait des viscères du faucon. J'avais un âge où l'on comprend sans savoir, et m'accroupir pour uriner me semblait humiliant. J'ignorais comment étaient faites les autres filles. La naïveté de l'enfance me faisait croire qu'on pouvait être fille et avoir un pénis.

J'ai ainsi compris que chez nous, les femmes sont comme les faucons. Ça doit obéir ou mourir. Alors j'ai obéi à mon père et je me suis occupé de Mahboub jusqu'à ce que cicatrise son petit pénis.

17

Est venu le temps de dire des choses difficiles.

C'est horrible, mais il faut me croire.

Les mots ne me viennent pas facilement.

*

Le drame est arrivé un jour alors que je rentrais d'un cours de couture. J'étais avec Ayesha, la fille à qui je voulais ressembler en me maquillant, quand je me suis fait surprendre par mon père alors que j'avais dix ans. Ce jour-là, Ayesha marchait en roulant des fesses et en riant fort dans la rue. Ici, quand une femme rit, elle ne doit pas montrer ses dents ni faire entendre son rire. Seulement, Ayesha n'a jamais rien eu à faire des principes moraux qui nous rendent la vie impossible. Elle aime se frotter au danger. Tout en elle n'est que feu et révolte. Elle a toujours aimé enfreindre les règles. Esprit affranchi, elle se moque de *ce qui se fait* et *ne se fait pas*. Résister est pour elle une façon symbolique d'être *sur* l'homme et non *sous* lui. Ayesha est intelligente. Seulement être une fille intelligente vaut les pires ennuis dans nos contrées.

*

Ayesha est de ces filles qui ne passent pas inaperçues. On dit qu'elle a tout pour rendre le Diable heureux. Son corps ne manque ni de gras ni de charmantes rondeurs. Ses yeux verts sont ceints de très longs cils comme la lame d'une épée polie. La poitrine bien en avant, elle n'essaie pas de dissimuler ses formes généreuses ni le balancement endiablé de ses hanches. On dirait qu'elle porte l'étendard de l'insoumission. En vérité, elle veut provoquer le regard de la rue. Elle tient la main d'Icham.

Il faut que je vous dise qu'Icham n'est pas un garçon comme les autres. C'est un homme à hanches. Ses gestes sans virilité et sa façon de marcher trahissent ce qu'il est. Il vit sa féminité dans un corps d'homme. Tout comme Ayesha, il excelle dans la virtuosité du déhanché provoquant. Mais ça, c'est naturel chez lui. Il ne se rend même plus compte du balancement de sa croupe fille-garçon. Il a choisi sa vie et pour être tranquille dans la rue, il joue de son ambiguïté et se déguise en fille. Il porte l'abaya, le voile et s'est fabriqué une poitrine féminine. En guise de seins, il a fixé deux bols en plastique dans l'armature en demi-cercle des deux bonnets d'un soutien-gorge qu'Ayesha lui a offert. Ainsi vêtu, personne ne se doute de qui se cache sous ces vêtements. Enfant, son père lui reprochait de ne pas être assez viril. Seulement, plus il grandissait, moins il devenait garçon. Et plus ça allait, plus il se féminisait au grand malheur de son père qui lui ordonnait à longueur de journée : «Va jouer dehors avec les autres garçons ! » Icham a pourtant essayé, mais n'a jamais réussi à se comporter comme un garçon. Il a toujours aimé la présence féminine. Au lieu de donner des coups de pied dans un ballon avec les autres garçons, il préférait jouer à la poupée avec les filles des voisines. Et que font les garçons à cet âge-là ? Ils s'amusent à comparer la longueur de leur sexe, et rêvent de voir à quoi ressemble l'entrejambe d'une fille. Pour eux, c'est le jardin des énigmes ; alors, en attendant de percer le mystère, ils se masturbent cachés derrière un buisson et regardent les demoiselles lavandières faire leur lessive dans *l'oued*, enfoncées dans l'eau jusqu'à la taille, la robe collée aux fesses et les tétons qui percent le tissu. Tout ça n'intéressait pas Icham. Il n'avait que faire du sexe et du déhanchement des filles. Il était lui-même fille. La nature finit toujours par avoir le dernier mot ; et à l'adolescence, il n'y avait plus aucun doute. Son identité palimpseste se confirma. Sa voix n'est pas devenue grave et son corps est resté sans poils. Sa gorge n'a jamais été ornée d'une pomme d'Adam. Alors qu'il n'avait que quinze ans, son père le traita de pédé et le mit à la porte. Chez nous, l'homosexualité est une tare. C'est une maladie de l'âme, dit-on.

Icham n'y pouvait rien.
Il avait l'âme femelle.

*

Revenons au jour où le drame s'est produit. Ayesha n'avait rien trouvé de mieux à faire que de baisser son voile, montrant ses belles dents et le rouge violent qui ourlait ses lèvres. Elle sait pourtant que nos corps sont sanglés par l'interdit et qu'il ne faut surtout pas baisser ce satané voile dans la rue. Elle connaît la violence des gardiens de la vertu. Les ennemis de la féminité surpassent tout ce que l'on peut imaginer en barbarie. Ayesha devait rester bâchée et en franchissant l'interdit, elle risquait de le payer cher. Seulement, c'est une résistante qui n'a jamais eu froid aux yeux. Elle dit que tant que les barbus liront la peur dans les yeux des femmes, elles ne seront jamais libres. Ayesha est une combattante sans armure qui milite pour qu'on arrache le voile du visage des femmes. Son prénom signifie «espoir» en arabe. Elle rêve de chevelures féminines flottant dans l'air. Elle prie pour voir apparaître des générations de filles instruites qui refusent le diktat de ce torchon sur la figure. Elle aime à dire : «Jetons la Révolution dehors et le peuple s'en emparera. La liberté ne viendra pas à nous, il faut s'en emparer. Un jour, notre heure viendra.» Ses amies l'appellent *le commandant Massoud*. On sait aussi comment a fini *le commandant*. Icham, *l'homme-femme*, restait discret. Il savait ce qu'il risquait si on le démasquait. Mieux valait ne pas jouer avec le feu. Une parole attribuée au Prophète et rapportée dans un hadît par Ibn Abbas dit ceci : «Quiconque que vous trouverez coupable de sodomie, tuez-le. Aussi bien que celui qui se laisse sodomiser.»

«Cette fille est folle!», disait-on tout bas dans la rue en voyant passer Ayesha, qui avait l'audace des étoiles et ne tenait pas compte de ce que l'on disait. Même si elle savait que la ville abrite des monstres à sang froid, elle voulait que ses opinions soient respectées. Seulement, sur nos terres, la liberté n'est pas un mot qui va de soi. C'est une lourde porte à pousser, dit Ayesha. Elle se conquiert par le sacrifice et s'acquiert par le sang. On aurait dit qu'Ayesha cherchait les ennuis. Combien de fois lui avais-je conseillé de ne pas se faire remarquer et de rire moins fort? «Remonte ton voile, lui ai-je dit, ça risque d'être pris pour de la provocation.» Elle ne m'a pas entendu et, la révolte dans la peau, a continué de marcher en tortillant des fesses. En la voyant passer, les yeux méprisants des religieux se retournaient sur elle. Elle se savait regardée, mais sa détermination l'empêchait d'abdiquer. Des hommes appuyés contre *Le mur des Croyants* la traitaient de putain. Des enfants haineux crachaient et l'insultaient. Ayesha avançait sans réagir à la bestialité des mots qui lui étaient adressés. Un gamin ramassa une pierre et fit le geste de la lui jeter. «*Ah'chouma'alik!* la honte sur toi!» lui cria-t-il. Ici, les femmes portent le voile, point ! Un autre garçon lui dit : « Eh la pute, tu nous fais une petite gâterie ? »

Ce jour-là, nous étions quatre filles et Icham. À quelques mètres devant nous, Ayesha, la jeune insensée, continuait d'osciller du bassin autant qu'elle pouvait. Je nous savais suivies par des paires d'yeux qui nous poignardaient dans le dos. Une vieille dame chuchota à Ayesha :

« Attention à toi, jeune audacieuse. Tu vas t'attirer des ennuis.

– Ne t'inquiète pas *h'amma*, ma tante, lui répondit Ayesha.

– Cette fille a un courage inouï. On dirait un homme. »

En vérité, Ayesha était plus inconsciente que courageuse.

Et ce qui devait arriver arriva. Un vieux barbu enturbanné la jaugea d'un œil hostile. Assis sur une chaise, il caressait sa barbe rousse, teinte au henné et tellement longue qu'elle frôlait ses genoux. On l'appelait *L'homme aux mille yeux*. Il était boiteux, bègue et borgne. Mais même avec sa vue fragile, rien ne lui échappait. En vérité, c'en était un de la milice religieuse. Le vieux délateur faisait le pied de grue et ne bougeait jamais de sa place du matin au soir. L'œil valide aux aguets, il passait ses journées à fumer du kif marocain et à dénoncer les femmes qui lui semblaient dévier du droit chemin. Il prétendait qu'Allah lui avait confié en mains propres la tâche d'épier les femmes qui se comportaient mal. En voyant Ayesha, le borgne-bègue, dans sa boiterie de langage, s'insurgea : « Comment ose-t-elle se comporter ainsi ? » Ayesha fit mine de ne pas comprendre que c'était d'elle dont on parlait. Le vieux l'interpella :

« Où est ton père ? Où sont tes frères ? Y'a pas d'homme avec toi ?

– Pourquoi veux-tu qu'une femme soit toujours avec un homme ? Ne crois-tu pas qu'elle peut s'en sortir seule ?

– Est-ce que ta mère sait que tu traînes dans la rue

comme une moins que rien?

– Laisse ma mère tranquille. Et occupe-toi de la tienne, lui répondit Ayesha.

– Petite garce.

– Va te faire foutre !

– Des putes ! Toutes des putes ! cria le borgne.»

Le comportement d'Ayesha scandalisa la vertu du borgne qui se tourna vers les passants. Sa voix chercha des appuis : «Mes amis ! Le démon a pris possession du corps de cette femme.» Ayesha aurait pu lui donner un petit *chouia* et l'affaire n'aurait peut-être pas été plus loin. Icham, lui, sentait que les choses allaient mal tourner et suppliait Ayesha de se taire. Mais Ayesha n'a jamais refréné ses audaces. Au lieu de fermer sa bouche comme l'aurait voulu la prudence, elle regarda le borgne et lui dit :

« Qu'est-ce qui t'arrive, le chibani?

– Qu'est-ce que j'ai? demanda-t-il, en repositionnant son cache-œil.

– On a loupé ta circoncision ou quoi?

– Comment oses-tu me parler ainsi? Où est ta pudeur?

– Je m'en tape la fente de ta pudeur.»

Ne se doutant pas de la tragédie qui se préparait, Ayesha s'éloigna en continuant de jouer des hanches. Pour le provoquer davantage, elle se tourna vers le borgne et fit : «Tfou ! Tfou ! Tfou !» Elle cracha trois fois par terre en signe de dégoût. Puis elle continua d'avancer en laissant derrière elle les remarques désobligeantes.

Au regard du borgne, Ayesha n'était pas qu'une mauvaise musulmane. C'était une putain qui cherchait à s'occidentaliser en Terres saintes. Et qui, par-dessus le marché, donnait le mauvais exemple aux autres femmes. Le borgne appela la police des mœurs qui, dans une minuscule boutique, était en train de boire un café avec le patron, lui-même informateur. Aussitôt, deux barbus sortirent de l'ombre délatrice de la boutique et interpellèrent Ayesha.

«Tu n'as pas honte de marcher comme ça? Tu cherches les problèmes ou quoi?» lui dit l'un des gardiens de la vertu.

– Qu'est-ce que j'ai fait? lui demanda-t-elle.

– On t'a entendu rire.

– Et alors, c'est un crime?

– Tu riais trop fort.

– Rire n'est pas un péché que je sache!

– On ne rit pas dans la rue quand on est une femme.

– La rue est aussi aux femmes.

– La place des femmes, c'est la maison.

– De quoi m'accusez-vous? demanda Ayesha.

– Nous sommes la bouche de la loi. Et tu violes les textes.

– Quelle loi? Quels textes? Qu'ai-je fait de mal?

– Tu as baissé ton voile!

– Il a glissé tout seul.

– On voit ton visage et ça ne se fait pas. C'est *ah'ram*, péché. Aucune femme ne doit susciter le désir ni salir le regard des hommes.

– Je vous dis que mon voile a glissé tout seul.

– Menteuse! Remets ton voile!

– Lorsque Dieu a créé la femme, Il l'a créée sans voile.

– Remets ton voile correctement!

– Mets-le toi-même! Je le vomis, votre voile.»

Ayesha baissa complètement son voile et son violent maquillage ne joua pas en sa faveur. Elle regarda les gardiens de la vertu droit dans les yeux. C'était ce qu'il ne fallait pas faire. Ce n'était pas un défi, mais un affront.

«Baisse les yeux!

– Aucun homme ne me fera baisser les yeux.»

L'orgueil de Ayesha refusait de ployer face à l'injustice.

«Baisse les yeux, je te dis! répéta le gardien de la vertu.

– Jamais!»

Ayesha n'avait que sa fierté à opposer. Elle savait qu'elle avait été trop loin. Elle continua de fixer les gardiens de la vertu. À elle seule, elle voulait assommer le monde des Ayatollahs et laver les femmes de leurs offenses. Elle savait aussi qu'une femme n'a que sa bouche pour se protéger. Alors, elle lançait ses mots comme on lance des pierres pour se défendre. À aucun moment, elle, la *née-sans-verge*, le *corps inachevé*, n'a baissé le regard face à la laideur d'âme de ceux qui se sont proclamés Pères la morale. Au contraire, elle leur dit : «Vous n'avez rien d'autre à faire qu'à renifler nos culottes?»

Elle soutenait leurs regards et gardait la tête haute. Seulement, celles qui osent redresser la tête s'exposent à la perdre.

«Nous sommes là pour aider les femmes à trouver le bon chemin.

– Ce sont les femmes qui vont vous aider à trouver le vôtre.

– Ton comportement immoral nuit à l'Islam. Une femme ne doit rien montrer d'elle.

– La religion est à vous, et mon corps est à moi. Je fais ce que je veux de mes seins et de mes hanches. Allez vous faire foutre, les barbus. Vous voulez nous faire la morale, alors qu'il n'y a pas pires démons que vous.

– Comment oses-tu nous parler comme ça, petite orgueilleuse!

– Mes frères de sang. Je peux vous parler?

– Tais-toi!

– La liberté d'expression existe dans ce pays, non?

– Certes, elle existe. Mais je ne te garantis pas la liberté après t'être exprimée.

– Pourquoi vous comportez-vous ainsi? Ne sommes-nous pas égaux devant Dieu?

– Tu n'es l'égale de rien. L'homme est supérieur à la femme. Ça ne se discute pas! Et toi, tu n'es qu'une femelle qui piétine les Lois d'Allah.

– Ce ne sont pas les Lois d'Allah.

– Cache ton visage, petite putain.

– Je ne suis pas une putain !

– Toutes les femmes sont des putes.

– Il n'est écrit nulle part dans le Coran qu'une femme doit se voiler le visage.

– Ferme-là ! Honte à toi !

– La honte, ce n'est pas aux femmes de la porter.

– Tu vas le payer cher.

– Vous avez défiguré l'Islam. Vous priez dans le sens opposé à La Mecque. Votre religion est un enfer que vous nommez Paradis. Me parleriez-vous ainsi si j'étais un homme ? Cessez de vous croire obligés de veiller sur l'honneur des femmes. Vous nous tuez avec votre voile.

– Une femme, c'est fait pour être voilé.

– Dieu dit que vous faites du mal aux femmes.

– Allah ne parle pas aux femelles !

– La femme est le chef-d'œuvre de Dieu.

– Sauf qu'elle a le Diable au corps.»

C'est à la condition de la femme qu'on mesure l'élégance d'une nation. Et ici, plus une femme essaie de se défendre, plus elle aggrave son cas. Mais que faire ? En élevant ainsi la voix, Ayesha se rendait coupable d'outrage envers la force publique. « Quand une femme oublie ses devoirs, il faut les lui rappeler », dit l'un des gardiens de la vertu. Sous les yeux de la foule, les fous de Dieu se lâchèrent. Ayesha reçut un coup de poing dans les côtes. Autour d'elle fusaient des mots sales qui sortaient des bouches comme d'un égout : « Elle l'a bien cherché, cette salope ! » Puis, les chiens de la vertu firent ce qu'ils savent faire de mieux. Ils lui donnèrent un second coup et les choses dégénérèrent. Le vieux borgne, toujours assis sur sa chaise, semblait compter les coups. « Elle pisse le sang, dit-il d'une voix imbibée de satisfaction. Ça lui servira de leçon à cette fille de Satan ! » Les coups continuaient de pleuvoir sur Ayesha qui, les dents serrées, ne cherchait pas à se soustraire à la violence qu'elle subissait. Mais ce n'était rien au vu de ce qui l'attendait.

En appui sur sa canne, le dos courbé par le fardeau des années, une très vieille dame avançait péniblement. L'index levé vers le ciel, elle dit à l'attention des hommes en noir : «Ces têtes folles de soi-disant gardiens de la vertu ne se rendent pas compte du mal qu'ils font. Mais quel sein diabolique ont-ils tété pour avoir ainsi le goût du sang ?»

À part moi, personne n'entendit la vieille dame. Là où je suis, les voix des femmes s'élèvent, mais on ne les écoute pas.

«Comment notre pays en est-il arrivé là? lui demandai-je.

– Le malheur arrive sans faire de bruit, ma fille. Le ciel est horrifié par ce qu'il voit.

– Mais d'où viennent ces monstres ?

– De l'enfer et ils y retourneront.

– Pourquoi personne ne dit rien ?

– La peur rend aveugle et muet.

– Le Coran n'oblige pas les femmes à se voiler, n'est-ce pas ?

– Tu as raison, ma fille. La femme est libre de se voiler ou pas. Le Prophète n'a jamais obligé personne. Aucune sourate n'évoque la chevelure de la femme, mais juste sa poitrine qui doit être recouverte. Et si les épouses du Prophète se voilaient, c'était pour ne pas être reconnues et importunées dans la rue.»

L'un des gardiens de la vertu ouvrit la portière de sa voiture et ordonna à Ayesha :

«Monte !

– Je ne monterai pas !

– De toute façon, ton âme est sale.

– Prouvez-moi que vous avez une âme, vous !»

Les gardiens de la vertu aiment agir sous les regards atterrés. Tout le monde avait compris ce qui allait se passer, mais personne ne se risqua à secourir Ayesha. Au lieu d'applaudir à son courage, les gens baissaient la tête et n'osaient la relever de peur de voir leur propre lâcheté dans les yeux des autres. Ah, si seulement j'avais été un homme, je les aurais tués, enterrés et j'aurais craché sur leurs tombes. Mais si j'intervenais, je serais arrêtée pour complicité et jetée aux fers. «Dépêche-toi... Monte... Espèce de pourriture!», dit l'un des bouchers d'Allah à Ayesha. En entendant le mot *pourriture*, anticipant sa défaite, elle cracha au visage de celui qui la violentait.

Icham sortit enfin de son silence et essaya de défendre Ayesha en s'interposant. « Dégage de là, saleté de femme!», lui ordonna un des gardiens. Icham ne bougea pas. «Dégage!», répéta le gardien. Icham prit la main d'Ayesha et dit au gardien : «Laisse cette fille tranquille. Elle n'a rien fait.» En entendant sa voix androgyne, le gardien hésita sur son identité. Pour lever le doute, il lui enleva le voile. On s'aperçut alors qu'Icham portait une perruque. Le gardien la lui arracha, la jeta par terre et y mit le feu. Tous les regards se tournèrent vers Icham pour découvrir un très beau garçon aux yeux bleus ourlés de khôl et aux lèvres rouges dessinées comme celles d'une houri.

«C'est un homme! cria quelqu'un.

– C'est un travesti! se moqua un autre.

– C'est un uranien! dit un troisième.»

Le gardien de la vertu frappa Icham en plein visage, qui se mit à saigner de la lèvre et du nez. Pendant ce temps-là, l'autre gardien alla dans la boutique où il prenait le café et revint en tenant quelque chose de caché dans ses mains. Il se mit devant Icham et lui demanda :

«Tu es homosexuel?

– Je suis différent.

– Comment ça?

– Je suis homme dehors et femme dedans.

– Allah n'aime pas les gens comme toi. Les homosexuels sont des êtres maléfiques.»

On entendait dans la foule : « C'est une créature des enfers. Il faut la brûler. » Le khôl se mélangeait aux larmes et au sang d'Icham et coulait le long de son visage. Le gardien de la vertu lui demanda :

« Alors, tu es homme ou femme ?

– Je suis une femme.

– Montre-nous ça.

– Je vous en supplie, ayez pitié de moi. Je suis une femme dans un corps d'homme. Et je suis musulmane.

– Il n'y a pas d'homosexuels chez les musulmans. Dieu a créé l'homme différent de la femme. Il n'a pas créé la femme-homme. Allah a séparé Adam et Ève. Il n'a pas créé Adam-Ève. Les tapettes qui se font enculer, ça n'existe pas chez nous.

– Je vous jure que je suis une femme.

– Déshabille-toi, fils de chien. On va vérifier. »

Ne savent-ils pas qu'un homme peut être plus féminin qu'une femme ?

Icham refusa de se déshabiller. Par sot plaisir de l'humilier, les deux gardiens lui arrachèrent ses vêtements. Icham était maintenant aussi nu qu'à sa naissance. Son corps était épilé. Tout le monde pouvait voir son sexe pendouiller timidement entre ses jambes. Un des hommes lui arracha son soutien-gorge et le jeta dans le feu. Les bols fondirent et on sentait l'odeur désagréable du plastique brûlé. « Ta mère ne t'a jamais appris à bander, espèce de salope ? », lui dit le gardien de la vertu. On entendit dans la foule : « On n'aime pas les suceurs ! » Le gardien demanda à Icham : « Pourquoi dis-tu que tu es une femme, alors que tu as un sexe d'homme ? » Sous le coup de la sidération, Icham était incapable de dire quoi que ce soit. « C'est pas une vraie verge que tu as, lui dit le gardien de la vertu. Tu ressembles à un eunuque. Avec ça, tu ne feras jamais jouir une femme. » Un autre gardien pointa du doigt le sexe d'Icham : « Elle est minuscule ta verge. Cette ridicule excroissance ne te sert à rien. On va te la couper et te faire un trou à la place. Comme ça, tu auras un vrai vagin.»

L'humiliation était parfaite. Le gardien continua :

«Tu sais comment on traite les pédés dans ce pays ?

– Pitié, au nom de Dieu.

– Les pédés, on leur enfonce un pieu dans l'anus.

– De grâce, laissez-nous partir.

– Regarde-moi dans les yeux quand je te parle, ordure !»

Et la vie d'Icham bascula en un instant.

Au moment où il redressa la tête, le fou de Dieu lui jeta au visage le contenu d'un flacon. Icham n'eut pas le temps de se protéger la figure. La douleur atroce lui fit pousser un hurlement. Les yeux brûlés, il se tint le visage. Puis il s'écroula et resta allongé sans que personne ne s'émeuve. Ce n'était plus des larmes, mais du sang qui coulait de ses yeux. «Voilà. Ça, c'est fait ! Que ça serve d'exemple !», dit l'un des gardiens de la vertu.

Et moi, j'ai eu peur et j'ai serré les fesses.
Tellement peur que je ne pouvais me retenir.
J'ai fait dans ma culotte.
Je sentais l'urine couler le long de mes jambes.

L'un de la milice de la chasteté se tourna vers Ayesha qui refusait toujours de monter dans la voiture pour être embarquée au poste. Pris dans l'ivresse de sa folie, le gardien lui asséna un coup au ventre en criant : «Saleté !» Un autre gardien l'avait prise par le bras. Elle essaya de se dégager, mais ne put échapper à la poigne de l'homme. Le gardien la poussa et, à défaut de bras bienveillants pour la rattraper, elle tomba dans la poussière. Son visage était en sang. Cette fois, la vieille dame à la canne cria très fort : « Arrêtez, vous allez la tuer ! » Ça ne fit qu'enrager encore plus les gardiens de la vertu. Dans sa grande sauvagerie, le deuxième gardien écrasa de son pied la nuque d'Ayesha. Avec la froideur de ceux qui sont habitués au sang, l'un des hommes la tira par les cheveux. Ayesha n'essayait plus de résister. Les hommes étaient trop forts pour elle. Sans coup férir, elle se laissa traîner jusqu'au poste de police. Impuissante, la vieille dame leva les yeux au ciel et soupira :

« Et dire que je les ai connus à la mamelle et que j'ai bercé sur mes genoux ces enfants devenus des diables ! Mais comment ont-ils sombré dans l'horreur ?

– Changeront-ils un jour ? ai-je demandé.

– Ce n'est pas en collant des ailes à des monstres qu'on en fait des anges. Ces hommes ont prêté serment d'allégeance au Diable.

– Où est Dieu ?

– Dieu s'est enfui ! »

Mais qu'attendent les Cieux pour se révolter ? Si Dieu existe, j'espère qu'il a une bonne raison.

*

Quelques jours plus tard, j'ai aperçu Ayesha dans la rue. Son regard était encore traversé par la tragédie qu'elle avait subie. Elle m'a raconté la suite de son histoire. Elle avait été relâchée avec des côtes cassées. Mais ce n'était pas le plus grave. Elle avait subi des choses abominables. Après son arrestation, on l'avait enfermée dans le sous-sol du commissariat et on lui avait bandé les yeux. Un gardien lui avait dit : « Ne t'inquiète pas, ça va bien se passer. On ne va pas te tuer. » Un autre avait ajouté : « On va juste te violer. »

Ils ont cru remplir Ayesha de leur lait, alors qu'ils mettaient du laid en elle.

*

Ici, quand une femme est violée, c'est elle la fautive. Femme, donc coupable ! Tout comme ma sœur, Ayesha s'est rendue au hammam pour se laver de ce qu'elle avait subi.

Toutes les femmes se lavent après un viol.

Toutes veulent se nettoyer de la salissure.

De cette blancheur sale qu'on a mise en elle.

Seulement, un viol, ça ne s'efface pas.

Une femme n'oublie pas.

Jamais.

*

Trois mois plus tard, en sortant du hammam, j'ai croisé à nouveau Ayesha. Elle avait des taches de sang sur ses vêtements.

« C'est quoi ce sang, Ayesha ?

– Je viens de me faire avorter clandestinement.

– Pourquoi clandestinement ?

– Aucun médecin n'a voulu me prendre.

– Pourquoi ?

– Ils ont dit que c'était interdit.

– Raconte-moi tout, ma sœur.

– Je n'ai pas eu mes règles et j'ai compris que les gardiens de la vertu m'avaient mise enceinte.

– Mon Dieu !

– L'avorteuse a fait le nécessaire.

– Elle a fait quoi ?

– Elle a sorti des aiguilles à tricoter, un cintre et de l'eau de Javel. Elle m'a demandé ce que je préférais. Je n'ai pas répondu. Alors, elle a pris le cintre.

– Elle te l'a enfoncé dans le vagin ?

– Oui. Et elle est allée loin pour percer l'œuf.

– Oh, ma sœur !

– C'était le seul moyen d'interrompre la grossesse. Et puis, au point où j'en suis, je n'ai plus rien à perdre ! »

Aucune femme ne recourt de bon cœur à l'avortement.

C'est toujours un drame.

*

Seulement, l'avortement d'Ayesha avait échoué. Elle en était à son cinquième mois de grossesse. Souillée à tout jamais, elle ne savait pas où laver sa honte. Elle n'a pas osé retourner voir une faiseuse d'anges. Ça lui avait fait trop mal la première fois. Et puis, c'était trop tard. Ça bougeait dans son ventre. Dans ses yeux se mélangeaient le dégoût et la culpabilité. Lorsque je l'ai revue, elle m'a dit avec ses lèvres secouées par le sanglot :

« Que vais-je devenir ?

– Il faut que tu sois très forte, ma sultane.

– Ça n'aurait jamais dû arriver. Tu n'imagines pas comme je m'en veux.

– Tu n'es coupable de rien. C'est toi, la victime. »

Aucun poids ne pèse plus lourd que la culpabilité d'une femme violée. Le viol était terminé, mais continuait de se dérouler dans la tête d'Ayesha. Je l'ai serrée dans mes bras et lui ai dit : « Laisse tes yeux pleurer, ma belle. » Puis, les eaux du chagrin ont coulé sur son visage.

Avant de s'éloigner, Ayesha m'a embrassée. Elle m'a souri, mais son sourire sanglotait sur ses lèvres. Elle m'a dit : « Si je meurs, tue-moi encore. » N'ayant nulle part où cacher sa honte, elle a pris la pire des décisions. Elle a accouché seule dans les champs et a récupéré le cordon ombilical long d'un mètre qu'elle a sectionné elle-même. La nuit venue, elle a noué le cordon autour du cou du nouveau-né, l'a étranglé et l'a accroché au heurtoir de porte de la maison d'un des gardiens de la vertu. L'enfant était une fille. Une fleur qui ne fleurirait jamais. Ensuite, comme ultime sacrifice, Ayesha a avalé du poison et s'est écroulée sur le pas de la porte. Le lendemain, au chant du coq, on a retrouvé les corps du nourrisson et de sa mère sans vie. On a étouffé l'affaire et personne n'a osé secouer le silence.

*

Née douceur, la vie a transformé Ayesha en guerrière de porcelaine. Les bras chargés de sabres et la tête pleine de poèmes, elle voulait que ses paroles réveillent le peuple. Seulement, elle n'était qu'une guerrière armée d'une épée de velours. Son cœur avait plus d'amour que leurs mains de sang. La voilà vaincue, cette fille magnifique qui disait que personne ne nous offrirait la liberté sans contrepartie. Elle n'a pas fait que dénoncer l'injustice, elle a donné sa vie pour la combattre. Quant à moi, je n'ai pas tué Ayesha une deuxième fois, comme elle me l'a demandé. Elle est au fond de moi comme une étoile morte qui continue de briller. Un jour il sera prouvé que les rêves d'Ayesha qui tapissaient le ciel n'étaient pas vains.

Je n'enlève rien et je ne rajoute rien.
Ça s'est bel et bien passé tel que je vous le dis.

*

Icham, lui, a disparu de la ville.
Son rêve d'éphèbe ne se réalisera pas.
Nul ne sait ce qu'il est devenu.

C'était un homme à la virilité de papillon.

Et toujours ce rêve qui me visite la nuit.

Toujours le même. De plus en plus fréquent.

On dirait que ce rêve essaie de me dire quelque chose. Les songes nous disent toujours quelque chose. Mais quoi ?

18

Le vendredi est un jour supérieur où l'on cultive son âme dans les jardins de la prière. Ce jour-là, le Créateur attend sa création. On dirait que les mosquées se mettent sur la pointe des pieds et s'étirent vers les Cieux pour être caressées par la main du Divin. Du haut des minarets, on entend les haut-parleurs hurler dans la crainte révérencielle. La prière, c'est le dû d'Allah, et on ne fait pas attendre Dieu. Aussitôt les croyants se déversent dans les rues. Les mosquées se remplissent. Et les orants, veines emplies de sang sacré, se prosternent pour le salut de leur âme. Le Divin n'a même pas besoin d'apparaître. Il *est* et *restera* Dieu.

*

La semaine dernière, prétendant entendre la voix des ancêtres, l'imam de la mosquée, le père de Laïla, a fait un prêche sur le vice et la vertu. Il n'est vraiment pas le mieux placé pour donner des leçons ! Au lieu de prôner un islam de paix, il encourage le jihad contre les mécréants. Il a lu le Coran dans la fièvre des grandes exaltations mystiques.

Emportés par la ferveur du discours, les gens pleurent d'émotion. Ivres de Dieu, ils écoutent et espèrent voir apparaître les anges. Et pourquoi pas entendre la voix de Dieu ?

Au sortir de la mosquée, obéissant aux règles de bienséance, je rejoins mon père et, les yeux baissés, je me mets derrière lui. Chez nous, on vous juge à vos façons. Alors, les femmes baissent respectueusement les yeux pour éviter les hommes chasseurs de regards féminins. Comme d'habitude, je me tiens à une distance sobre, n'oubliant jamais que je ne suis qu'un *être inachevé* qui doit rester à sa place. Ici, les femmes doivent toujours se rappeler qui elles sont. Alors, je m'incline et je salue les hommes avec déférence.

Sobrement vêtue, j'ai la tête enroulée dans la pudeur de mon voile. Mes habits amples dissimulent mes rondeurs. Je me suis regardée dans mon miroir de poche pour m'assurer qu'aucune mèche de cheveux ne dépasse de mon *hijab*. Je suis comme il faut. Personne ne peut me reprocher d'avoir vu pointer le bout de mes seins, ni quoi que ce soit. Je joue le rôle pour lequel on m'a dressée. Une vraie petite sainte cuirassée dans la pudeur de sa tenue. La croyante comme ils l'aiment, la bouche pleine de prières. Seulement, ils ne connaissent pas *toutes celles* que je suis. J'ai deux âmes, l'une innocente et l'autre moins. J'ai donc enfilé mon abaya noire, l'habit du malentendu dans lequel je ne me reconnais pas et qui recouvre ma féminité. On ne voit rien de moi, ni les ongles des pieds et encore moins la cheville. Une bonne musulmane est une femme qui cache ses atouts. Ici, c'est le foulard ou le fouet. Seuls mes yeux immensément verts sont visibles dans l'ovale de mon voile. Les plus beaux yeux de la péninsule arabique, comme le dira quelqu'un un peu plus tard.

Je sens un regard posé sur moi. Plus ça va, plus je me sens observée. C'est le Cheikh Abou Bakr. Depuis que mes hanches se sont arrondies, ses yeux ne cessent de caresser mon corps de ses mauvaises intentions. Le Cheikh est le tailleur le plus réputé d'Arabie et son nom en fait trembler plus d'un. Il a la prestance de ces parvenus qui ont tout et en veulent davantage. Il pense que le monde appartient à ceux qui savent *prendre*, et il ne se gêne pas. On dit dans son dos qu'il est capable de faire les poches de Dieu ! Pour être un grand, il faut les signes des grands. Ici, on aime être *quelqu'un*. La pauvreté est pointée du doigt. C'est un manque de savoir-faire avec la vie. La pauvreté, c'est le sort des faibles. Et les larmes des pauvres n'intéressent personne. Être riche signifie avoir les faveurs d'Allah. Hautain, le Cheikh Abou Bakr étale ses bouffées d'orgueil. Oh, ce besoin d'ostentation. Écoutez-le se vanter des possessions dignes de son rang : « Mes femmes, mes villas, mes piscines, mes faucons, mes comptes bancaires, mes voitures. » Il a bien mené sa carrière. Sa fortune a honteusement été bâtie en frayant avec *ceux qui comptent* et en léchant les bottes des Puissants. « Allah est grand et moi aussi. », l'a-t-on entendu dire. La porte de sa boutique *L'Aiguille d'or* n'est franchie que par ceux qui possèdent d'outrageuses fortunes. Les princes et les émirs du royaume wahhabite viennent se vêtir sur mesure chez lui. On clame partout que c'est un bon parti. Les filles les plus intéressées, en âge de se marier, cherchent à lui mettre la corde au cou. Elles rêvent de la bague au doigt. Et de finir leur vie dans son lit.

Le tailleur qui vient d'arriver porte des vêtements à l'étoffe précieuse et à la coupe impeccable. Le Cheikh fait le *juste-là* et déguise sa présence en hasard. À force, il ne peut plus s'agir d'une coïncidence. Il a plusieurs fois mon âge et ses yeux vont s'imaginer ce qu'ils ne devraient pas. Son œil s'arrête sur ce qu'il devine de la courbe de mes hanches. Ses pupilles me fouillent et galopent de l'un à l'autre de mes seins. Ses intentions ne font pas mystère. Je sais où va son regard. Il me reluque comme s'il voulait me mettre enceinte. Mais quelle histoire se raconte-t-il, celui-là? Croit-il surprendre mes rougeurs? Je ne le regarde pas pour que ses yeux gardent leurs distances.

Accompagné d'un de ses serviteurs, le Cheikh Abou Bakr se prend pour le plus grand séducteur qu'il n'ait jamais été donné à l'Arabie. Il ferait mieux de reporter ses ambitions patrimoniales sur une autre au lieu de me rêver. Et d'espérer que je l'attende le soir, sagement cloîtrée, badigeonnée de henné et le sexe frémissant. Je fais tout pour me soustraire à l'insistance de son regard. Mais j'ai beau essayer de le bannir de mon champ, voilà qu'il trouve le moyen de s'avancer vers moi en prétextant saluer un ami. Plus il s'approche, plus je sens l'odeur d'un vieux qui aime les vierges. Croyant jouer les galants, il s'approche encore et me dit : «Le salut sur toi, ma sœur. Je viens te voir en admirateur. Que Dieu bénisse ta beauté qui éclabousse quiconque te regarde.» Je fais celle qui n'a rien entendu. Voilà qu'il fait le gentil. Ici, il faut se méfier de tout le monde, surtout des gentils. «C'est toi l'heureuse propriétaire de tant de splendeurs? me demande-t-il. Même ton ombre rend insignifiantes toutes les femmes de ce pays.»

Mon silence ne décourage pas le Cheikh. Comme un dard, les yeux de celui qui tourne autour de ma virginité s'agrippent à mes hanches. «Tu as les plus beaux yeux de la péninsule, me dit-il. Ta beauté est aveuglante. Tous ceux qui te regardent ne s'en remettent jamais.» Je ne réponds toujours pas. Au bout d'un moment, mon silence vexe Son Altesse. On voit qu'il n'a pas l'habitude qu'on lui résiste. J'hésite quant à la conduite à adopter. Cependant, je garde une attitude qui atteste de ma bonne éducation. J'essaie de rester courtoise ; mais là, je n'en peux plus. Son regard vicieux s'attarde trop sur mes formes. Même s'il n'a pas de sang noble dans les veines, tout le monde l'appelle Votre Altesse. Alors, je le nomme comme il aime l'être et lui dis :

« Arrêtez de me dévisager, Votre Altesse.

– Gloire à ton père d'avoir fait une si belle fille. Je suis en admiration.

– Ce n'est pas moi qu'il faut admirer, Votre Altesse. C'est ma mère. Elle y est pour quelque chose, vous ne pensez pas ?

– Tu es la fille que j'attendais depuis longtemps. Je t'ai vu naître et grandir, sans jamais t'approcher. Mon cœur ne bat que pour toi. Ta beauté me tue.

– Et moi, je vais vous achever, Votre Altesse. Je suis indomptable. Et ma beauté vous est inaccessible.

– Le destin t'a choisie, *ya habib'ti*, ma chérie.

– Dites à votre destin qu'il va être déçu. »

La voix du thuriféraire me déshabille lorsqu'il ajoute :

« J'ai construit dans mon cœur le plus beau des palais pour accueillir ta beauté, *ya habib'ti*. Si tu le demandes, tu auras la neige en plein désert. Si tu veux des montagnes d'or, il suffira de cligner de l'œil et tu auras des rivières de diamants qui couleront à tes pieds. Sache que je peux tout t'offrir.

– Je suis flattée que vous m'ayez choisie, Votre Altesse, mais vous vous trompez de chérie.

– Tu es une petite sauvage, toi ! Mais j'aime ça. J'aime les filles difficiles, me dit-il.

– Je suis de celles qui ne se laissent pas approcher. Je ne suis pas qu'une fille difficile. Je suis *imprenable*, Votre Altesse. »

Face à celui devant qui je suis supposée me sentir naturellement inférieure, j'ajoute :

« Quand on s'appelle Shahrazade, on ne se laisse pas impressionner par le premier venu.

– Je ne suis pas le premier venu, ma petite. Ma réputation s'étale par-delà la péninsule. Si tu te montres gentille, je ferai de toi une princesse. »

Ses yeux soupèsent mes seins. Il me répugne. Je ne sais

comment éteindre le désir que je suscite en lui. Je devine ce qui se passe dans sa tête, d'autant que je vois se raidir quelque chose entre ses jambes. Qu'il garde son gourdin pour une autre ! J'ai tellement envie de lui dire que je préfère les filles. De lui crier que le sperme me dégoute ; et rien que d'y penser, j'en ai des haut-le-cœur. Mais mieux vaut étouffer ce qu'il y a de plus naturel en moi. Si mes préférences de cœur venaient aux oreilles de mon père, il sortirait son couteau, m'égorgerait en public et accrocherait ma tête à l'une des esses de sa boucherie.

On dirait que mon soupirant a les yeux tournés à l'intérieur de lui-même, tellement il se regarde le nombril. Le Cheikh est prêt à tout pour arriver à ses fins. Il ordonne à son serviteur d'aller chercher de l'argent. Le domestique revient aussitôt avec de grosses coupures qu'il donne à son maître. Celui qui nous voit déjà mari et femme me tend l'alléchante liasse, en s'arrangeant à bien mettre en évidence la montre de grande marque qu'il porte au poignet, et qui lui donne le sentiment d'être plus qu'il n'est. Je regarde sa montre et je comprends que mon heure est arrivée. Désormais, mon temps est compté. Je le sais. Il me faut passer à gué de leurs intentions.

«Veux-tu me faire l'honneur d'accepter cette somme ? Achète-toi ce que tu veux», me dit-il.

– Votre argent est bien peu de chose, Votre Altesse. Gardez-le pour une autre, lui dis-je en essayant de maintenir mon dégoût à distance.

– L'avantage de la fortune, poursuit-il, c'est qu'on peut tout avoir. Rien n'est hors de prix pour moi ! Je t'achèterai à ton père.

– Je ne suis pas à vendre, Votre Altesse. Vous êtes riche certes, mais vous n'êtes pas fait pour mes bras.

– Je te jure sur Allah que tu seras ma femme.

– Sachez que je ne veux pas de vous en moi, Votre Altesse. Repliez votre virilité et rangez-là ailleurs qu'entre mes jambes. Dites-vous bien que je n'ai pas l'intention de me marier.

– Sois raisonnable et accepte d'être mon épouse.

– Écoutez-moi bien, Votre Altesse ! Vous n'avez l'envergure d'être ni mon mari, ni le père de mes enfants. Je suis voilée et vous ne voyez pas mon visage. Je vous jure que mon sourire n'est pas celui d'une fille séduite. Vous êtes déjà marié, n'avez-vous pas honte ?

– Certes, j'ai trois épouses. Mais tu ferais abandonner femmes et enfants à n'importe quel homme. Même les étoiles s'arrêtent pour te regarder passer. Quel âge as-tu ?

– Bientôt quatorze ans, Votre Altesse. Et vous ?

– Chez nous, l'âge de l'homme n'a aucune importance, ma petite. Mais je vais quand même te le dire. J'ai soixante ans.

– Je vais vous dire quelque chose, Votre Altesse.

– De ta bouche, chaque mot est une douceur.»

– Je vous propose d'aller vous appuyer contre *Le mur des frustrés* et regarder vos envies passer. Rien de moi ne vous appartiendra.»

Le Cheikh n'a pas l'air de me prendre au sérieux. Ce que je viens de dire le fait sourire. Il croit que je plaisante. Il pense que je fais des caprices et que mon «non» veut dire «oui». Dans la tête de Son Altesse, l'affaire est faite et je suis considérée comme acquise. Mais que va-t-il s'imaginer celui-là en laissant son regard vagabonder sur moi ?

«On en reste là, lui dis-je.

– Je ne crois pas ma petite ! me répond-il, avec son sourire vicieux.»

Celui qui entend *m'acheter* s'en retourne vers mon père. Il pose sa main sur son épaule et lui murmure quelque chose à l'oreille. Mon père l'écoute attentivement. On dirait qu'ils échangent des informations de la plus haute importance. Mon père réfléchit en se caressant la barbe, puis acquiesce de la tête. Ils se donnent l'accolade virile. Des accords douteux sont en train de se monnayer. Est-ce moi l'objet du pacte ? Oui, c'est ça. Je suis la *femelle négociée*. Vu mon âge, j'espérais que mon père allait rejeter la demande en mariage, mais ils se serrent la main comme lorsqu'on conclut un accord officiel. Et chez nous, quand deux hommes se serrent la main, ils ne reviennent jamais en arrière. Ça n'annonce rien de bon. Qu'ils gardent leur corbeille de mariage et leur dais nuptial. N'est pas né celui qui m'aura. Je veux rester Reine de moi-même et de ma vie.

Nous quittons l'assemblée pour rentrer à la maison. Je marche derrière mon père, en espérant ne plus jamais revoir celui qui n'a cessé d'envoyer ses yeux vers moi.

Maintenant, j'attends de connaître la suite.
Mais je crains le pire.

19

Le pire finit toujours par arriver.

J'ai surpris une conversation où l'on dessine les contours de mon avenir grillagé.

«J'ai un mari pour la petite, a dit mon père à sa mère.

– Shahrazade est une femme, maintenant. Sa beauté légendaire fait tourner bien des têtes.

– J'ai sous la main ce qu'il faut. Allah nous a envoyé le gendre idéal. C'est un homme qui fait la pluie et le beau temps.

– Qui est le prétendant, mon fils?

– C'est le Cheikh Abou Bakr. Il perd la tête à chaque fois qu'il voit la petite. C'est un bon parti qui fréquente les lieux de pouvoir. À la sortie de la mosquée, il est venu me voir et m'a dit : "Ce sont les jolis yeux de ta fille que je veux épouser. Je serais très honoré que tu me donnes la main de Shahrazade."

– Tu as accepté?

– C'est un ami et on ne refuse rien à un ami.

– Il est déjà marié, je crois.

– Bien-sûr qu'il est marié. Il a trois femmes, mais ne voit que par la petite.»

Avec mon père, tout se négocie. Et il n'a pas l'intention de me donner à bas prix. Je ne partirai pas pour moins que ma valeur.

«J'ai fait mine d'hésiter, a poursuivi mon père, et j'ai dit à Abou Bakr que ma fille valait de l'or. Et s'il voulait l'épouser, il fallait y mettre le prix.

– La petite n'a pas conscience de sa beauté. Elle trouble les esprits les plus croyants. Et alors, raconte-moi la suite? Vous êtes tombés d'accord?

– Ces choses-là trouvent toujours leur arrangement.

– Combien a-t-il proposé pour les jolis yeux de ta fille?

– Une grosse somme.

– Que Dieu te garde, mon fils.

– On a rendez-vous la semaine prochaine pour signer le contrat de mariage chez les *adouls*.

– Tu as ma bénédiction pour ce mariage, mon fils.

– Alors, la petite ira dans la maison de son mari, *inch'Allah*», a conclu mon père.

Me voilà bien casée!

*

Ne voulant pas que j'emprunte le même chemin qu'elle, ma mère s'est opposée à ce mariage. Mais ses interventions en ma faveur se sont heurtées au refus sans appel de mon père. Elle a eu beau le supplier, rien n'y a fait. C'est mon père, mon tuteur, qui décide. Et on n'échappe pas à la loi du père. L'affaire est donc close; d'autant que des réunions se sont tenues à la maison avec la future belle famille. L'accord a été conclu au terme d'une négociation rondement menée. Par la porte entrouverte, j'ai entendu mon père dire à mon prétendant : «Tu verras mon cher Abou Bakr, tu n'auras pas à le regretter. Personne ne fait aussi bien la cuisine que Shahrazade.» Faire la cuisine ! Sous-entendu, le reste aussi. Il aurait tout aussi bien pu lui dire : «Tu ne seras pas déçu au lit.» Mon père a promis que mon futur mari n'aurait jamais à se plaindre de moi, tellement je suis gentille et bien éduquée. Gentille veut dire : *soumise et obéissante*. Ça veut dire aussi : *elle écartera les cuisses quand tu le lui demanderas.* Et ça, mon père le garantit, d'autant qu'il a déjà reçu la moitié de la dot, rubis sur ongle. J'ai été achetée comme on vend au plus offrant une vache au marché des bestiaux. Se peut-il que mon père négocie ma virginité ? Il ne s'est pourtant pas gêné avant de ranger les billets dans son coffre-fort. Mon père a fourni à mon futur époux un certificat de virginité rédigé par l'un de ses amis, plus ou moins médecin, corrompu ça c'est sûr, qui a juré sur l'honneur, sans jamais m'avoir examinée, que mon hymen, cette chose sacrée, est bien en place et que je n'ai été touchée par aucun homme. Personne ne pourra dire qu'il y a eu tromperie sur la marchandise. «La petite n'est plus à nous. Maintenant, elle est à son mari», a dit mon père à sa mère. Tout le monde y trouve son compte. Sauf moi.

Seize ans, c'est l'âge légal du mariage chez nous. Une fois encore, moyennant finances, mon père a graissé la patte à un autre de ses amis fonctionnaires au service des actes d'état civil qui a modifié ma date de naissance. Me voilà désormais âgée de dix-sept ans. Plus rien ne s'oppose au mariage. Mais ce qu'ils ont inscrit n'est pas mon âge.

J'ai quatorze ans.
Et mes quatorze ans peuvent enfanter.

Cette nuit, dans mon rêve, le garçon avec lequel je nage dans une bulle d'eau m'a dit : «Tu te souviens de moi ? On était ensemble. Nos cœurs battaient tout près l'un de l'autre.»

On dirait vraiment qu'on se connaît, lui et moi. Je ne sais pas pourquoi, j'ai l'étrange sentiment que c'est quelqu'un avec qui j'ai vécu dans une vie précédente. Avant de quitter mon rêve, le garçon m'appelle : «Ma sœur.» Puis il me dit des mots que je ne comprends pas. Il me dit : Arbre... Olivier... Sauve-toi... Écriture... Trou profond... Ossements.

20

Aux yeux de mon père, je ne suis plus qu'un solde de tout compte. Il se frotte les mains à la pensée du reliquat d'argent qu'il ne va pas tarder à recevoir. En plus de la dot, il lui sera offert des parcelles de terre, des faucons, des chameaux et des chevaux. Et pas n'importe lesquels, des pur-sang arabes à la démarche orgueilleuse et à la robe étincelante qu'on appelle les *Princes du désert*. Plus tôt le mariage sera célébré, plus tôt mon père recevra son argent.

« Fais-lui connaître ma décision, a dit mon père à sa mère.

– Je vais lui faire savoir, mon fils.

– Et que sa mère ne prenne pas sa défense. Sinon, je les mets à la porte, et je les déshérite toutes les deux. Dieu m'en est témoin.

– Elles n'ont rien à dire. Sinon, elles vont voir ce qu'elles vont voir. »

Les lâchetés du ciel ont réduit mes espoirs en cendres. Il sera fait selon la volonté de mon père. Comment ai-je eu la naïveté de croire qu'il changerait d'avis ?

*

La vieille a ordre de me faire savoir la décision. Et de suite ! La parole de mon père ne doit souffrir d'aucun retard. Le soir même, à mon retour des champs, je suis appelée par la vieille qui veut me voir toute affaire cessante. Et on ne fait pas attendre la maîtresse de céans. Je me dépêche pour ne pas ombrager son humeur. Je m'habille comme il faut. Surtout pas de tenue légère, même à la maison. J'arrive précédée de mon sourire et tout le respect que je suis censée avoir à son égard. Je suis priée de m'assoir face à l'austère silhouette de la vieille aux mains lourdement baguées d'or. Ses lobes s'étirent sous le poids de boucles d'oreilles d'ambre et d'argent. Je suis une *ben't al nass*, une fille de bonne famille qui surveille ses façons. Une fille bien élevée ne doit jamais avoir de vilaines manières. Mon dos est droit et mes jambes bien serrées. Il faut serrer les cuisses. C'est là où s'enfonce en premier le regard des hommes. Il n'y a que les filles des rues qui s'asseyent les jambes écartées. On me l'a suffisamment répété. Alors, je me fais aussi hypocrite que la vieille. Je fais celle qui n'est au courant de rien.

« Que puis-je faire pour vous être agréable, *hadja* ?

– Sais-tu pourquoi je t'ai convoquée ?

– Je l'ignore. Mais c'est un plaisir d'être en votre compagnie.

– J'ai une merveilleuse nouvelle à t'annoncer. »

De sa position de surplomb, la matriarche me tend sa main à baiser. Sur un ton solennel, elle ouvre la conversation :

« Tu es aussi belle qu'une houri et ta beauté fait des ravages. Le destin te propose un avenir à faire pâlir de jalousie n'importe quelle fille du pays.

– De quoi voulez-vous me parler, *hadja* ?

– Figure-toi que tu es la fille la plus chanceuse du monde, Shahrazade. C'est fini, tu n'as plus besoin de travailler dans les champs. Tu devrais dire merci à la vie.»

Je fais la fille sage, sans histoire. Je baisse les yeux et prends mon air de vierge docile.

«Tu peux vraiment être fière de toi, dit la vieille. Tu es une vraie femme, maintenant.

– Qu'avez-vous à me dire, *hadja*?

– Tu as tes règles depuis un moment, n'est-ce pas?

– Oui *hadja*.

– Maintenant, pour que tu sois une vraie femme, tu sais ce qu'il te reste à faire?

– Quoi donc?

– Il te faut être dépucelée.»

La vieille se lève et sort de son armoire des draps tout neufs, brodés de fils couleur or. Elle les pose sur mes genoux et lance des youyous à rendre sourds les voisins.

«Pourquoi ces youyous? je lui demande.

– Pour annoncer la bonne nouvelle.

– Quelle nouvelle?»

Elle ne répond pas. Elle regarde les draps posés sur mes genoux et me demande :

«Ça te plaît?

– Pourquoi me donnez-vous ces draps?

– Pour le sang.

– Quel sang?

– Le sang de ta virginité.

– Ma virginité!

– Tu es vierge, n'est-ce pas?

– Oui et je tiens à le rester.

– Tu ne peux pas le rester éternellement. Dieu veut que chacun ait sa chacune.

– Mais de quoi parlez-vous?

– Je parle du plus beau jour de ta vie. Le temps est venu d'avoir un mari. La poitrine d'une femme ne doit pas rester sèche d'homme. Et les cuisses d'une jeune fille ne peuvent rester serrées trop longtemps.»

Décidément, le destin penche du mauvais côté. Mon sourire s'envole et mes joues perdent leurs couleurs. Mon visage doit parler pour moi, car la vieille me dit :

« Ne fais pas cette tête d'enterrement. On dirait que je t'annonce un malheur. N'as-tu pas envie de goûter à l'homme avec la bénédiction de Dieu ?

– N'est-ce pas un peu précipité ? »

La vieille relance des youyous et me dit : « Arrête de faire la rabat-joie. Tu ne veux pas finir vieille fille, quand même ! » D'un geste autoritaire, elle pose un doigt sur ma bouche et me somme de me taire. « Toutes les femmes passent par là. C'est à ton tour, maintenant. Ce mariage est une main tendue. » Ici, on voit des mains tendues partout. L'intervention de Dieu est omniprésente et les interprétations hasardeuses aussi.

« N'oublie pas qu'une femme seule est une femme suspecte.

– Je ne suis pas encore une femme, *hadja*.

– Tu as les seins à maturité !

– Et alors ?

– L'heure est venue de fonder une famille, dit la vieille.

– Je voudrais profiter de la vie avant de me marier. »

Je parle autant que me le permettra l'humeur de la vieille. Et je hasarde une réponse en espérant obtenir un sursis.

« Les temps ont changé *hadja*, dis-je. Regardez en Occident, ils se marient bien plus tard que nous.

– Méfie-toi de l'Occident. Il te serre la main droite et te poignarde de la gauche. À ce qu'on raconte, là-bas, les hommes ne contrôlent plus leurs femmes. Leurs mœurs sont incompréhensibles. Le sexe, c'est l'Occident. Nous, c'est la religion !

– Oui, mais ils ont la liberté.

– Ces idolâtres de malheur ne savent pas quoi faire de leur liberté. Le ver est dans le fruit, et leur châtiment est proche. Ne vois-tu pas leur décadence ? Leurs femmes sont des mères indignes qui ne s'occupent pas correctement de leurs enfants. Elles sortent le soir, boivent, fument, portent des jupes à ras la touffe et se comportent comme des putains avec leurs coucheries et leurs beuveries. Que Dieu nous aide à ne jamais frayer avec ces gens-là. Préservons la pureté de notre sang.»

J'ai envie de lui dire que l'Occident accomplit son destin. Et nous, eh bien, nous subissons le nôtre.

«Ces gens-là ne sont pas comme nous, ajoute la vieille.

– Ils sont comment, *ces gens-là*?

– Ils ne sont pas musulmans.

– Dieu aime tout le monde. Même les non-croyants.

– Retire ce que tu viens de dire. C'est un blasphème.

– Un jour viendra où l'on ressemblera à l'Occident. Si nous n'allons pas vers le monde, le monde viendra à nous. Croyez-moi, celle qui m'a dit ça sait de quoi elle parle.

– Quelle est cette mécréante qui a osé dire ça?»

C'est ma maîtresse, madame Messaoud, qui parlait ainsi. Elle disait que nous sommes un peuple de Bédouins arriérés, tout juste bons à monter les chameaux, traire les chèvres et faire nos prières.

«Comment oses-tu parler comme ça? reprend la vieille. On t'a jeté un sort ou quoi?

– Nous sommes pires que les Occidentaux. Seulement, nous avons honte de nous-mêmes. Nous faisons les choses en cachette alors que les Occidentaux, eux, au moins, ne sont pas aussi hypocrites que nous.

– Tu es devenue folle pour dire des choses pareilles. Les djinns ont fait leur nid dans ta tête. Il faut te désenvoûter. Si tu continues de parler comme ça, je t'emmène voir un marabout. Quelle génération maudite! De mon temps, tu n'aurais jamais osé dire le quart de ce que tu dis.»

Devant moi, il y a comme un brouillard argenté. Oh, comme j'aimerais que les ailes de l'horizon viennent me chercher et m'arrachent à ma famille. Feignant l'ignorance, je demande à la vieille :

« C'est qui mon futur mari ?

– C'est un homme aux mérites immenses. Crois-moi, je m'y connais en maris.

– Oui, mais c'est qui ?

– C'est Abou Bakr, le tailleur le plus réputé d'Arabie. Il est l'ami des princes et des émirs. Avec lui, tu feras de ta vie une grande vie. Il y a tellement de filles qui en rêvent et c'est toi qu'il a choisi.

– Je laisse ma place aux autres. »

Je ne sais pas où je trouve l'audace, mais moi qui ai toujours tremblé devant la vieille, comme si c'était une autre qui parlait en moi, je m'entends ajouter dans un élan désespéré :

« Et si je ne veux pas me marier ?

– Mais enfin, d'où te viennent ces paroles capricieuses ? me tance-t-elle. *H'makti oula ouache*, tu es devenue folle ou quoi ! Toutes les femmes se marient et ont des enfants.

– Sauf moi !

– Les femmes qui ne se marient pas sont des lesbiennes.

– Chacun fait ce qu'il veut de sa vie.

– Qu'est-ce tu insinues ? Tu préfères les filles ou quoi ? Sache que c'est un péché qu'Allah ne pardonne pas. »

Je ne dis rien qui puisse lui laisse penser le contraire.

« C'est quand mon mariage ? je lui demande.

– Bientôt.

– C'est quand bientôt ?

– Bientôt !

– Je ne me marierai jamais !

– Arrête de crier et écoute-moi. »

La coépouse a entendu les voix qui s'élèvent. C'est précisément ce moment qu'elle choisit pour faire son apparition au salon en prétextant avoir oublié son tapis de prière. Elle sait que mon heure est arrivée et s'en réjouit. Sa vie serait tellement plus douce sans moi qui lui empoisonne l'existence, et la traite de pute à chaque fois que je la croise. Elle me regarde de biais et me lance un sourire provocateur. Je sens la rage bouillir en moi. Je tente de rester calme, au moins en apparence. Pour me narguer, la coépouse dit à la vieille :

«Surtout, n'hésitez pas à m'appeler si vous avez besoin de quelque chose. Je suis là pour vous servir, *lalla*.»

La coépouse se retourne vers moi et me demande :

«Quelque chose ne va pas, Shahrazade? Tu es toute pâle. J'espère que tu n'es pas malade?»

– Dégage connasse !...

Rien que d'entendre sa voix, j'ai l'impression que mes ongles poussent plus vite pour lui arracher le visage. Sans un battement de cils, je la déchire des yeux. Elle espère peut-être me voir pleurer. Je ne lui ferai pas ce cadeau. J'attends qu'elle s'en aille et je dis à la vieille :

«Ce n'est pas le meilleur époux pour moi. Le rêve de chaque fille est d'épouser selon son cœur. Cet homme ne me plaît pas, *hadja*.

– Oui, mais il plaît à ton père. Ce n'est pas toi qui décides. N'oublie pas qu'il s'est saigné aux quatre veines pour t'élever toi et tes sœurs. Il ne faut jamais décevoir ses parents et le moins que tu puisses faire, c'est obéir. C'est écrit dans le Coran, et ça ne se discute pas. Une parole est une parole, et ton père a donné la sienne.

– Une parole peut se reprendre.

– Pas chez les Arabes !

– Et mon consentement, là-dedans?

– Ne joue pas à ce jeu-là avec moi, tu vas te brûler les doigts. Ton consentement passe après la volonté de ton père. Tu veux nous déshonorer *oula wache*, ou quoi?»

La rage de la vieille ne mollit pas. Je reconnais le vilain frémissement de ses narines. Elle est dans tous ses états et a du mal à se contenir. Ses yeux deviennent comme l'eau d'un fleuve qui s'assombrit à l'approche d'un orage. Je fais mine de ne pas remarquer son exaspération. «Je te mets en garde. Si tu n'obéis pas, tu iras en enfer. De sa main de feu, le Diable t'y entraînera.» Le Dieu de la vieille ne semble pas amical. Et moi, l'enfer, on m'en a tellement parlé que je peux le décrire dans ses moindres recoins. Les traits de Sa Suffisance me font comprendre que je vais trop loin.

«Espèce d'idiote, tu ne comprends rien! Tu seras la femme d'un homme qui exaucera le moindre de tes désirs. Tu vivras dans l'opulence et entreras dans le monde de la grande bourgeoisie. Tu auras des domestiques avec lesquels tu te comporteras avec autorité. Tu n'auras rien à faire si ce n'est donner des ordres. Tu disposeras d'une belle voiture, avec un chauffeur qui t'ouvrira obséquieusement la portière et t'emmènera faire les magasins.

– Je ne veux pas de tout ça.

– Tu ne vas pas rester là à te tourner les pouces, quand même? Qu'est-ce que je vais faire de toi?

– Rien. Je veux juste retourner à l'école.

– Oublie l'école. Je te jure que tu seras émerveillée par les splendeurs de ta nouvelle vie. Abou Bakr te couvrira de bijoux. Tu auras des enfants et tu seras la femme la plus heureuse du monde.

– Je ne veux pas d'enfants, non plus.

– Ton ventre est mûr pour porter la descendance du Cheikh. Ne sais-tu pas que la maternité est l'aboutissement de la vie de toute femme? Un mariage réussi se doit d'être couronné par la naissance d'enfants. Alors, tu lui en feras autant qu'il voudra. Allez Shahrazade, reprends-toi voyons. Réfléchis un peu plus loin que le bout de ton nez. Dieu t'a donné la beauté et l'intelligence. C'est une vie que toute femme rêve de vivre. N'oublie pas que tes sœurs sont mariées et ont des enfants depuis longtemps. Tu ne veux quand même pas être la honte de la famille?»

C'est justement à la vie condamnée de mes sœurs que je veux échapper. Elles n'ont même pas le droit de sortir seules de chez elles, si ce n'est pour un mariage ou un enterrement. Leur histoire n'est pas la mienne. Même si je les aime, qu'elles gardent leur vie ! Je ne veux pas finir comme elles. Moi, je refuse d'être mise dans les bras de celui qui veut remplir mes parties vides. Je ne veux pas que l'on me transforme en génisse. Gardez vos destins dorés. Vous ne m'enfermerez pas dans vos ors et vos fastes. Je ne veux pas être *la femme de*. « Qu'est-ce que les gens vont dire ? continue la vieille sur un ton où se mélangent l'exaspération et la colère. L'absence d'homme n'est pas bonne pour une femme. On t'a élevée comme il faut et tu dois t'acquitter de ta dette envers nous. Ton père en a assez qu'on lui demande : "Et la petite dernière ? Toujours pas mariée ?" »

La vieille me fait les yeux doux et pose sa main sur mon bras. Elle me sourit avec ses dents en or qui lui donne un air vulgaire. « Sois rusée et cesse de te comporter comme une enfant, me dit-elle. À mon âge, je connais bien la vie et sache que : *Qui a un jour de plus que toi détient une ruse de plus.* Allez, souris Shahrazade. Tu dois apprendre à sourire. Les hommes aiment les femmes souriantes. »

Je récupère mon bras.

« Tu sais, je ne veux que ton bien. Tu verras, tout ira bien. Tu finiras par l'aimer avec le temps.

– Il est polygame, lui dis-je. Et la polygamie, c'est partager l'amour en quatre.

– Certes, il a trois femmes. Mais tu seras sa préférée. Tu seras la Première Dame et tu commanderas les autres. Tu es faite pour être servie. Saisis ta bonne étoile avant que le Diable ne s'en empare.

– Je ne veux pas me marier avec celui qui pourrait être mon père. Je ne suis pas attirée par les cheveux gris des hommes mûrs. Je ne veux pas d'un deuxième père.

– Justement, en parlant de père. Vu son âge, il décédera avant toi et tes enfants hériteront de ses biens et s'occuperont de toi. Une femme doit penser à sa vieillesse. N'oublie pas que notre Prophète avait cinquante ans quand il a épousé Aïcha qui n'en avait que neuf.»

Malgré les limites à ne pas franchir, je n'arrive plus à me retenir. Et ça sort :

«Je jure sur le Coran que je ne serais jamais sa femme!

– Ramasse ta tête, Shahrazade.

– Ma tête est sur mes épaules!

– Tu verras, tu t'habitueras. Les femmes s'habituent à tout. Tu es faite pour le plaisir d'un homme. Le jour du mariage, on te demandera : *Veux-tu être l'épouse du Cheikh Abou Bakr?* Tu baisseras les yeux, et on te demandera encore : *Jure d'être obéissante à ton mari et de lui faire beaucoup d'enfants. Es-tu prête?* À ces deux questions, tu répondras timidement "oui" de la tête. Regarde les beaux draps que je t'ai donnés pour ta nuit de noces. Après la cérémonie du mariage, tu soulèveras ton voile et tu t'allongeras sur le lit nuptial. Tu te laisseras gentiment faire quand ton mari te déflorera. Tu écarteras tes jambes, tu ouvriras bien ton sexe et tu serreras les dents lorsqu'il déchirera ton hymen. Ça saignera et après ce sera fini. Mais il faudra que tu saignes comme il faut pour montrer à tout le monde que tu es vraiment vierge. Tu verras, le plus dur c'est la première fois. Tu auras un peu mal, mais c'est normal.

– Un peu mal?

– Oui, tu sentiras la grosseur de ton mari pénétrer en toi et ce sera la preuve que c'est un vrai homme. Un mâle, ça doit être bien monté. Et n'oublie pas qu'une femme doit apprendre à supporter la douleur. Et petit à petit, tu connaîtras tes premiers plaisirs. Tu éprouveras des sensations que tu n'imagines pas. Bon, je ne vais pas rentrer dans les détails, mais tu penseras à moi à ta première jouissance. Ta première fois sera juste un mauvais moment à passer que tu oublieras vite. Puis, le temps t'aidera à parfaire ton expérience sexuelle et tu ne pourras plus t'en passer.»

Ô, ma mère, je suis l'enfant sorti de toi. Je n'étais pas

pressée de naître. Je regrette d'avoir eu mes règles. Je ne veux pas devenir femme. Ma mère, je veux retourner dans l'entonnoir maternel. Je veux traverser le temps dans l'autre sens. Et revenir nager dans les eaux de ton ventre. Accroupis-toi. Écarte tes jambes. Et réaccouche-moi ailleurs.

«Et par la suite, il faudra que tu sois très gentille, continue la vieille.

– Gentille comment?

– Au lit, ne te refuse jamais à ton mari.

– Pourquoi?

– Parce qu'il ne faut jamais laisser un homme déçu.

– Mon corps m'appartient, tout comme les nuages appartiennent au ciel.

– Le corps de la femme appartient à son mari. C'est sa propriété et il en fait ce qu'il veut. Et sois à cheval sur la propreté. Il faut toujours offrir à l'époux un organe propre.»

Un organe propre, a dit la vieille! Ne suis-je que ça? Un organe accueillant? On dirait que mon sort est écrit dans ce qu'il y a entre mes cuisses.

«Une femme doit se comporter comme son mari le désire. Quand ton époux rentrera à la maison, tu devras toujours être de bonne humeur pour montrer que tu es heureuse avec lui. N'élève jamais la voix. Ris quand il rit et tais-toi quand il se tait. Tu lui feras à manger et tu t'habilleras comme il le désire. Tu devras toujours être belle pour l'accueillir. N'oublie pas que c'est lui l'homme, et qu'une femme doit toujours satisfaire les caprices de son mari. Tu as compris?

– Et si je n'en ai pas envie?

– Ce n'est pas une histoire d'envie. La femme est faite pour céder à l'homme.»

«Non» est le mot le plus difficile à prononcer chez nous. Dans ma tête, je dis mille fois non à ce mariage. J'essaie le tout pour le tout et je dis : «Il n'y aura jamais de mariage! Cent mille fois non!» Sa Suffisance devient rouge et monte dans les aigus. «Espèce d'insolente ! Tu es habitée, c'est sûr. C'est l'esprit du Malin qui te pousse à faire des choses contre toi-même. Le Diable parle toutes les langues et te susurre le *mauvais* à l'oreille pour te détourner du bon chemin. Je te jure que tu finiras mal.»

Et là, la discussion devient brûlante.

«Cette fille est possédée par un djinn, se lamente la vieille. Il faut vraiment l'exorciser.» Je m'étais promis de ne jamais pleurer devant personne. Et pourtant ! Cette fois, je ne peux m'en empêcher.

«Pourquoi ces larmes de veuve? Dis-moi plutôt si tu as quelque chose à transmettre à ton père, me demande la vieille.

– Dites-lui que je ne veux pas me marier.

– C'est ce que tu crois ! »

Il n'en faut guère plus pour que Sa Suffisance s'empourpre. Son visage se tord en traits fâcheux. Ses mains menacent autant que sa bouche. Elle prend à témoin le nerf de bœuf posé à l'entrée du salon et me dit :

«Tu ne sortiras pas d'ici tant que tu n'auras pas dit oui.

– Je ne veux obéir à aucun homme.

– Tu n'en fais qu'à ta tête !

– Non, je n'en fais qu'à mon cœur.

– Ce n'est pas comme ça que tu deviendras quelqu'un.

– Je suis déjà quelqu'un !

– Tu es une petite effrontée qui joue avec mes nerfs.

– Écoutez-moi.

– Je n'ai pas le temps de t'écouter. Mais qu'est-ce que j'ai fait au Bon Dieu pour mériter une fille comme ça? Mais de qui tiens-tu? Tu vas me rendre folle. On n'en serait pas là si l'autre était encore là ! Lui, au moins, il avait des testicules.

– Quel autre ? »

La vieille se tait.

«C'est qui *l'autre*? je demande, encore.

– C'est personne ! »

Sa Suffisance retrouve ce dont elle est faite. Et c'est dans la méchanceté qu'elle est le plus elle-même. Avant que je ne termine ma phrase, elle me donne une gifle pour avoir osé lui tenir tête. «Je ne sais plus quoi faire avec toi. La vie te dressera! hurle-t-elle. Je te ferai ployer le dos. Tu ne perds rien pour attendre!» Je préfère me taire pour ne pas ajouter de l'huile sur le feu. J'ai juste envie de mettre une couverture sur ma tête et de devenir sourde. «Je te jure que je t'aurais à l'usure. Allez, va-t'en! Dégage de là! me dit-elle, d'un geste méprisant de la main. Et que le Diable t'emporte, petite idiote.»

Je m'éloigne en laissant la vieille dérouler son chapelet d'injures.

*

Je vais voir ma mère. On a voulu cacher la malédiction de son ventre. Voilà pourquoi *l'autre* a toujours été absent des conversations.

« Mère, j'ai quelque chose à te demander.

– Je t'écoute, ma fille.

– Dis-moi la vérité.

– Quelle vérité?

– Qui est l'autre, mère?

– Quel autre?

– Celui qui avait des testicules.»

Ma mère regarde autour d'elle pour s'assurer que personne n'écoute.

«Qui t'a parlé de ça?

– C'est la vieille. Elle a dit : *si l'autre était encore là, on n'en serait pas là*.»

– Ta question vient tout à point et je l'attendais, ma fille. La vérité, on ne la fera jamais taire.

– Alors, raconte-moi, mère.

– L'autre c'est ton frère jumeau.

– Pourquoi m'avoir caché son existence ?

– Il est né sans respirer. Après l'accouchement, ton père a creusé un trou dans le jardin et y a déversé des sacs de chaux. Dans ce trou, il a enterré l'enfant mort-né. Tu vois l'olivier de presque trois mètres, là, juste devant nous, c'est là que ton frère repose. Les gens passent, admirent l'olivier, remercient Dieu pour les fruits de cet arbre, mais personne ne connaît le secret qui se cache en dessous. Ton père n'a pas voulu que ça se sache. Il a payé une fortune la sage-femme pour qu'elle ferme sa bouche. Et il a menacé de me tuer si j'ouvrais la mienne.»

21

Le piège se referme. *Bientôt* est déjà sur le pas de la porte. On a eu vent de la nouvelle et tous les regards sont tournés vers moi. Ce n'est pas un mariage, mais une embuscade déguisée en fête. Les conversations bruissent autour de mon nom. On commente les épousailles. On dit que mon futur mari est un bon parti. Qu'il a le bras long, qu'il murmure à l'oreille des Puissants et que beaucoup baissent le pantalon devant lui. Tu parles ! S'ils croient que ça m'impressionne ! Ce n'est qu'un lèche-botte qui suce le sang des riches. La vieille a consulté une voyante qui lui a préconisé la meilleure date pour célébrer mon mariage. La cérémonie aura lieu dans trois semaines.

*

Durant les nuits inquiètes où je ne dors pas, froissée par le doute et l'angoisse, je réfléchis aux moyens d'échapper aux doigts crochus du sort. Je prie pour que des forces mystérieuses se mettent à l'œuvre et aillent à l'encontre de leurs desseins. Je ne veux pas vivre sous le poids de l'autorité d'un homme. Je refuse de porter les bracelets de la soumission et passer ma vie derrière les fourneaux. Je ne veux pas vivre comme ma mère, analphabète et voilée, et craignant l'enfer à chaque pas que je fais.

Je ne veux pas de grossesses successives.
Je ne veux pas être traversée par la masculinité.
Je ne suis pas une amphore à maternité.

J'ai perdu le sommeil. Et lorsque je m'assoupis, j'entends des voix caverneuses qui viennent de l'enfer. Je reconnais celle de la vieille qui me dit : «Allons Shahrazade, sois gentille. Écarte tes jambes pour ton mari. Ne fais pas l'enfant.» Je me réveille en sueur et, quand je ferme les yeux, je me débats avec les morsures de la nuit. Je vois mes draps trempés du sang de ma virginité. La vieille me dit : «Tu n'y échapperas pas, petite salope!» Des femmes me tiennent les mains et m'écartent les jambes pour que mon mari me pénètre. J'essaie de me sauver. Les femmes me retiennent par les cheveux, je leur crie : «Je ne veux pas qu'on me déflore.» Les femmes éclatent de rire. Leurs voix m'assiègent : « Petite naïve. Les femmes sont faites pour être déflorées. On veut du sang.» Et elles lancent leurs youyous lorsque le Cheikh arrive. Il sort son sexe devant tout le monde et me dit : «J'ai payé très cher pour t'avoir. Je veux rentrer dans mes frais. Je t'avais dit que je t'aurais, un jour. Maintenant, tu es à moi. Alors, écarte tes cuisses.» Le Cheikh se met sur moi. Il me pénètre et me déchire. Mon entrejambe est en sang. Des rivières rouges coulent de moi. Arrivent alors des hommes en noir qui s'emparent de mon hymen et l'exposent à tous les yeux dans les souks sur les étals de la vertu. Je vois mon père accrocher ma jeunesse à une esse de sa boucherie. La foule applaudit. Et à mon réveil, il subsiste des relents de ces mauvais rêves.

*

Pendant que je me débats avec mes cauchemars, la vieille et *celle d'en haut* se sont alliées pour se débarrasser de moi. Tout est réglé dans le moindre détail pour mon mariage. L'orchestre et les danseuses sont réservés. La liste des invités arrêtée. Les repas commandés chez le traiteur. On n'attend plus que l'essayage de ma robe de mariée. La coépouse qui a toujours vu en moi une menace s'est associée à la vieille. Comme les deux mâchoires d'un même piège, elles préparent la venue de mon prétendant. À pied d'œuvre du matin au soir, la vieille et sa bru lavent la maison à grands coups d'eau parfumée au jasmin. Il n'y a plus la moindre trace de poussière. On frotte l'argenterie des grandes occasions et on prépare la tragédie de ma vie dans un décor grandiose. Mon père a donné ses ordres. Maintenant, c'est un travail de femmes.

*

À la pointe du jour, je suis réveillée par la vieille. Ça ne présage rien de bon. Dans l'encadrement de la porte, je la vois les mains sur les hanches. Son visage est fissuré de rides des mauvais jours.

« C'est l'heure ! me dit-elle.

– L'heure de quoi ?

– De faire de toi une femme.

– Comment ça ?

– Je vais te préparer pour ton mari. *Yallah ! Yallah !* »

Son *Yallah* veut dire : « Dépêche-toi ! » La matrone me fait signe de la suivre. Elle veut m'emmener au hammam pour préparer mon corps à faire son entrée dans le monde des femmes. « Allez, on y va ! »

Encore mal dégagée du sommeil, je la suis à reculons.

Au hammam, je m'assieds près de Sa Suffisance. Comme elle me l'a demandé, je suis aussi nue que Dieu m'a créée.

Elle me soumet à une évaluation rigoureuse. Elle me tâte le gras du bras et de la cuisse. Palpe la fermeté de mes seins, effleure mon ventre et jauge la consistance de mes fesses. «Tu respires la santé, me dit-elle. Les hommes aiment les belles formes. Ils détestent les femmes qui n'ont que la peau sur les os.» C'est vrai que les Arabes préfèrent les filles grassouillettes au derrière bien rebondi, ça je le sais. La vieille frotte mon corps au gant de crin pour enlever les peaux mortes. Elle laisse couler mes cheveux jusqu'aux fossettes du bas du dos. «Tu es bénie du ciel, me dit-elle. Tous les hommes sont à genoux devant toi.» Elle m'épile les jambes et sous les bras. «Une femme doit avoir la peau douce. Les poils sur les jambes, ce n'est pas beau.» Elle oint mon corps d'une huile sainte doucement musquée et veloutée en provenance de La Mecque.

De retour à la maison, elle fait disparaître les poils aux endroits où je suis le plus femme.

«Écarte bien tes jambes, me dit-elle.

– Pour quoi faire ?

– Enlever ce qui reste de poils autour de ta fissure.»

Elle étale de la cire brûlante sur mes endroits intimes et m'arrache la peau, là où c'est le plus sensible.

«Ça fait mal !

– Tais-toi et laisse-toi faire, m'enjoint-elle.

– Ça brûle.

– C'est pour ton futur mari que tu souffres.

– Est-ce que les hommes en font autant pour les femmes ?

– Il faut plaire aux hommes. Quitte à avoir mal.

– Aucun homme ne mérite que l'on souffre pour lui.

– Ferme-la, maintenant !»

La vieille refuse d'entendre mes gémissements. Elle s'attarde là où il faut, et prend le temps qu'il faut. Elle passe son doigt sur mon pubis et dit : «Regarde comme c'est doux. On dirait le sexe d'une enfant. Ce sera le Paradis pour ton époux.» Elle vérifie que les ongles de mes mains et de mes pieds sont coupés comme il faut. Me demande de sourire pour voir la blancheur de mes dents. M'examine de face et de dos. Tout y passe et je n'ai toujours rien à dire même si elle viole mon intimité. La vieille me parfume les jambes et m'épice pour que j'aie bon goût et que mon futur époux n'ait rien à redire. Je ne sais pas pourquoi on attend des femmes qu'elles rasent leurs poils. Qu'elles restent minces. Qu'elles étouffent leur colère. Qu'elles soient douces. Et qu'elles disent oui à tout. Bref, me voilà épilée pour l'offrande de mon corps. Prête pour celui qui fera de moi une vraie femme.

«C'est quand ta prochaine période d'impureté? me demande la vieille.

– J'aurais mes affaires dans dix jours.

– Très bien. Ton mari aura le temps de faire ce qu'il a à faire avant tes prochaines règles.»

Mes mains et mes pieds sont sculptés d'un henné rouge foncé. La vieille me considère et trouve que je suis parfaite. Moi pas! Sur le miroir accroché au mur, je vois une image que je n'aime pas. Ce n'est pas moi. Ce n'est pas Shahrazade. Je cherche des yeux par où m'enfuir. S'il le faut, je partirai sur le dos d'un nuage. Je pose mes lèvres sur le ciel et murmure à Dieu d'exaucer ma prière.

*

Je suis la fille d'une femme qui est passée du mariage à la vieillesse sans être aimée. On dirait que ma mère s'acquitte de la faute de nous avoir *commises* mes sœurs et moi. Aujourd'hui, elle en paie le tribut. Enfouie sous le poids du sort, la ménopausée qu'elle est désormais est recluse dans la chambre qui lui a été attribuée. C'est là, dans cette obscure thébaïde, cette citadelle de la tristesse, qu'elle a déposé son chagrin et devenue amie avec les murs qu'elle scrute comme s'ils avaient les réponses à son malheur. Ce n'est certainement pas ainsi qu'elle pensait finir ses jours.

Comment choisir une souffrance plutôt qu'une autre? Alors, je raconte celle de ma mère. C'est la souffrance que je connais le mieux. «Il y aura des beaux jours», avait-elle dit. Ils ne sont jamais venus, les beaux jours.

«Mon père a l'air heureux avec sa quatrième femme, dis-je à ma mère.

– Qu'il profite de son bonheur. Je ne lui demande pas de me rendre le mien.

– Mère, se peut-il qu'un homme aime plusieurs femmes en même temps?

– Comment te dire, ma fille? L'être humain n'a qu'un cœur, et ça ne se partage pas. Une femme doit suffire à un homme. Elle doit être la seule à exister. On ne peut pas faire un couple à trois ou quatre. La polygamie, c'est tout sauf de l'amour. Le cœur d'un homme n'est pas fait pour accueillir plusieurs femmes. En vérité, un homme ne doit pas séduire plusieurs femmes, mais plusieurs fois la même femme.

– Dis ma mère, c'est quoi l'amour?

– L'amour, c'est préférer l'autre à soi-même.

– Et qui préfères-tu?

– Mes enfants.»

Désormais, les droits de ma mère sont forclos. Le cœur inhabité, elle a déserté la couche conjugale. Elle ne demande plus à son mari : «Veux-tu de moi cette nuit pour accomplir mon devoir?» Mon père l'a libérée de ses obligations et lui a rendu ses nuits. «Après tout, elle a son content. Je lui offre un toit pour s'abriter, de quoi manger et un lit pour dormir. Elle a tout en suffisance, Dieu m'en est témoin» a dit mon père. Voilà, les choses étaient dites.

Ma mère vit la tête dans le passé, à cette époque où ma sœur Zohra était encore parmi nous. Elle n'entend plus la vie comme avant. Elle est déchirée de partout. Les vents de l'oubli n'ont rien emporté, et elle tend l'oreille à la voix de l'Absente. Elle est là, dans ce lieu hanté par ma défunte sœur dont le souvenir n'a jamais voulu rejoindre les cimetières du passé. Ma sœur, celle qui avait encore l'odeur des enfants, ne se laisse pas oublier. Sa silhouette juvénile persécute les jours de ma mère comme un éclat de lumière. On dirait que Zohra a pris le cœur de ma mère et s'en est allée habiter le ciel. Comment dire à ma mère qu'il faut laisser ceux qui ne respirent plus mourir en paix? Les habits de ma sœur ont été rangés dans une armoire remplie de souvenirs qui ne tiennent debout que par la douleur. Quand on ouvre cette armoire, il en sort un parfum d'enfance. Comme une veilleuse de chagrin, ma mère y a rangé la robe de mariée pleine de la mémoire sanglante de ma sœur avec le bouquet de fleurs séchées qu'on lui avait mis dans les mains. Zohra n'était pas à l'âge d'écarter les cuisses! Oh, ma sœur, tu étais si jeune qu'on pouvait voir le lait maternel couler encore sur tes lèvres. Longtemps, je regarderai courir nos jeux comme courent les ruisseaux de l'insouciance. Tu es morte pleine de vie. On n'a pas laissé l'enfance grandir en toi.

Il t'a manqué le temps de devenir femme.

Et le tissu n'a rien oublié de cette nuit où l'on brûla les ourlets de ta jeunesse.

La robe de la défunte est là, blanche et auréolée de rouge, comme un suaire. Ma mère ne cesse de se reprocher la mort de Zohra. On dirait qu'elle a un cercueil dans le cœur. «Je n'aurais jamais dû laisser faire ça. J'aurais dû m'opposer à ce mariage de toutes mes forces», se lamente-t-elle, rongée par les poisons du remords. Ma mère n'a jamais voulu ramasser ses larmes et les mettre à sécher. Elle s'est enterrée elle-même, le jour où elle a enterré ma sœur. Chut ma mère! Cesse de pleurer. Les morts n'ont pas besoin des larmes des vivants. Non, les défunts n'aiment pas qu'on fasse du bruit. Et cette robe de mariée, mon Dieu, cette robe tachée de sang comme une relique de douleur.

Ma mère me demande :

«Reviendra-t-elle ?

– Non, ma mère. Elle ne reviendra pas. Ni demain, ni jamais.»

*

Ma mère n'a plus la force d'affronter le monde. La vie passe sur elle et plus rien ne l'atteint. Sur sa petite table de nuit, je vois son *misbaha*, le chapelet qui réchauffe son âme. En somme, sa vie entière se trouve là, dans cette chambre au milieu des décombres de son mariage. Au vrai, elle n'a jamais rien possédé, si ce n'est l'extraordinaire pouvoir de donner la vie. Elle a été dépouillée de tout et a échoué dans tout avec splendeur. Sauf dans son amour pour ses enfants. Personne n'a pu lui interdire d'aimer ses filles. Nous sommes d'abord nées dans son cœur, avant de sortir de son ventre. Ma mère n'a fait que des belles filles. Lorsque nous étions petites, combien de nuits sans sommeil a-t-elle passées, l'oreille attentive au moindre de nos pleurs ? Combien de nuits a-t-elle traversées, inquiète de ne pas nous avoir suffisamment allaitées ? Je crois bien que rien n'est plus proche de Dieu que le corps d'une mère. C'est à elle qu'a été donné le puissant pouvoir de faire naître la vie. Louanges au ventre des femmes.

Avec tout ce qu'elle a subi, je pensais que ma mère était tissée de la plus résistante des étoffes. Il n'en est rien. Cependant rien ne lézarde sa foi. Croire en Allah est devenu son activité principale. L'âme à l'écoute des pulsations de Dieu, elle prend le Coran en main et sent la sainteté la pénétrer. Mais son état de santé ne lui permet plus d'accomplir son *devoir de Dieu* comme il faut. Son dos malade l'empêche de se prosterner. Alors, comme l'y autorise le Coran, elle prie assise sur un tabouret.

Ma mère, tu es tombée mille fois et tu t'es relevée autant de fois de bien des coups du sort. Mais aujourd'hui, tu as perdu ton élan. Jamais un jour ne se montre assez galant pour t'offrir un joli lendemain. Je regarde tes fossettes nostalgiques de leur jeunesse. Le temps a eu raison de ta beauté. Tu as les yeux pleins de vieillesse. On dirait que le venin de l'âge coule dans tes veines. Tu es trop jeune ma mère pour vieillir ! Comme un être inhabité, tu es assise, là, au milieu de ton désordre intime. Tu es une femme en forme de chagrin. J'ai beau te parler, tu es absente, comme si ton cœur battait ailleurs. Chaque jour qui passe, tu perds le geste que tu étais capable de faire la veille. Tu as besoin de moi à tes côtés. Je suis la seule de tes filles encore à la maison. Il y a bien longtemps que les autres ont été mariées.

*

Ce matin, je rejoins ma mère dans sa tanière. Je la trouve comme une blessure assise sur le bord de son lit. En me voyant arriver, elle peine à relever son propre poids. Agrippée à son chapelet, elle essaie de faire quelques pas vers moi. Elle a du mal à mettre un pied devant l'autre. Je crois qu'elle est au bout de son âge.

« Je suis désolée d'être si peu présentable, ma fille.

– Ne sois désolée de rien. Reste assise, ma mère. »

Ma mère de chair et de sang n'est plus qu'un reste de souffrance. Et pour la première fois, je mesure la gravité de son état.

« Comment as-tu fait pour supporter tout ça, mère ?

– Le destin aime à éprouver les gens. Les épreuves sont inévitables au cours d'une existence. C'est le chemin le plus court qui mène à Dieu.

– Oui mais là, ce ne sont pas que des épreuves. C'est pire, ma mère.

– Il a plu à Allah que les choses soient ainsi. Chacun porte sa fêlure, ma fille.»

Ma mère se tient là comme un vieux sourire égaré. Je voudrais tant l'aider à soigner ses *fêlures*. Elle ne parle pas beaucoup, mais il y a tellement de mots gentils qui sortent de ses yeux. Elle se force à ne pas pleurer devant moi. Mais je sais que les larmes couleront lorsqu'elle sera seule. Les couleurs de son visage se sont endormies.

«Pourquoi tu ne te maquilles pas un peu, mère?

– Demande au miroir, ma fille.

– Ça ne parle pas un miroir.

– Tu es encore jeune et belle, Shahrazade. Tu verras plus tard, un miroir ramène chaque femme à elle-même.

– Explique-moi, ma mère.

– À partir d'un certain âge, une femme ne se maquille pas pour être belle.

– Pourquoi se maquille-t-elle alors?

– Une femme touchée par les épreuves de la vie se maquille pour cacher ses blessures intimes. Du fard sur son visage apaisera les cicatrices de son âme. Un peu de couleur sur ses joues cachera les fêlures de son cœur, les trahisons et les promesses non tenues. Un trait de khôl sur ses yeux mentira sur les larmes versées en cachette. Les larmes, c'est le lieu où les femmes font taire leur tristesse. Puis vient un jour où une femme ne peut plus tricher. Ni rien cacher à personne.»

J'ai envie de dire à ma mère que ça ne sert à rien de souffrir. Mieux vaut me taire. Je ne ferais que rajouter de la douleur à la souffrance. Cependant, je comprends une chose. Ce n'est ni son maquillage, ni ses seins, ni ses jambes qui rendent belle une femme. Ce qui la rend belle, c'est sa force intérieure, ses fragilités et sa capacité à cacher les blessures qu'elle porte en elle. Et sourire, malgré tout.

Les femmes ont l'apparence de la faiblesse, mais la force de tous les jours.

Non, ma mère n'a pas besoin de se maquiller. Elle est belle même dans son malheur. Seulement les jours passent et son état ne s'améliore pas. Son regard flotte et ne s'accroche à rien. Elle ne cesse de se suspendre aux éclats de sa mémoire pleine à ras bord de mauvais souvenirs. Ma mère me confond avec ma défunte sœur. Nous nous ressemblions comme deux gouttes d'eau. Quand ma mère m'appelle Zohra, je réponds : «Oui mère, je suis là.» Je sais que ça lui fait du bien d'entendre la voix de ma sœur. Puis ma mère éprouve le besoin de prier, alors je sors de sa chambre et la laisse dans son moment d'intimité avec Dieu. C'est pour elle une cavale de l'âme. Demain, je la trouverai plus vieille qu'aujourd'hui. Est-ce la nuit que vieillissent les femmes malheureuses? Est-ce la nuit que les yeux des femmes coulent?

Ô ma mère, absente-toi de tes larmes.

*

Demain est un autre jour, dit-on. Pas pour ma mère. Elle ne sait même plus quel jour nous sommes. Dans le quartier, on raconte que la troisième femme du boucher ne va pas bien. « À ce qu'on dit, elle est devenue folle.» D'autres langues ne donnent pas long d'elle. Ma mère est souvent allongée sur son lit. Plus aucun cordage ne la retient à la vie. D'autres fois, je la trouve chuchotant le dialecte de sa tribu avec ma défunte sœur, qu'elle croit voir à ses côtés. C'est ce qu'on appelle *les souvenirs*, cette présence invisible dans nos têtes. Ma mère se sourit à elle-même. Et c'est un sourire d'une tristesse inouïe. Je vois bien dans son regard que les choses lui échappent. Elle reste ainsi à écouter le murmure affolé de sa vie qui lentement s'empoisonne. Elle porte son chagrin en dessous de son voile ; et ce voile, elle ne s'en sépare jamais, même pas dans sa chambre. On dirait qu'elle a peur de mourir le visage nu et de finir en enfer. Je voudrais tant l'aider à recoudre son passé et soigner les blessures vagabondes de son âme. Mais personne ne peut rien contre la douleur d'une mère endeuillée. Oh, comme j'aimerais qu'elle refasse surface. Aujourd'hui, elle est assise au bord du silence comme un joli portrait abîmé. Je m'approche d'elle et lui demande :

« Comment vas-tu, ma mère ?

– Chut, ma fille, on nous regarde.

– Personne ne nous regarde. Je suis seule avec toi.

– Regarde cette femme, là-bas.

– Cette femme c'est toi, ma mère. C'est ton reflet dans le miroir.

– Tu es sûre ?

– Tu te reconnais, ma mère ?

– J'ai vieilli, ma fille.

– Tout ça, c'est de sa faute.

– La faute de qui ?

– De ton mari, ma mère.

– Quel mari ?

– Il s'appelle Mohamed.

– Mais je ne suis pas mariée, moi.

– Si ma mère, tu es mariée. Et tu as huit filles. »

Longtemps, je n'ai pas compris ce qui lui arrivait. Ou plutôt, je n'ai pas voulu comprendre. Je croyais que c'était passager et que les choses allaient s'arranger. Ma mère est malade dans sa tête. Elle souffre de la maladie « laveuse de souvenirs ». Tout a commencé à la mort de ma sœur. Au début, elle cherchait ses mots. Elle ne se rappelait plus où elle avait rangé ses ustensiles de cuisine. Son chapelet et son tapis de prière non plus. Je lui disais qu'ils n'avaient pas bougé de place, mais elle ne se souvenait plus de leur place initiale. Ma mère n'est plus ma mère d'avant. On dirait qu'elle habite les vides de la vie. Elle est comme un livre auquel on aurait arraché des pages.

«Tu as quel âge, ma mère ?

– J'ai cinquante-sept ans.

– Non, tu es au milieu de la soixantaine.

– Déjà ! »

Ma mère s'approche du miroir, se regarde et me demande :

« À qui appartiennent toutes ces rides ?

– Elles sont à toi, ma mère.

– Les rides d'une femme ne mentent pas. C'est la vérité du temps. »

Je crois que dans chaque femme âgée, il y a une autre femme plus jeune qui se demande : *mais que s'est-il passé ?*

Comment colmater son passé ? Ma mère a arrêté son âge à la mort de ma sœur. C'est là que le choc s'est produit et que sa mémoire s'est effritée. Puis, lentement, elle a commencé à mélanger les lieux, les visages et les noms. Aujourd'hui, il lui arrive de confondre le jour et la nuit. J'espérais qu'elle allait guérir, mais à bien y réfléchir, c'est mieux ainsi. Au moins, elle oublie le mal qu'on lui a fait. Un autre signe m'inquiète. Dans la tribu de ma mère, quand une femme sent sa fin venir, il est de coutume qu'elle couse un petit gousset dans lequel elle met ses secrets et les choses qu'elle a aimées dans sa vie. Ce sont les préludes à son départ. Ma mère a déjà cousu le sien. Elle l'a posée sur sa table de nuit.

« Qu'as-tu mis dans ton gousset, ma mère ?

– J'y ai mis ton sourire, ma fille.

– Et quoi encore ?

– Les cicatrices de ma vie. »

Et moi, je donnerais la moitié de mes jours à celui qui sécherait les larmes de ma mère, et l'autre moitié à celui qui la ferait rire. Il n'y a rien de plus beau sur terre que le sourire sur le visage des femmes.

Ma mère me dit :

«J'ai des palpitations, ma fille. J'ai mal au cœur.

– Ce n'est pas le cœur qui te fait mal, ma mère. C'est le manque d'amour.»

Ma mère saigne de l'intérieur. Je pose mes lèvres sur sa joue comme on pose du baume sur la peau d'une femme blessée. J'essaie d'ajuster mes mots à son cœur. Mais mes mots ne font que gêner le silence. Alors, j'embrasse sa main et lui demande :

«As-tu besoin de quelque chose, ma mère?

– Oui Shahrazade.

– Dis-moi.

– Amène-moi le coucher du soleil, ma fille.

– Ça, personne ne peut le faire, ma mère.»

Je la quitte sur un mensonge, en lui disant que ça ira mieux bientôt. Gentiment malheureuse, elle s'endort le Coran sur la poitrine comme un cri vers Dieu. Tel un anachorète, son corps est étendu sur les mots d'Allah. Les hurlements nocturnes de ma sœur résonneront, et la nuit n'apaisera pas les tempêtes dans sa tête. Je crois que dans sa grande beauté, ma mère est en train de s'éteindre sans déranger personne. On sent l'haleine de Dieu posée sur sa joue. Elle habite déjà à mi-chemin du ciel. Son visage a la sérénité que la mort réserve à ceux qui vont s'en aller. Nos aurores sont incertaines. Peut-être demain ma mère sera arrivée à la fin de cette histoire trop courte qu'on appelle la vie. Et qu'elle cessera de respirer, et se refermera sur elle-même.

Demain, peut-être, l'âme de ma mère s'en ira embrasser l'éternité.

Je n'aime pas le jour où les mères meurent.

22

C'est quoi la vie d'une femme, ici? Elle naît. Se marie. Fait des enfants. Prend du poids. Vieillit et meurt. Moi, je rêve d'autre chose. J'ai quinze ans. Et à mon âge, une fille imagine son avenir autrement. Qu'on me laisse seule juge de ce que doit être ma vie. Les voix du futur me disent que je n'ai rien à espérer, ici. Les lumières d'une autre histoire m'attendent ailleurs. Je ne veux pas arriver à un âge où les projets se muent en désespoir. Je ne veux pas remplacer mes rêves par des regrets. Ils veulent me marier. C'est ce qu'ils croient ! Que je sois maudite si je reste là ! Alors, je me tourne vers la seule issue possible : la fuite. C'est une décision folle, je le sais. Mais je n'ai guère le choix face à l'avancée foudroyante de la date fatidique. Si je ne prends pas de risques, le monde d'ici se refermera sur moi. Je ne resterai pas là, à faire pleurer mes rêves. Je partirai. Pour manger, je ferai n'importe quoi. Des ménages, s'il le faut. Il n'y a pas de honte. Ça n'a jamais tué personne.

Les morsures du destin n'auront pas le dernier mot.

*

Ma mère a des hauts et des bas. Aujourd'hui, elle semble dans un bon jour. Seulement sa lucidité ne dure jamais bien longtemps. Il faut en profiter. Je vais la voir dans sa chambre. Encore ensommeillée, elle est allongée dans son lit, les yeux vers le plafond. Ses lèvres balbutient des versets du Coran. En me voyant à sa porte, elle essaie de se redresser. Elle a du mal. Je l'aide et lui mets un oreiller dans le dos.

« Oh, comme tu es belle, me dit-elle. Tu es une femme maintenant.

– Pardon ma mère, mais comment t'appelles-tu aujourd'hui ? »

Il lui est souvent arrivé de ne plus se souvenir de son prénom.

« Je m'appelle Fathem Zahra.

– Et quel jour sommes-nous ?

– Vendredi. »

Ma mère ne se trompe pas de jour. Je profite de ce moment de discernement pour lui dire :

« Mère, je ne veux pas me marier.

– Personne ne peut te forcer à faire les choses contre ton gré.

– Je veux partir d'ici.

– As-tu bien pesé le pour et le contre ?

– Je n'ai pas fermé l'œil de la nuit. J'ai eu le temps de réfléchir. Je veux partir et ce n'est pas un coup de tête.

– Toi seule sait ce qui est bon pour toi, ma fille. Je savais que tu allais partir. Le marc de café l'avait prédit. »

Malgré son état, les yeux de ma mère me disent qu'elle va m'aider.

« Mère, sais-tu ce qui est arrivé à Ayesha ?

– Oui ma fille, je suis au courant. Que Dieu ait son âme.

– Je ne veux pas qu'il m'arrive la même chose. Mère, il me faut de l'argent pour m'enfuir.

– Ne t'inquiète pas, ma fille. Moi vivante, on ne te

mariera jamais. Sache que nous ne sommes pas sur terre pour accomplir la volonté des autres. Je ne veux pas que ton père détruise ton avenir, comme il a détruit ma vie. Je ferai n'importe quoi pour empêcher ce mariage. Va réussir ta vie et je serai la mère la plus heureuse. Maintenant, c'est à toi de faire ce que je n'ai pas fait.

– Que les bénédictions de Dieu pleuvent sur toi, mère.

– Tu es à l'orée du printemps, et moi je suis à mon arrière-automne. Mais tant qu'il me restera quelques gouttes de vie, je ferai tout pour que tu échappes à ce mariage. Tu n'as jamais été une fille comme les autres.

– Tu ne crois pas si bien dire, mère. Je suis tellement différente. Tu es ma mère, n'est-ce pas ?

– C'est parce que je suis ta mère que je sais ce que tu veux me dire. Mais ne te sens pas obligée de dire quoi que ce soit.

– Tu devines mes pensées ?

– Je suis ta mère.

– Quelqu'un d'autre habite en moi.

– Qui ça ?

– Le Diable, ma mère. »

En entendant le mot diable, ma mère psalmodie l'invocation que les musulmans récitent contre Satan, le Prince des Ténèbres.

« *A houdou billahi mina sheitan rajim*, je cherche refuge auprès d'Allah contre Satan le lapidé.

– Je suis une mauvaise fille, mère. Parfois, je me demande si je suis normale.

– Pourquoi dis-tu ça ?

– Je préfère les filles, mère. Je les aime à hauteur de ma foi en Dieu. Je me sens comme une sainte qui lutte contre ses pires instincts. Pourtant, je crois en Allah et je fais mes prières. C'est mal qu'une fille aime une autre fille.

– Personne ne peut contredire la nature, ma fille. On ne contrôle pas ses goûts, tout comme on ne contrôle pas sa foi. Quelles que soient tes préférences, sache que tu es d'abord ma fille. Et je t'aimerai toujours autant.»

J'étais en train de dire à ma mère ce dont elle se doutait déjà. Une maman ressent toujours ce qui se passe dans le cœur de ses enfants. C'est la puissance des mères.

«Tu ne me juges pas?

– Qui suis-je pour te juger? Tu sais, les filles qui aiment les filles, ça a toujours existé. Et ça, depuis que le monde est monde. Le diable n'a rien à voir avec ça.

– Oui, mais nous sommes musulmans et ma préférence pour les filles est un grave péché. On dit que les gens comme moi iront en enfer.

– Ne te préoccupe pas de l'enfer. D'autres y ont leur place bien plus que toi.»

Je mesure l'amour sans jugement de ma mère. Je n'ai pas besoin de la laisser réfléchir. Elle a une idée derrière la tête.

«Ma fille, dit-elle, Dieu a dû se tromper de pays pour toi.

– Je crois bien, ma mère.

– Il ne faut pas que tu restes ici. Ce n'est pas là que tu trouveras la vie que tu cherches. Je donnerais ma vie pour toi. Je vais t'aider.

– Comment vas-tu faire, mère?

– Tu vas récupérer l'argent que tu as gagné et que ton père t'a enlevé. Tu vas tout prendre et partir. Mon cœur ne sera jamais le tien. Mes jambes ne sont pas les tiennes. Tes pas ne sont pas les miens. Tu trouveras ton chemin et découvriras la vie par toi-même. Alors, va et aime celle que tu veux. Et que Dieu vous garde.»

*

On dit qu'Allah a créé les océans pour avoir suffisamment d'eau pour nettoyer la terre de ses péchés. On dit aussi qu'en attendant que Dieu purifie la terre, un pèlerinage à La Mecque lave les croyants de leurs péchés. C'est pourquoi, pour s'absoudre de leurs fautes, comme chaque année à la même période, juste avant mon mariage, mon père accompagné de sa mère et *celle d'en haut* sont partis effectuer la *oumra*, le petit pèlerinage à La Mecque, le nombril du monde musulman. Par charité, mon père a emmené ses deux premières épouses. Le petit *bien aimé*, trop jeune pour entreprendre ce voyage, est resté à la maison avec charge pour moi de veiller sur lui comme à la prunelle de mes yeux. « Et surtout, qu'il ne lui arrive rien ! » a ordonné mon père avant de partir. C'est le moment de prendre tout le monde à rebours. Ma mère me dit :

« Aide-moi à marcher.

– Tu veux aller où ?

– Dans la chambre de ton père.

– Pour quoi faire ?

– Je sais où il cache la clé du coffre-fort.

– Il va t'accuser de vol quand il s'apercevra qu'il manque de l'argent. Et sa colère s'abattra sur toi.

– Chaque chose en son temps. On va d'abord prendre l'argent et je m'occuperai de ton père à son retour.

– Comment vas-tu expliquer tout ça ?

– Je me débrouillerai.

– Il faut agir avec précaution. Dieu sait ce qui arriverait si le petit nous surprenait ?

– Je prends sur moi.

– Alors faisons vite, on ne sait jamais. »

Ma mère se tient à moi. Nous nous rendons péniblement dans la chambre de mon père. Pour la première fois, je vois l'intérieur de son coffre-fort. Il y a les bijoux en or massif de la coépouse. Il y a aussi des diamants, des titres de propriété, des sachets d'opium, des liasses de billets de banque et des lingots d'or.

« Mère, pourquoi y a-t-il tant de lingots ?

– Parce qu'on peut tout obtenir avec l'or. C'est la valeur la plus sûre au monde.

– Tu as des lingots d'or, toi ?

– Les lingots représentent le pouvoir, la puissance et la domination. Ça, c'est pour les hommes. Les femmes n'ont pas ce privilège. »

Ma mère ne touche pas à l'or ni à l'argent de la dot que mon père a reçu pour mon mariage. Elle prend seulement deux liasses de billets qu'elle me donne. Je ne vole rien. Je récupère juste mon dû. J'ai gagné cet argent à la sueur de mon front. « De grâce, sois prudente, ma fille. Ton père est un homme que rien n'arrête. Si par malheur il te retrouve, ses mains vengeresses t'étrangleront sans remords. »

Chez nous, la vengeance a la couleur du sang. Certaines filles sont tuées à moins. Si le sable d'Arabie qui a bu tant de sang féminin pouvait parler, il dirait où sont enterrées les filles sans sépulture et les nouvelles nées enfouies sans respect. Mettez l'oreille au sol et vous entendrez couler des larmes et se plaindre les âmes de celles dont personne ne vient honorer la mémoire fanée. Creusez le sable et écoutez gémir le sang des oubliées.

Les filles, c'est du sang sans importance, dit-on.
Le désert ne veut plus boire le sang des femmes.
Le sable a raison.

« Ton père n'hésitera pas, crois-moi. Il a un cœur d'airain et n'a de pitié pour personne. Alors va où tu veux, mais ne remets jamais les pieds dans cette ville.

– Ne t'inquiète pas, mère. Même les rues ne se souviendront plus de mon prénom. Les semelles du temps ne laisseront pas de traces de moi.

– Tu es jeune et ça sert à ça la jeunesse. À découvrir la vie.

– Viens avec moi, ma mère. On partira là où l'on pourra se construire une nouvelle vie. Et tu seras à l'abri des douleurs passées.

– Non ma fille, je suis trop vieille. Moi, je suis le pays d'hier. Toi, tu es le pays de demain. Ton regard enjambe les siècles à venir. Que veux-tu que je fasse à mon âge? Je ne sais même pas écrire mon nom.

– Tu peux toujours apprendre, ma mère.

– C'est trop tard ma fille. Il aurait fallu le faire plus jeune. Cependant, je voudrais que tu me promettes une chose.

– Dis-moi, mère.

– Toi qui sais lire et écrire, je voudrais qu'un jour tu écrives ton histoire.

– Je te le promets, mère. Et ce jour-là, ma plume griffera leur visage.

– Toi tu as la plume, moi je n'ai que le balai et la serpillière. C'est à ta génération de bâtir un monde de femmes libres. Un monde qui effacera les souffrances et lavera l'honneur de nos grand-mères dans leur tombe. Ah, si seulement toutes les filles pouvaient être aussi indociles que toi. Pars, ma fille. Et n'aie pas peur de déranger le bonheur. Je te le demande au nom de mes entrailles dont tu es issue. Au nom de mes seins que tu as tétés. Au nom de mon ventre qui t'a abritée. Au nom de ta ressemblance avec moi.

– Sois fière de toi, mère. Tu nous as portées dans ton ventre, juste en dessous de ton cœur. Tu nous as élevées du mieux que tu as pu. Ta poitrine n'a à rougir de rien. Nous avons tété ton sein et nous avons encore en bouche le goût de l'amour maternel qui coulait dans ton lait. Oh mère, si tu savais combien je t'aime.

– Où as-tu mis l'argent, Zohra?

– Dans ma poche, mère.

– Range-le ailleurs.

– Où ça?

– Là où personne ne viendra le chercher. Tu vois ce que je veux dire?

– Dans ma culotte?

– Oui ma fille, bien entre tes jambes. Maintenant, pars. *Allah haf'dek*, que Dieu te protège.»

Au moment où je m'apprête à franchir le seuil de la porte en laissant ma mère seule, le cœur cousu sur ses fêlures, quelqu'un toque à la porte. J'ouvre et je tombe sur Naïma, ma sœur aînée, qui vient prendre des nouvelles de la santé de notre mère. Naïma tient dans ses mains deux gros sacs en plastique remplis de vêtements qu'elle vient d'acheter pour ses enfants. Le sourcil interrogateur, elle me regarde. C'est ma mère qui donne la réponse à la question qui n'a pas été posée : «Zohra s'en va loin d'ici.» Ma sœur ne dit rien. Elle sait que notre mère me confond avec notre sœur décédée. Naïma embrasse respectueusement la main de la mère et me dit :

«J'ai appris que le père veut te marier.

– N'est pas né celui qui me prendra de force.

– Va ma superbe. Sauve-toi pendant que tu es encore belle. Ça passe vite la jeunesse. Ne t'attarde jamais là où tu ne peux aimer. Si tu restes ici, tu ne connaîtras que fatalité, soumission et obéissance. Tu t'es toujours rebellée et tu as eu raison. J'aurais dû avoir ton caractère ardent. Notre père m'a dépouillée de mes rêves et m'a mariée à un homme que mon cœur n'a pas élu. Maintenant, c'est trop tard. Mais à quoi bon pleurer sur mes chaînes ? Ne te condamne pas à rester ici, Shahrazade. Va, cours au-devant de ton destin. Va où tes rêves arpentent. Et tes rêves, tiens-les serrés contre toi. N'en perds aucun. Tu as la vie devant toi.»

Ma sœur se déleste de ses bijoux. Elle commence par enlever la chaînette qu'elle porte autour du cou. C'est une *khamsa* en or, la main de Fatima. «Tiens, me dit-elle, ça te protégera du mauvais œil.» J'embrasse le bijou pour me porter chance. Ma sœur glisse de ses doigts deux bagues en or qu'elle me tend et me dit : «Je n'ai pas d'argent à te donner, mais tu pourras toujours vendre ces bagues. C'est de l'or pur.» Puis c'est au tour de ses bracelets. «Je les ai assez portés. Qu'ils aillent tinter sur d'autres poignets.»

Je regarde le ventre tremblant de ma sœur Naïma. Elle est enceinte de huit mois. Elle en est à son neuvième enfant.

«Pourvu que ce soit un garçon, lui dis-je.

– Que Dieu t'entende, Shahrazade.»

Ma sœur est une femelle bien féconde. Un vrai moulin à enfanter. Elle s'est mariée à quatorze ans et vingt ans plus tard, elle semble déjà vieille. Accaparée par les grossesses et les soucis du quotidien, elle n'a pas vu sa vie passer. Je n'ose lui dire : «Regarde ce que tu es devenue, ma sœur. Ton corps est déformé de partout. Je ne te reconnais plus.»

Ma mère m'embrasse sur la tempe comme lorsque j'étais petite, qu'elle me couchait et que, pour faire venir le sommeil, elle me racontait l'histoire de celle dont je porte le nom : les *Mille et une nuits* et j'imaginais que j'étais la Shéhérazade des contes. En grandissant, moi aussi, j'ai raconté mille et une histoires à ceux qui voulaient me soumettre. Comme dans *Les Mille et une nuits*, j'ai réussi à les tenir en haleine. J'ai fait semblant de les croire et ils ont cru qu'ils allaient m'enchaîner à la fin. Ils croyaient me connaître. Ils se sont trompés. Je leur ai raconté des histoires. Et ça a marché.

«Va et prends soin de toi ma colombe, me dit ma mère. Fais les choses pendant qu'il est encore temps.

– Que Dieu te protège, ma mère.

– Au nom de toutes les mères, je te dis d'aller chercher le bonheur que je n'ai pas.»

Une flaque de tristesse se répand sur le visage de ma mère. Mais je ne peux partir comme ça. Il me faut sa bénédiction. On dit que le paradis se trouve dans la paume de la main de nos mères. Alors, je me mets à genoux et penche ma tête vers la droite. C'est là où se trouvent les anges. Je prends sa main ridée, la pose sur ma tête et lui dis : « Moi que voici, je suis ta fille. Ton ventre m'a portée neuf mois.

Tu m'as enfantée dans la couleur rouge. Aujourd'hui, je suis dans mes quinze ans. Je te demande de me bénir.» La larme à l'œil, elle me dit : « *Amnahk al barkah ya benti*, je te bénis ma fille. À partir de maintenant, tu es sous l'aisselle de Dieu.» La main de ma mère m'a donné la bénédiction. Quand une main donne, ce n'est pas elle qui donne, c'est le cœur qui donne. Quand une main frappe, ce n'est pas elle qui frappe, c'est l'injustice des nôtres qui frappe.

Je ne serais jamais partie sans la bénédiction de ma mère. Je me colle contre sa poitrine et ses bras se referment sur moi. Elle me serre aussi fort que le peuvent ses forces fragiles. C'est notre dernière étreinte. Je sens sa poitrine secouée par les sanglots. Des larmes, ma mère en a plus qu'il n'en faut. Si elle se mettait à pleurer, là, maintenant, elle embuerait le ciel. Mais elle ne pleure pas devant moi. Elle le fera lorsqu'elle sera seule. Ses larmes ont besoin d'intimité. Pleurer, c'est la seule chose qui lui reste. Mais où vont les larmes des femmes quand elles sèchent? Je respire une dernière fois l'odeur de ma mère. Et je sens comme une odeur de sainteté. Ma sœur m'embrasse et, dans un dernier regard de soutien, me dit :

«Va courir le monde. Et que les anges te guident.

– Puisse Allah t'ouvrir les chemins du Paradis.

– Tu seras toujours dans mon cœur, Shahrazade.

– N'oublie pas de prendre soin de notre mère, Naïma.»

Au moment où je vais m'éloigner, ma sœur me dit :

«Attends Shahrazade!

– Attendre quoi, ma sœur? Le temps presse.

– C'est trop risqué que tu partes habillée comme ça.

– Je n'ai que ces vêtements.

– J'ai une idée.

– Laquelle?

– Viens, suis-moi.

– Où ça?

– Je vais faire de toi un garçon.»

Je la suis dans la salle d'eau. Elle me demande de me déshabiller. Rien de moi ne doit ressembler à une fille. Ma sœur taille mes ongles aussi courts que possible, puis elle prend les ciseaux de couture de ma mère.

« Que vas-tu faire ? je lui demande.

– Je vais sacrifier ta belle chevelure, Shahrazade. »

Ma sœur coupe mes cheveux à ras et met sur ma tête un vieux turban que mon père ne porte plus. Elle déchire un drap et bande ma poitrine pour faire taire mes seins. De ses sacs en plastique, elle sort les vêtements qu'elle avait achetés pour son fils Ahmed qui a la même taille que moi. « Allez, enfile ça ! » me dit-elle. Puis, elle me scrute de haut en bas et ajoute :

« Comme ça, tu ressembles davantage à un vagabond des rues qu'à la belle Shahrazade, la plus belle fille d'Arabie.

– Que Dieu te bénisse, ma sœur.

– Je défie quiconque de te reconnaître. »

Elle me fait un clin d'œil et me dit :

« De toute ma vie, je n'ai jamais vu un garçon aussi beau que toi, ma sœur. »

Je m'agenouille et prends une poignée de mes cheveux. Je les tresse et en fais une natte que je tends à ma sœur. Sur un morceau de papier, j'écris ceci :

N'oublie pas la douceur
De la conjonction de l'amour
Ces nuits qui nous virent toutes les deux
Enlacées sur un lit de roses.
Souviens-toi de nos corps mêlés
Et des joyaux de nos caresses
Dans l'écrin ouvert du plaisir
Nous avons joui sans entraves
Sans craindre le fouet.

Laïla et moi, nous nous sommes aimées de beaucoup de façon, sans savoir si c'était momentané ou éternel. Nos lèvres se sont dit des mots interdits. Nos regards s'habillaient comme pour la danse de l'amour et nous avons éprouvé les émotions de l'enfer. Lorsque nous étions rassasiées de jouissance, nous restions allongées l'une près de l'autre. Nous ne parlions pas. Nous étions juste là dans cette parcelle d'éternité et l'amour remplissait nos âmes. J'ai aimé enlacer ses rondeurs. Mes plus beaux jours ont été les nuits aimantées avec ma négresse d'amour. J'ai tellement bu le doux poison qui coulait de sa fente et elle m'a si souvent arrosée de son plaisir, que je ne peux lui en vouloir de recevoir d'autres émotions dans les bras d'une autre fille. Je sais qu'un jour, nous nous retrouverons là où se cachent les âmes sœurs. Il ne peut en être autrement.

« Connais-tu mon amie Laïla, la fille noire de peau ? je demande à ma sœur.

– Bien sûr, la fille de l'imam.

– Je n'ai pas le temps de l'avertir de mon départ. Donne-lui discrètement cette natte de cheveux et ce petit mot. Elle comprendra.

– Tu as ma parole, je les lui donnerai vendredi prochain à la mosquée. »

Ma sœur range la natte et le mot dans son soutien-gorge. Nous retournons chez ma mère qui sourit en me voyant habillée comme un enfant des rues. Elle n'a plus guère que ce sourire souffrant à offrir. Ses yeux sont posés sur moi avec amour. Il y a des regards qui caressent bien mieux que des mains. Quand je ne serai plus là, je sais qu'elle s'assiéra au bord de sa vie comme on s'assied au bord d'un fleuve de larmes. Je serre ma mère fort dans mes bras sans réussir à recoller les morceaux brisés en elle.

Verse tes larmes ma mère, mais ne pleure pas.

Les larmes des femmes ne sont pas faites pour remplir

les jarres d'Arabie.

« Quoi qu'il arrive, ne reviens jamais sur tes pas. Va, ma sœur, le ciel finira par te sourire. Et ne donne jamais à autrui le pouvoir de te faire du mal », me dit ma sœur. Elle me fait un signe de la main. « *Bs'lama*, au revoir. », lui dis-je. Mon regard est un adieu. Ma sœur le sait. Désormais, je suis bannie. Mon nom ne devra plus être prononcé en présence de mon père. J'arrime mon cœur au bleu des yeux de ma mère et mon regard emprisonne sa silhouette dans sa beauté triste. Mes habits sont amples et rien ne suggère mes formes féminines. Je pars, avec au fond de ma poitrine, les rêves dessinés par la jeunesse. Je suis celle qui va enjamber le monde.

Il est temps de tourner la page.

23

Dehors, j'entends *l'adhan*, l'appel à la prière qui nous rappelle cinq fois par jour que nous ne sommes rien d'autre que musulman. La voix injonctive du muezzin ondule de mosquée en mosquée. L'odeur de l'encens et les parfums de la foi saturent l'air. Les ors du crépuscule coulent le long des murs. La ville bouillonne et personne ne fait attention à moi. Je passe devant la *mederssa* où une chorale d'enfants récite les versets du Coran. La même *mederssa* accolée à la mosquée, là où le *taleb* touchait les fillettes. Plus loin, devant une maison à la fenêtre entrouverte, j'entends une femme taquiner son mari pour qu'il l'honore la nuit. Le mari lui répond : « On fera ça plus tard, quand les enfants dormiront. » Plus loin me viennent les cris d'une femme battue. Je passe devant la maison de Yasmina, la petite fille qui masturbait le *taleb*. Il faut que je le dénonce. J'ai peur. Mais si je ne le fais pas, ça ne se saura jamais. Et Yasmina gardera ça pour elle. Je ne veux pas qu'elle porte ce poids toute sa vie. Je connais ce silence qui tue les femmes. Alors, je retourne sur mes pas et toque à la porte de la maison. Une dame m'ouvre et me dit :

« Même habillée comme ça, je reconnais ta voix et tes beaux yeux. Tu es Shahrazade, la fille du boucher, n'est-ce pas ?

– Oui, c'est bien moi.

– Pourquoi portes-tu ces vêtements de garçon ?

– C'est une longue histoire, *lalla*, madame.

– Que me vaut l'honneur de ta visite, ma fille ?

– Il faut que je vous parle, *lalla*.

– Rentre ma fille. Je vais te préparer un thé et nous allons parler tranquillement. On ne va pas rester sur le seuil de la porte, tout de même.

– Ce n'est pas le moment de prendre le thé, *lalla*. Je suis très pressée et j'ai quelque chose à vous dire.

– Je t'écoute, ma fille.

– Votre fille Yasmina n'a pas le courage de vous avouer certaines choses très graves.

– Qu'aurait-elle à me dire de si grave ? Ma fille ne me cache rien.

– Le *taleb* de l'école coranique est un homme qui fait du mal aux enfants.

– Comment ça ?

– Il abuse de votre fille. Il l'oblige à le masturber.

– Tu te rends compte de ce que tu dis, Shahrazade ? Yasmina m'en aurait parlé.

– Votre fille a peur d'en parler. De grâce, ne la laissez plus aller à l'école coranique.

– Jure-moi que tu dis vrai.

– Je le jure sur le Coran. Je l'ai vu de mes propres yeux. Maintenant, je dois vous laisser. »

Je m'éloigne et passe par *la rue du Hasard*. Ensuite, j'emprunte l*a rue de la Déconvenue* puis *la rue du Pendu*. Ce sont deux rues sans maison et sans âme qui vive. Ensuite, je m'engouffre dans une rue orpheline de nom. On dit que cette rue porte malheur ; qu'elle est habitée par les djinns et que quiconque la traverse perd la vue ou devient fou.

Les gens sont superstitieux, et je sais que je ne rencontrerai personne dans cette rue.

Seulement, juste avant de franchir la dernière porte de la ville, j'entends quelqu'un prononcer mon prénom. C'est une voix de femme. Une mendiante avec de grandes lunettes noires, assise par terre, le dos contre le mur d'une mosquée en ruines dont seul le dôme aux dorures écaillées témoigne de la majesté d'antan. Comment cette mendiante connaît-elle mon prénom? Aussitôt, je pense à un piège. C'est peut-être quelqu'un payé par mon père pour m'avoir à l'œil. La vieille avait dit qu'on me surveillait et qu'on ne me quittait pas d'une semelle. Les espions, les mouchards, les petites frappes qui dénonceraient leur mère pour un billet ou deux, ce n'est pas ce qui manque. Alors, méfiance.

«Shahrazade! dit encore la mendiante.

– Tu me connais? je demande, en me tournant vers la voix.

– Approche-toi.»

Comment est-ce possible? Mais si, c'est bien *elle*; enfin, je veux dire *lui*. Le «pédé» comme on l'appelait. Le garçon-fille à qui on a brûlé les yeux. C'est bien Icham qui a échoué là, contre les murs lépreux de cette mosquée. Je m'approche et m'agenouille devant lui. Il enlève ses lunettes et je vois ses yeux fermés comme si les paupières avaient été recousues.

«Icham, je te croyais…

– Je suis encore vivante, Shahrazade.

– Comment as-tu su que c'était moi?

– Je t'ai reconnue au bruit de tes pas et à ton odeur.

– Où dors-tu, Icham? Tu vis comment? Raconte-moi.

– Je dors dans cette mosquée désaffectée qui va bientôt s'écrouler. Et je vis dans ma tête et de mendicité.

– Que puis-je faire pour toi? Dis-moi comment t'aider.

– J'ai perdu mes yeux et personne ne peut rien pour moi. En revanche, tu peux tout faire pour toi-même. Alors, sauve-toi Shahrazade.

– Comment sais-tu que je m'en vais ?

– Tu ne peux pas imaginer combien les aveugles développent d'autres sens. Ils regardent par-dedans et accèdent à ce qui refuse de se laisser voir. Je t'ai appelée juste pour te dire adieu. Maintenant, relève-toi et continue ton chemin. Va et agis comme s'il était impossible d'échouer. Et n'oublie pas que les jambes d'une femme peuvent parcourir le monde et le mettre à genoux. Que les vents du bonheur t'emportent. »

Je me sens impuissante. Je ne peux rien pour Icham. Encore moins lui rendre ses yeux morts. Je sors discrètement quelques billets que je glisse dans sa main. Puis, je m'éloigne à bas bruit. Quitter les siens est parfois la meilleure chose à faire pour ne pas les détester davantage. Ce soir, ce sera *la nuit du doute*. Les savants observeront le ciel pour définir la date qui clôturera la fin du ramadan.

Demain, à l'aube, je serai loin.

24

Ce ne serait pas bien de ne pas tout vous dire. Alors, je me retourne vers cette lointaine région de mon passé. Je caresse les rebords de ma mémoire. Et j'en viens à la suite du récit.

La nuit commençait à se jeter sur la ville. J'étais habillée en garçon, dans des vêtements suffisamment amples pour masquer mes hanches qui n'étaient plus tout à fait innocentes. Ma poitrine bandée ordonnait la discrétion à mes seins. J'avais quitté ma ville avec assez d'argent pour voir venir. J'ignorais où mes pas me mèneraient, mais je savais qu'ils me sortiraient de là où j'étais. Rien n'avait plus d'importance que sauver ma peau. Il fallait m'éloigner vite avant que ne se propagent les bruits de mon absence. Je voulais aller loin, et même loin me semblait trop près. Je n'étais pas la seule à la recherche de là où s'ouvrent les portes de la liberté. Beaucoup de filles avaient essayé avant moi. Certaines avaient réussi. D'autres s'étaient brûlé les ailes. Moi, j'avais la folie de croire que j'allais y arriver. De toute façon, c'était trop tard pour faire marche arrière. Et s'il fallait en payer le prix, j'étais prête à payer de ma vie. Je préférais mourir plutôt que rebrousser chemin.

Et puis, à Dieu vat.

*

Les dernières taches de lumière se laissaient boire par le crépuscule. J'arpentais la nuit en imaginant mon père demander : « Elle est où l'autre ? » J'entendais ma mère lui répondre : « Elle est partie sans laisser d'adresse. » Ma mère n'aurait rien dit de plus, mais elle aurait payé cher son silence. Mon père serait entré dans une colère sans nom. Son orgueil aurait réclamé réparation. Pour se protéger des vents du scandale et ne pas rembourser l'argent qu'il avait perçu pour les deux premières tranches de ma dot, il aurait tout fait pour me retrouver. Il aurait donné à la police les informations me concernant. Pour laver son honneur, il aurait lancé une fatwa contre moi et lâché ses chiens religieux à mes trousses. Ses faucons m'auraient reconnue et, du haut du ciel, auraient plongé leur silhouette sombre sur moi. Mon pays n'est pas maudit, ce sont nos hommes qui le sont.

« Une fille forte ne recule devant rien », me disais-je. Seulement, je n'avais rien pour me défendre si je rencontrais quelqu'un de mal intentionné. Même habillée en garçon, je n'étais à l'abri de rien. On pouvait me violer et m'abandonner. M'égorger et me laisser dans mon sang. Toutes les horreurs me passaient par la tête. Mon cœur battait le sang de la peur. À bride abattue, mes pieds couraient et ma tête disait à mes pieds : « Plus vite ! » Je sentais une force invisible me pousser dans le dos, c'était l'espoir d'échapper à mes prédateurs qui me disait : « Cours Shahrazade ! » La distance parcourue avait fait disparaître la ville derrière moi. Croyant à ma bonne étoile, je courais encore plus vite. J'avançais d'un pas en sachant que je pouvais reculer de cent. «Tiens bon!» me répétais-je, en priant les forces du ciel pour qu'elles me viennent en aide. Ce jour-là, je m'étais mise à croire en Dieu un peu plus que les autres jours. Je me suis même surprise à parler à celui à qui on ne parle pas; je lui ai dit : «cher Satan, faites qu'on ne me rattrape pas.»

Le désert est un monde où l'on marche au bord de sa propre mort. La poussière dansait sous mes pieds et montait se coller à mes lèvres et mes yeux. Le vent chaud et cruel chahutait le bas de mon saroual. Le désert s'étalait devant moi comme une étendue d'eau. Je rêvais d'une oasis ornée de palmiers où ruissellerait une fraîcheur bénie. Je repoussais mes limites; et pour me convaincre, je me disais : «Je n'ai peur de rien.» Puis, essoufflée, j'ai arrêté de courir. Je ne savais plus depuis combien de temps je marchais. Un jour ou deux? Peut-être plus? Je transpirais et sentais la sueur. J'avais faim. Ma bouche était sèche. Je priais pour que le désert ne devienne pas ma tombe. Soudain, j'ai senti que ça coulait entre mes jambes. Je ne sais pas si c'était la peur ou les caprices des astres, mais mes règles étaient là une semaine plus tôt. Mes membres hurlaient de douleur. J'avais les pieds en sang et m'enfonçais dans le sable comme dans de la boue. J'ai encore marché jusqu'à ce que mes jambes flageolantes ne puissent plus me porter. J'avais présumé de moi-même. J'ai senti mon corps se vider de ses forces. Finalement, la fatigue s'est montrée la plus forte. Épuisée, je me suis évanouie dans le sable.

Lorsque je suis revenue à moi, j'ai entendu la voix d'un homme qui me disait : « Salam mon frère, ça va?» J'ai cru que j'avais été rattrapée par les nervis de mon père. J'imaginais le pire et n'osais ouvrir les yeux. J'avais peur d'avoir fait tout ce chemin pour rien. Mais Dieu n'avait pas dit son dernier mot. J'ai répondu à l'homme du sable : « Ça va *hamdou'Allah*, grâce à Dieu. Que le salut soit sur toi.» J'étais vivante et étendue là, à la merci de cet homme. J'avais la joue contre le sable qui me brûlait la peau. Je sentais ma tempe battre aussi vite que mon cœur. La voix s'est penchée sur mon visage et m'a dit : « N'aie pas peur, tu ne risques rien.» J'ai entrouvert les yeux. Mon regard s'est rivé sur l'homme. Sa peau était tannée par les humeurs du soleil. Il était habillé en homme bleu et les traits de son visage appartenaient au sable. Toujours sur le qui-vive, j'ai fixé sa figure dévorée par une barbe qui glissait jusqu'à sa poitrine. J'essayais de ne pas montrer que je tremblais. Mais l'homme a lu la peur dans mes yeux.

«Rassure-toi, mon frère, a-t-il dit. Je ne suis pas un fou d'Allah.

– Pourquoi tu portes une si longue barbe? ai-je demandé d'une voix à peine audible.

– Pour me confondre avec les autres. N'aie crainte, je n'ai rien à voir avec les barbus de la honte.»

En entendant ça, j'ai compris que je faisais face à ma bonne étoile. Mon optimisme prudent s'est mû en soulagement. «Relève-toi mon garçon.», m'a dit l'homme. Il était inoffensif si j'en jugeais à la douceur de son regard. Ses yeux disaient qu'il n'était pas comme les autres.

Les élans du destin avaient mis sur ma route cet homme polygame accompagné de ses trois femmes. Ils avaient cinq chameaux et une mule qui portait des provisions. «Toi tu es béni du ciel, m'a dit l'homme. Tu serais mort si je n'étais pas passé par là. Mais que fais-tu en plein désert à mille lieues de la ville la plus proche?» Cela voulait dire que j'étais déjà loin. Mes jambes n'avaient pas mesuré la distance parcourue. J'étais toujours allongée et mon saroual était remonté jusqu'aux genoux. L'homme a vu un filet de sang à l'intérieur de mes jambes. «Tu es blessé, mon garçon?», m'a-t-il demandé, en s'approchant de moi pour voir d'où venait le sang. Aussitôt, j'ai ramené mes jambes sous moi.

J'ai repoussé l'homme d'une main et lui ai dit : «C'est rien, il y a beaucoup d'herbes méchantes. J'ai dû m'accrocher à des ronces.» Cette fois, lorsqu'il m'a entendu parler plus fort, l'homme m'a dit :

«Tu as une voix de fille !

– Je suis une fille !

– Pourquoi es-tu habillée en garçon ?

– C'est trop long à expliquer.

– Où sont tes parents ?

– Que Dieu ait leur âme.»

J'avais appris qu'il ne fallait jamais rien dire avant de savoir à qui l'on a à faire. À beau mentir qui vient de loin ; j'ai alors brûlé mon passé et changé mon histoire. Je ne m'appelais plus Shahrazade, mais Zaynab, comme l'une des filles du Prophète. L'homme voyait que j'étais à bout de force et que je ne tenais plus sur mes jambes. Il m'a donné à boire et à manger et m'a demandé :

«Tu n'as pas de frères... de sœurs... d'oncles ou de tantes ?

– Je suis seule sur terre.

– Je m'appelle Hassan. Mais appelle-moi le poète du désert.»

Pour qu'il me prenne en pitié, la première chose qui me vint en tête fut de lui dire : «Je suis orpheline et je ne sais où aller.» Après tout, des orphelins il y en a partout. Des parents morts aussi. Sinon, il suffit de les inventer. C'est ce que j'ai fait.

«Que puis-je faire pour toi ? m'a demandé Hassan.

– Emmène-moi. Je t'en supplie. Ma vie en dépend.

– La main du hasard s'est penchée sur toi. On ne peut rien refuser à une orpheline. Je ne peux pas te laisser seule, ici. Il peut t'arriver n'importe quoi.

– Tu en seras remercié pour l'éternité.

– L'éternité est éphémère.

– Que veux-tu dire ?

– Que je n'accorde pas d'importance à l'éternité. Seul

le présent compte. Qu'est-ce que tu me donnes en échange du service que je te rends ?

– Tout ce que tu veux. Sauf ce que tu crois !

– Je ne pense à rien de mal, ma sœur.

– Moi non plus.

– Je vais voir ce que je peux faire pour toi. Mais c'est très risqué.

– Pourquoi risqué ?

– Je t'expliquerai plus tard. »

Il avait beau me prendre en pitié, les affaires étaient les affaires.

« Tout a un prix ma sœur, me dit Hassan. On parle argent maintenant ou maintenant ?

– Maintenant, puisque tu me laisses le choix.

– Combien as-tu sur toi ?

– Pas grand-chose.

– C'est combien pas grand-chose ?

– Deux mille rials.

– Trois mille et l'affaire est conclue.

– Je n'ai que deux milles. C'est à prendre ou à laisser. Je te donne la moitié maintenant et le reste à la fin du voyage.

– Allez va pour la somme.

– Que Dieu te garde.

– Affaire conclue et que ça reste entre nous. »

Maintenant qu'Hassan sait que je suis une fille, je pose une exigence pour qu'il garde ses distances.

« Avant de te donner l'argent, lui dis-je, promets-moi que tes mains resteront à leur place et que nous voyagerons comme frère et sœur. Jure-le.

– Je ne peux pas jurer, ma sœur.

– Pourquoi ?

– Parce que chez moi, la poussée intérieure vers le Divin n'a jamais eu lieu. Je ne crois pas en Dieu. En revanche, tu as ma parole que ma main n'ira jamais visiter les endroits qu'il ne faut pas. Je te promets aussi qu'il ne t'arrivera rien tant que tu seras sous ma protection. Maintenant, dis-moi où tu veux aller.

– Plus loin que l'horizon.

– Je n'ai pas les clés de l'horizon. Je m'arrête au bord.

– Alors, j'irais seule par-delà l'horizon.

– Bon, écoute-moi bien. À partir de maintenant, considère que tu es mon jeune frère. Ne dis surtout pas le contraire si on croise quelqu'un. Il nous arrivera peut-être de rencontrer des caravanes de négociants ou, pire encore, les policiers du désert déguisés en nomades. Méfions-nous de tout le monde car nous ne sommes pas vraiment dans la légalité.»

Légalité ou pas, je m'en moquais. Ce qui m'importait était qu'il me prenne avec lui. Hassan me dit que la progression sera lente. Et que là où nous allions se trouvait à sept jours de marche à dos de chameaux qu'on appelle les *bateaux du désert* parce qu'on tangue une fois assis sur la monture. «Allez! En selle, ma petite houri», me dit Hassan, en m'aidant à monter sur le dos du chameau.

*

Nous sommes en bordure d'un mois d'août qui souffle ses plus cruelles touffeurs. Pour éviter le raz-de-marée des rivières de lumière chaude que déverse le ciel et qui écorche nos peaux, nous partons aux premières lueurs rosâtres du Couchant. L'odeur de la nuit promet beaucoup de sueur pour le lendemain. Il faut se méfier de la meurtrière beauté silencieuse de ces étendues de sable. Sous les ors de son soleil et son calme mouvementé, le désert est un monde sans pitié. Les trajets sont périlleux et la mort vous appelle de partout. Le désert se défend des hommes, et ne survivent dans ces contrées arides balayées par des vagues de feu que les esprits habitués aux conditions de vie extrêmes. Des hommes forts qui connaissent chaque dune par son prénom et se déplacent les yeux fermés en tutoyant les étoiles.

Au point du jour, nous jetons l'ancre et mettons pied à terre dans cette mer de sable. Nous plantons les tentes avant que le ciel ne hisse son soleil. Sur son trône, l'adagio de l'été règne sur toute autre saison. Les cinq chameaux plient leurs genoux, se reposent et ruminent toute la journée. De part et d'autre de leur monture, les bêtes portent des outres en peau de chèvre remplies d'eau. Si l'on venait à en manquer, il ne resterait plus que le lait et l'urine de chamelle à boire.

Lorsque le soleil, comme tiré par une ficelle invisible, a basculé de l'autre côté de l'horizon et que la nuit a déployé sa parure d'étoiles insomniaques, nous plions les voiles de nos tentes et préparons nos montures pour repartir à l'assaut des dunes. La nuit, le désert est un autre monde. Hachés par le vent, viennent à nous les grondements féroces des animaux sauvages qui s'apprêtent à s'emparer du désert. Aux premiers poudroiements du crépuscule, les hyènes s'annoncent avec leurs cris stridents. La végétation est rare. Nous marchons là où presque rien ne pousse, si ce n'est quelques *sumps*, les dattiers du désert, des cactus et des buissons sauvages. Seuls survivent quelques gazelles, des oryx, des chats de sable et des lézards fouette-queue. Tout ce qui bouge est une menace. Chaque pas est un piège. Les scorpions cherchent leurs victimes. De temps en temps, j'enjambe la mue d'un serpent. Dans le désert, les bruits de la nuit changent. La méfiance aux aguets, je sursaute au moindre grognement. Hassan se moque de moi : «Voyons, tu es un garçon ! Et un garçon n'a peur de rien ! » Le poète du désert lève les yeux vers les petites perles lumineuses cousues dans le vide des Cieux. Il sait lire les étoiles, et reconnaît les odeurs et les bruits de la nuit. Il n'a pas besoin de boussole. Ce sont les pas feutrés des étoiles qui lui donnent la direction de là où nous allons. Elles sont si nombreuses à être incrustées dans les vitraux du Ciel qu'on dirait qu'elles ont été semées par poignée à la Création et qu'il suffirait de tendre la main pour les cueillir. La lune d'été nous offre son galbe ; elle est si basse qu'on la sent se frotter à nous. Dans la nuit d'orbes, Soraya, l'une des filles, pointe du doigt le ciel et me dit : « Regarde là-haut. Sais-tu qu'il y a une étoile qui veille sur chacun d'entre nous ? »

*

Il faut que je vous dise qui sont vraiment les gens avec lesquels je suis. Au fil de notre marche, les langues se délient et j'apprends qu'Hassan mène ses femmes comme on mène un troupeau au pâturage. « Nous sommes des garces déguisées en belles âmes », me dit Soraya. C'est la première femme arabe que j'entends parler aussi librement. Elle dit ce que les autres femmes de mon peuple n'osent pas dire. Soraya m'explique qu'elle et les autres filles sont des prostituées qui font le tour de la péninsule arabique. D'une beauté incendiaire, Soraya est experte dans les choses du sexe. La trentaine, elle a des cheveux noirs et ondulés qui descendent jusqu'aux hanches. Les yeux de la vie lui en ont fait voir de toutes les couleurs. Ces choses-là se voient sur le visage. La vérité peut mentir, jamais le regard d'une femme.

Hassan et ses femmes ne sont pas aussi croyants que je le pensais. Je m'aperçois de leur tiédeur religieuse au moment où je m'apprête à faire mes ablutions avec du sable avant de faire ma prière, ce qu'autorise le Coran quand il n'y a pas d'eau. Au vrai, Hassan remet en cause la véracité des Écritures. Au début, je pensais qu'il était mesuré sur la religion, jusqu'à ce qu'il sorte un thermos. Mais ce n'est ni du café ni du thé. C'est du vin. Il en sert un verre à chacune de ses femmes.

« *Bismillah*, dit Hassan avant de boire.

– Tu es vraiment musulman ? je lui demande.

– Ça se voit, non ?

– N'est-ce pas péché de dire *bismillah*, au nom de Dieu, avant de boire du vin ?

– Le vin, c'est le sang des poètes.

– On dit qu'il ne faut pas manger de cochon ni boire d'alcool.

– Depuis que Dieu est Dieu, le vin coule dans toutes les gorges, y compris celles des Arabes. Sache que, quelle que soit l'époque, il ne faut jamais faire confiance aux religieux. Si tu lis bien le Coran, tu ne verras nulle part écrit que le vin est interdit. C'est l'ivresse qui est à éviter. Voilà la vérité.

– Et le cochon ? Pourquoi on ne mange pas de porc ?

– Tu as raison de poser cette question. Ce n'est pas en terre d'Arabie que tu entendras sonner les cloches d'une église et que tu verras des élevages de porcs.

– Parce que le cochon est sale ?

– Certains le prétendent. D'autres disent que c'est parce que c'est le seul animal incapable de défendre sa femelle. La vérité, c'est que le cochon est très proche de l'homme. Et en manger reviendrait à manger de l'humain. »

Nous sommes là où se déploient les plus belles aurores. Lorsque la nuit courbe le jour, Hassan et ses filles boivent du vin et mâchent des feuilles de *nah nah*, de menthe, pour ne pas être trahis par leur haleine si l'on croisait quelqu'un. Une des filles boit et n'y va pas de main morte. Elle s'aperçoit que je la regarde avec de grands yeux. Elle se tourne vers moi, me fait un clin d'œil complice et me dit : « Au diable les parangons de vertu. Nous sommes musulmans et nous buvons de l'alcool. Nous avons un pied dans la religion et l'autre dans la luxure. Dieu est libre d'attribuer Son châtiment à ceux qui Lui déplaisent. »

Hassan se resserre du vin dans son pot en terre et fredonne :

« Je suis Hassan l'apostat. Je suis le mécréant. Je suis

celui qui a fait le deuil des promesses célestes. Je ne suis pas de ceux qui passent leur temps sur un tapis de prière. Je leur laisse leur obsession religieuse. Et puis, Dieu n'est pas logé au-dessus de nous. Il n'est pas là où l'on pense.

– Où est-Il ?

– Dieu habite le cœur des hommes.

– Tu ne crois pas aux Saintes Écritures ?

– À supposer que ce qui est écrit soit vrai, je suis libre de penser ce que je veux. Moi l'Arabe au prépuce coupé, je le dis comme je le pense. J'ai d'autres chats à fouetter que de m'occuper de religion. Je suis farouchement opposé à toute forme de croyance. Je suis un *sans-foi* qui n'adhère à rien. Je fais comme les autres et je fais semblant de croire.

– Heureusement que personne ne nous entend.

– Crois-moi, ceux qui prêchent n'en savent pas plus que toi et moi. J'ai appris le Coran par cœur, mais pas avec le cœur. Et j'ai fini par rejeter tout héritage religieux pour ne pas avoir à le transmettre.

– Pourtant on dit que notre religion est la meilleure.

– Aucune religion n'est supérieure à une autre. Le Coran et la Thora sont comme deux amants fâchés. Un jour on les surprendra sous la même couverture.

– Tu ne fais pas la prière ?

– La prière ne sauve personne, ma sœur.

– Ça ne te fait rien lorsque tu entends la voix du muezzin ?

– Les appels à la prière rendent les aubes navrantes. »

Hassan se sert du vin et ajoute :

« On devrait plutôt lire de la poésie et danser dans les mosquées.

– Je n'ai jamais rencontré quelqu'un comme toi. Tu es complètement athée, alors ?

– Disons que je suis un musulman sans islam. Ou si tu préfères, je me suis *démusulmanisé*. J'en ai eu assez de voir la religion partout : dans la mosquée, à table, dans les cafés, dans les tribunaux et même au lit. Crois-moi, les religions d'État ne sont pas une bonne chose. Et moi, lorsque la poésie est entrée dans ma vie, Dieu en est sorti. À vrai dire, je crois à une force supérieure qui n'est pas forcément Dieu. La poésie, c'est peut-être elle qu'on appelle Dieu. Un seul poème me fascine davantage que tous les prêches de nos imams. Toutes les religions sont des fictions. Et si ça ne tenait qu'à moi, je convertirais le monde à la poésie.

– Tu aimes tant la poésie ?

– C'est la revanche sur tout ce que Dieu nous a caché. La poésie c'est ma patrie.

– Et Dieu ? Tu y crois, au moins ?

– La réalité, c'est qu'il n'y a pas de Dieu. Mais si un jour je devais louer Allah, ce serait pour une seule chose.

– Laquelle ?

– D'avoir fait les femmes arabes si belles. C'est une bénédiction pour la terre. Et en te regardant, je trempe mes yeux dans la beauté et tous mes péchés s'effacent.

– Au dernier étage du ciel, les houris sont encore plus belles. Il y en a soixante-douze promises pour chaque musulman au Paradis.

– Les houris, c'est le rêve musulman. Ces vierges célestes, fournisseuses de jouissance, constituent le meilleur argument en faveur de l'islam. Si tu veux mon avis, il faudrait *déviriliser* la religion. Nous autres Arabes, ne pensons qu'au sexe. Nous sommes un peuple qui traîne ses frustrations dans la tête et qui, à force, en devient obsédé. Les hommes d'ici ont un problème : il est entre leurs jambes. Et qu'on ne me parle pas du Paradis et de ses houris, c'est la foire aux putes célestes. C'est la promesse d'une grande partouze divine. Je laisse aux autres les images mentales de ces êtres qui redeviendraient vierges grâce à un hymen qui se régénèrerait après chaque rapport sexuel. Entre nous soit dit, je ne crois pas que me réclament à cor et à cri ces houris promises dans l'au-delà. Je doute que ce troupeau de putes sacrées m'attende en cuissardes vernies, vêtues de petites dentelles et cuisses écartées pour une jouissance pieuse et éternelle. Méfions-nous des mensonges du Paradis. Nous n'avons vu du ciel que son ventre. Qui connaît son dos ? L'envers du décor n'est peut-être pas ce que nous pensons.»

Hassan est un provocateur. Je ne sais pas s'il pense vraiment ce qu'il dit.

«Donc, tu ne crois pas au Paradis ?

– Mais qu'est-ce que j'irais faire sur les jetées du Paradis ? Si l'Eden existe, j'en forcerai les portes pour visiter les vignes couvées par Celui qu'on appelle Dieu. Pour l'instant je préfère les poètes arabes qui célèbrent le vin et le sexe.»

Hassan boit encore quelques gorgées de son vin et me demande :

«Sais-tu lire ?

– Oui.

– Connais-tu Al-Khamriya qui fait l'éloge du vin ou Abû-Nuwâs ce poète érotique et bachique, ce libertin, ce chantre de la joie de vivre ?

– Non, mon frère.

– Je t'offrirai leur livre lorsque nous serons arrivés à destination.»

Après les propos blasphématoires qui viennent d'être tenus, je préfère ne plus rien dire. Même si je suis croyante, je suis tolérante. Hassan est libre de croire ou pas. La foi est une affaire personnelle. Et moi, j'ai le droit d'être musulmane et d'aimer les filles. Après tout, comme vient de le dire le poète du désert, personne ne sait ce qui nous attend dans l'au-delà. Depuis le terrestre, nous ne connaissons rien du Céleste. Que savons-nous des délices du Paradis ? Peut-être que les Cieux ne tiendront pas leurs promesses !

Alors que nous parlons, la colère du désert se fait soudain entendre. Hassan reconnaît le mauvais vent et rectifie le *keffieh* sur sa tête. C'est une tempête de sable qui s'annonce. Les volutes fouettent nos silhouettes et griffent nos visages. On entend le vent bourdonner comme quand on souffle dans la corne d'ivoire d'un éléphant. Le simoun carillonne et devient fou. La tornade s'emporte. Des colonnes de poussière s'élèvent et effacent l'horizon. En peu de temps, la tempête nous habille de sable. Tout à l'heure, nous avancerons à l'aveugle. Je prie pour que les bourrasques furieuses soufflent encore plus fort, effacent mon odeur et égarent les traces de mes pas. Oh, mon Dieu, faites que l'adversité des vents fasse rebrousser chemin à ceux qui seraient à mes trousses. Hassan se sert un dernier verre de vin et me demande si je veux goûter. Je me souviens alors des mises en garde de ma mère : « N'accorde ta confiance à personne. Méfie-toi de la face cachée des gens. N'oublie pas que le sel et le sucre sont tous les deux blancs. » La méfiance, c'est comme une bougie qu'on allume pour voir où l'on met les pieds. Si je bois du vin et que la tête me tourne, Dieu seul sait ce qui pourrait arriver. Je remercie Hassan et lui dis non de la tête. Il sourit et n'insiste pas.

*

Il manquerait quelque chose à l'histoire si je ne vous disais pas toute la vérité. J'apprends les choses de la bouche de Soraya lorsqu'elle se tourne vers moi et me demande :

« Tu faisais quoi avant, ma sœur ?

– Je travaillais dans les champs. Et toi ?

– Moi, je suis *la fille qu'on appelle*.

– On t'appelle pour quoi faire ?

– Devine.

– Je ne sais pas.

– Eh bien, je suis *Madame j'écarte les cuisses*. Je fais le plus vieux métier du monde. Celui qui date du commencement des temps, si tu vois ce que je veux dire.

– Femme au foyer ? dis-je, sur un ton faussement innocent.

– Dieu m'en garde ! Je suis une femme de mauvaises mœurs. Je gagne ma vie en vendant l'intérieur de mes cuisses. Je fais la *kah'ba*, la pute. Je me fais baiser pour de l'argent.»

Elle dit *pute* et *baiser* et ça me choque. Pourtant, ce mot est sorti plusieurs fois de ma bouche. Le mot pute est très vulgaire en arabe ; et ce mot-là, je ne l'ai jamais aimé dans ma langue. Ce mot n'est beau dans aucune langue. Au vrai, ça n'existe pas les putes. Il y a juste des femmes qui ne peuvent faire autrement. «Je vends mon corps, continue Soraya. Je n'ai besoin de dire merci à personne. C'est la fente entre mes jambes qui me donne à manger. Nous sommes putes de mère en fille. Dans la lignée de ma mère, une pute engendre une pute. Dès le berceau, nous écartons les cuisses. Le jour de ma naissance, ma mère m'a dit : "Tu seras une pute, ma fille." J'ai commencé la prostitution à seize ans et j'en ai trente aujourd'hui. C'est ma mère qui m'a appris les ficelles du métier. Elle m'emmenait chez ses clients les plus gentils et elle attendait dans la chambre d'à côté. Pendant ce temps, je taillais des pipes aux clients.

– Tu veux dire des fellations ?

– Tu n'y es pas, ma jolie. Une pipe et une fellation, ça n'a rien à voir.

– Je croyais que c'était *kif-kif.*

– Pas du tout. Une femme mariée fait une fellation à son mari. Une pute, ça taille des pipes à ses clients. Une pute n'avale pas. Une pute ne se laisse pas embrasser sur la bouche par son client. Une pute, ça suce et ça branle pour de l'argent. Tu comprends la différence ?

– Oui, je comprends.

– Quand j'avais fini de sucer le client, j'appelais ma mère qui terminait le travail. Sur le chemin du retour, on faisait moitié-moitié avec l'argent qu'on avait gagné. Elle a toujours été réglo ma mère, et elle faisait la même chose avec mes sœurs. C'était notre mère-maquerelle. Pour le premier client qui m'a déflorée, on avait touché gros. C'est normal, ça se paie au prix fort la virginité. Par la suite, quand un client réclamait une *intouchée*, ma mère coupait du foie de volaille en petits morceaux que j'enfonçais dans mon vagin. Elle m'emmenait dans la chambre d'hôtel où l'homme m'attendait. Il me baisait et le foie de volaille tachait les draps de sang.

– Les clients ne se posaient pas de questions ?

– Dieu merci, personne ne s'est jamais rendu compte de la supercherie. Bref, ça marchait et à chaque fois on touchait un paquet d'argent. Je ne vais pas rentrer dans le détail, mais, crois-moi, j'en ai vu défiler des hommes. Je ne compte plus les clients qui viennent acheter dans mon ventre le plaisir qu'ils n'ont pas ailleurs. Je leur vends ce que leurs femmes leur refusent.

– Et que refusent-elles ?

– La sodomie, par exemple.

– J'ai connu une fille qui aimait ça.

– Il y a des femmes qui aiment et d'autres pas. Beaucoup d'entre elles aimeraient essayer, mais n'osent pas à cause de la religion. Leur anus est protégé par la cloison de la piété. Le Coran interdit cette pratique, et ça frustre les maris. Alors ils viennent chez moi. Mais pour ça, je leur fais payer le prix fort. Même s'ils s'en défendent, les hommes adorent ça. Tu sais, depuis toujours, les mâles traînent les mêmes envies. Ils sont volages, s'en défendent de cent façons mais le prouvent de mille. Il n'y a qu'une pute qui connaît vraiment les travers masculins.

– Tu sais Soraya, tu n'es pas obligée de me dire tout ça.

– Tu as l'air tellement fragile. Ton innocence me touche et j'ai envie de te raconter ce que peut être la vie de certaines femmes. Ne sois pas choquée par mes mots crus, c'est la vie qui m'a rendue comme ça. La vie est crue.

– Je ne suis pas choquée, Soraya.

– La vie est un long couloir bordé de mille portes, et on n'est jamais sûr d'ouvrir la bonne. Moi, je fais la pute et je sais qu'Allah est indulgent. Je suis certaine qu'Il m'a déjà pardonnée, même si je mélange le sperme et la prière. Et si tu veux savoir, je me sens bien plus proche de Dieu que beaucoup de nos prétendus religieux avec leur foi de surface. Il n'y a pas plus faux que ceux qui revendiquent tout haut leur religiosité. Ils boivent en cachette, raffolent de la sodomie, fréquentent les putes et se disent des saints parce qu'ils ont effectué leur pèlerinage à La Mecque. C'est ceux-là même qui te reprocheront tes goûts sexuels et te puniront pour ça.»

*

Ça fait maintenant plusieurs jours que nous marchons et n'avons croisé personne. C'est de bon augure. À une halte, Soraya vient s'asseoir près de moi. De sa lueur tremblée, une lampe à huile caresse nos silhouettes. Soraya et moi reprenons notre conversation comme si nous venions de l'interrompre. Je la fixe et l'éclat de ses beaux yeux éclaire à lui seul la plus sombre de toutes les nuits.

«Tu dis que tu fais la pute et pourtant tu ne rates aucune prière, lui dis-je.

– Je suis née dans le berceau des impures et je suis une religieuse scandaleuse. Autrement dit, je suis une putain qui prie pour me purger l'âme dans Dieu. Mon corps n'est pas mon âme. Je suis pute le temps de la prestation. Je vends mon corps aux hommes et mon âme est offerte à l'Éternel. Et je lis le Coran entre deux clients.

– Tu vas te marier, un jour? Et avoir des enfants?

– Me marier moi, tu m'as bien regardée? Pour quoi faire? Le ménage et écarter les cuisses quand le mari le demande? S'occuper de la maison en attendant que monsieur rentre et faire comme si tout allait bien? Il faut être idiote pour accepter ça. Si j'avais dû épouser toutes les queues qui m'ont enfourchée, je serais mariée un nombre incalculable de fois. Le vrai amant est celui dont le cœur est cousu au tien, mais je ne l'ai pas trouvé. Et puis tu sais, je crois que le mariage est une imposture : on se fait croire que l'amour existe. Sache que les femmes les moins trahies sont les prostituées. Elles connaissent les hommes et ne s'y attachent jamais.

– Tu as l'air désabusée.

– Comment ne pas l'être avec tout ce que je vois et j'entends.»

J'avais l'impression que Soraya me racontait la vie de ma propre mère.

«Tu sais ma sœur, poursuit Soraya, je crois bien qu'on se marie pour se rendre la vie difficile. Le mariage est la pire des solutions. Les hommes nous aiment par procuration, c'est tout.

– Comment ça, par procuration?

– Ils nous aiment à travers leur sexe. Crois-moi, il faut être intensément naïves pour croire que le couple est le lieu du bonheur. Et puis, aucun homme ne voudrait être le père des enfants d'une pute. Une fille qui va d'homme en homme n'est bonne pour aucun homme. Pour l'instant, je suis l'épouse de Satan. Et j'ai déjà une fille.

– C'était un accident, ta fille?

– Pas du tout! Je l'ai désirée dès le premier instant. Un jour, j'ai rencontré un riche client des Émirats. Il était beau comme un Dieu. Je savais qu'il était propre sur lui. Ce n'était pas le genre à propager des maladies. Ce jour-là, j'étais dans ma période d'ovulation et j'ai couché sans protection. Je suis tombée enceinte et je n'ai plus jamais revu le père de ma fille. De toute façon, je ne voulais pas d'homme.

– Pourquoi?

– Une femme qui gagne de l'argent n'a pas besoin d'homme dans sa vie.

– Où est ta fille?

– Je l'ai confiée à ma mère qui ne pratique plus, maintenant. Elle l'a bien méritée. Ça use la prostitution. C'est elle qui s'occupe de ma fille quand je travaille.

– Puisque tu es issue d'une lignée de prostituées, ta fille va suivre le même chemin?

– Certainement pas! Ma fille s'appelle Nejma. Ça veut

dire étoile. Et une étoile ne fait pas la pute. Ma fille va à l'école et fera des études aussi longtemps que possible. Si Dieu le veut, elle sera médecin. J'ai assez d'argent pour l'envoyer à l'étranger dans les meilleures universités et elle parlera plusieurs langues. Je lui achèterai un cabinet médical en Amérique ou en Europe. Avec ce qu'elle gagnera, elle pourra s'acheter ce qu'un mari ne pourra jamais lui offrir. On l'appellera "docteur" et on la respectera. Et personne ne saura que la Doctoresse Nejma est la fille d'une pute.»

Soraya accepte le verre de vin que lui tend Hassan, et poursuit :

«Revenons au mariage, me dit-elle. Sache qu'il y a toujours pire qu'une pute dans la vie.

– Qui donc ?

– Un homme qui te vole ta liberté et te frappe ! Crois-moi, il y a des hommes à qui une femme n'a rien à dire, sauf : "au revoir !" Si c'est pour être flagellée, ça je peux le faire toute seule. Tu sais, beaucoup de femmes rient le jour de leur mariage, sans savoir qu'elles vont pleurer le lendemain. Malheureusement, il y en a qui s'habituent aux coups et finissent par prendre les bleus sur le corps pour de l'amour. Et il y a les autres femmes, et j'en fais partie.

– Lesquelles ?

– Celles qui ne craignent pas l'amour, mais ceux qui vous frappent au nom de cet amour. Car c'est toujours au nom de l'amour que les femmes acceptent d'être frappées. C'est au nom de ce même amour qu'elles subissent, se taisent, et se laissent berner par la possibilité d'être aimées. Les femmes ont un besoin irrépressible d'amour, contrairement aux putes qui savent qu'il faut justement s'en méfier. Alors moi, ma liberté, je la paie de mon corps. Je me détache de Dieu pour entrer dans mon rôle d'ouvrière du sexe. Et je cesse mes activités pendant le ramadan où c'est *ah'ram*.»

Soraya m'explique que le ramadan n'est pas la meilleure

période pour ses affaires. «Le jeûne ramollit les hommes», dit-elle. Pendant ce mois sacré, personne ne voit en elle une fille de joie, mais une croyante qui fait l'aumône pour œuvrer à son salut. Soraya est musulmane et généreuse certes, mais avant tout une redoutable femme d'affaires. Elle a les pieds sur terre. Elle a fait construire des maisons qu'elle loue. «Je suis pute et je ferai ça jusqu'à la fin de ma beauté, me dit-elle. Tu sais, le temps, ce morceau d'éternité, c'est le pire ennemi des femmes. Les hommes préfèreront toujours les seins durs et les fesses fermes. Quant à moi, lorsque je serai ridée et que les clients ne voudront plus de moi et que j'aurais amassé assez d'argent pour voir venir, j'arrêterai le métier et je vivrai de mes rentes. Je laisserai ma chatte vaquer à un repos bien mérité. Je ferai mes prières et m'abstiendrai de sexe. Ma fréquentation assidue de la mosquée camouflera mon passé et effacera mes péchés. Pour l'instant, je me donne à tous les hommes, mais mon cœur appartient à ma fille.»

*

C'est notre dernière nuit de marche sous un ciel noué d'étoiles. Le voyage a été rude. Même les chameaux et la mule commencent à souffrir. Nous nous approchons des lumières incertaines de la ville. Je suis à l'orée de la liberté. Elle est à portée d'étreinte. Avant de remonter sur les chameaux pour reprendre notre route, Soraya s'approche de moi. Elle me lance un clin d'œil et me glisse à l'oreille :

«As-tu déjà essayé de frotter ton sexe au dos du chameau?

– Je n'y ai pas pensé.

– Essaie et tu m'en diras des nouvelles.

– Et si quelqu'un me voit?

– Il fait nuit et personne ne s'apercevra de rien.

– Dieu me voit, Lui.

– Après le coucher du soleil, il fait trop sombre. Allah

ne voit plus rien.»

Je monte sur le chameau. J'écarte mes jambes de part et d'autre de la selle. Je donne quelques secousses sur les rênes fixées sur la mâchoire inférieure de l'animal. Le chameau avance. Mon clitoris durcit. Oh que j'aime cette sensation. Je ferme les yeux. Je jouis. J'écoute le murmure des étoiles.

Et je me dis que demain l'aurore sera majestueuse.

25

Nous avons mis deux semaines pour atteindre notre destination. Sous ses aspects religieux, c'est une ville mécréante qui nous accueille avec ses bouffées de chaleur et sa folie des grandeurs.

L'été éclate de toutes parts. Ici, c'est toujours l'été. Le ciel a le ventre en feu. L'air est un fardeau. Les éclats de lumière déchirent notre peau. Les commerçants jettent des seaux d'eau fraîche devant leur boutique pour casser la chaleur comme on casse des glaçons. Les mosquées grimpent vers le haut des Cieux et font l'orgueil de l'Arabie avec leurs dômes couleur or où se mire la gloire sans fin du Prophète *Sidna* Mohamed. Depuis les minarets, on entend se diffuser : « *Allah Akbar.* »

Je me tourne vers Hassan et lui dis :

« Ça ressemble à une ville Sainte.

– Ça y ressemble seulement, me répond-il.

– Pourquoi *seulement* ?

– Cette ville est une pute.

– Comment ça ?

– Sous ses airs religieux, il s'en passe des choses ici.

– Des choses comment ?

– Ici, c'est la ville du sexe. Les gens viennent assouvir leurs fantasmes. Tu ne sens pas les relents de sperme ?

– Je connais l'odeur du jasmin, mais pas celle du sperme.

– Cette ville a vendu son âme, ma sœur.

– Dis-moi ce qui s'y passe.

– Il n'y a que des histoires de cul, ici. C'est pour ça que nous sommes là.

– Mais je ne vois que des religieux et des femmes voilées. Tout a l'air normal. »

Comme si je venais de dire quelque chose qu'il ne fallait pas, Hassan devient rouge et se lance dans une véhémente diatribe :

« Cette ville aux dehors religieux, c'est La Mecque du sexe. Tu ne trouveras ici que des pervers, des corrompus, des pourris, des pervertis et j'en passe. À un moment de l'histoire, le monde arabe a montré le chemin à l'Occident. Il fut un temps où l'islam rayonnait pendant que l'Europe s'enfonçait dans des siècles obscurs. Nous étions le berceau du raffinement, de la culture et des arts. Nos Cieux ont vu naître Al-Mamoun, fils d'Haroun al Rachid, grâce à qui l'Occident médiéval a connu son éveil intellectuel. Nos terres ont connu Ibn Sinã, dit Avicenne, qui a révolutionné la médecine. Sans parler du poète soufi Ibn al-Arabi, métaphysicien et philosophe arabo-andalou, auteur de huit cent cinquante ouvrages. Des hommes illustres ont traversé la civilisation arabe. Il reste dans nos mémoires de grands médecins, d'immenses penseurs et d'éminents philosophes. L'Occident est né dans les ruines de l'Orient. Et dire que nous étions le cœur battant du monde ! Puis les barbus sont venus et ont terni l'enluminure du Coran. Désormais nous brillons par notre décadence. Nous battons nos femmes et mutilons les homosexuels.

– D'où te viennent toutes ces connaissances ?

– Je t'expliquerai plus tard.

– Tu en veux aux Arabes ?

– Pas du tout. Ne me fais pas dire ce que je n'ai pas dit. J'en veux aux fous d'Allah et à tous ceux qui sèment la terreur. J'en veux à ceux qui font leurs prières, le jeûne, qui connaissent la route des mosquées et celle de La Mecque, qui n'ont pas leurs pareils pour le commerce, mais qui sont incapables de trouver le chemin qui mène au clitoris de leur épouse. S'ils ne savent pas comment fonctionne une femme, qu'ils aillent remplir le trou des chèvres. Et dire qu'il y a tant de seins qui ne demandent qu'à être pétris, tant de fesses à lécher, tant de chattes humides qui s'impatientent, tant de mamelons qui réclament d'être gobés. Ces Arabes-là cherchent le paradis au mauvais endroit.

– Il est où le Paradis ?

– Dans le ventre des femmes. C'est le plus beau mausolée devant lequel tous les hommes devraient s'agenouiller. »

*

Dans un village en périphérie de la ville, nous confions les chameaux et la mule à un paysan, le temps de notre séjour. Hassan et les vilaines filles louent un magnifique appartement qui donne sur le désert. C'est là que je trouve asile auprès des filles qui, pendant quelques mois, vivront de leurs passes. C'est de bon cœur qu'elles m'ont invité à rester avec elles, en attendant. Je suis enfin à l'abri. On ne me retrouvera jamais ici. Encore moins mon père qui prophétisait que je finirais sur le trottoir avec les filles de mauvaise vie. J'y suis avec les putes. Sauf que je ne suis pas une fille de la rue. Non, je ne suis pas là pour me prostituer. Je n'écarterai pas les cuisses pour de l'argent. Ça jamais !

*

Ne pouvant sortir seule, je demande à Hassan de me servir de *wali*. Il m'accompagne dans une boutique où je m'achète des habits de femme. Je me change dans la cabine d'essayage. J'emballe dans un sac les vêtements de garçon que je portais et les donne à un mendiant accroupi contre un mur, qui me bénit et dit : « Tu es trop belle, ma princesse. Retourne avec les anges.» Sur le chemin du retour, nous passons devant une librairie. Hassan me dit : «Attends-moi là. Je reviens tout de suite.» Il en ressort avec deux livres : «Tiens, c'est pour toi. Je te l'avais promis.» Je regarde les titres en arabe. Ce sont les livres d'Al-Khamriya, qui fait l'éloge du vin, et d'Abû-Nuwâs, le poète érotique et bachique.

«Ce sont des lectures très osées, lui dis-je.

– Lis ces livres et tu comprendras ce que sont la sexualité et l'érotisme.»

*

Pour ne pas être importunés par la police, Hassan et les filles prennent leurs précautions. Nous allons chez un *adoul* qui, moyennant finances, nous rédige un faux certificat de mariage. Ainsi, je deviens officiellement la quatrième épouse du poète du désert. Désormais, nous sommes en règle et personne ne peut nous inquiéter. La promesse que m'a faite Hassan a été tenue. Pendant la traversée du désert, il n'a jamais eu un mot déplacé à mon endroit. Ni essayé de promener ses mains sur moi. Les filles l'avaient à l'œil et ne l'auraient jamais laissé faire. Hassan a tenu parole et je tiens la mienne. Pour éteindre la dette due, je lui donne le solde de la somme convenue au départ.

«Tiens Hassan, voici l'argent que je te dois.

– Garde-le pour toi, ma sœur. Tu en auras besoin, un jour.»

Hassan me rend même les billets que je lui avais donnés au départ, et me dit :

«Ce serait malhonnête de prendre ton argent.

– On a signé un pacte. Pourquoi me rends-tu cet argent?

– Parce que tu es honnête. Et qu'il y a en toi quelque chose qu'on ne s'attend pas à trouver chez une fille de ton âge.»

*

Hassan, le proxénète, ne couche pas avec les filles. Le travail, c'est le travail. C'est son gagne-pain. Ses affaires dépendent des filles ; ses poules aux œufs d'or, comme il dit. Et il ne faut pas tout mélanger. Hassan est très grand. Tout en lui n'est que muscles saillants. On réfléchit à deux fois avant de lui chercher des noises. Quand il sort, il porte l'habit traditionnel. Il a une réputation à tenir. Les filles, elles, revêtent l'abaya noire. Elles savent que le dehors leur reprochera «le trop court», et qu'elles risquent d'être inquiétées par «le trop serré», le « trop voyant», le « trop indécent». Une femme est toujours harcelée par le « trop ceci» ou le «pas assez cela». Donc, aucun comportement inapproprié dans la rue. Les filles savent que les hommes de religion voient le péché partout dans les femmes : dans leurs seins, leurs fesses, leurs bouches, leurs règles. Et surtout entre leurs jambes. Décidément, c'est un malheur d'avoir un utérus !

*

Le vendredi, un fort courant de piété charrie les croyants vers la maison de Dieu. Le besoin de Ciel est plus fort que tout. C'est à celui qui raflera les faveurs d'Allah. Pour que rien ne lui soit reproché, Hassan, le croyant en apparence, se faisant passer pour le meilleur servant de Dieu, enfile son habit le plus islamique et se métamorphose en homme pieux qui n'aurait jamais touché une goutte d'alcool. La piété, c'est son masque du dehors. «Qu'importe d'être croyant, il suffit d'en avoir l'air», dit-il. Et à l'heure d'adorer le Créateur, les haut-parleurs invitent les croyants à répondre à l'appel du Divin. Auréolé de sa fausse religiosité, Hassan s'en va, comme il dit, plonger dans le grand mensonge de la prière à la mosquée Al Rajhi.

*

Ma vie d'aujourd'hui n'a rien à voir avec celle que j'ai vécue avant. Pour tout vous dire, c'est le jour et la nuit. Avec les filles, nous vivons comme des sœurs. Quand elles travaillent, je m'occupe de l'appartement. Je fais les lits, le ménage, le linge, le repassage et prépare les repas. J'ai tellement aidé ma mère à cuisiner que j'excelle dans l'art culinaire. Je sais tout faire. Aux filles et à Hassan, je prépare le couscous royal et le tajine de kefta aux œufs. Des baghirs avec du thé pour le petit déjeuner. Je ne suis pas en reste de gâteaux. Je prépare des chebakias marocaines aux graines de sésame et des cornes de gazelle. Soraya en raffole. Même si elle fait attention à sa ligne, elle ne peut résister à mes gâteaux. «Les cornes de gazelle, c'est mon péché mignon, dit-elle. Et ce n'est rien à côté de mes autres péchés.»

Soraya et les autres filles ne sont pas des prostituées bas de gamme. Elles ne racolent pas sur les trottoirs. On ne vient pas acheter chez elles l'amour au rabais. Elles monnaient leurs charmes aux tarifs les plus élevés avec des hommes qui ont de l'argent à ne savoir qu'en faire. Les filles ne ramènent jamais les clients à la maison. Non, elles ne font pas l'amour à domicile, mais dans les hôtels les plus luxueux où tout se passe dans la discrétion. «Faire la pute de luxe, c'est très bien payé. L'homme tire son coup, il paie et s'en va. Personne ne doit rien à personne», m'explique Soraya. Et son travail, elle le prend au sérieux. Son avenir et celui de sa fille en dépendent.

«Tu couches avec les touristes aussi? je lui demande.

– Je prends toutes les queues, sauf celles qui ont des chéchias. Je ne prends jamais les bites avec un couvre-chef.

– Pourquoi ?

– Les non-circoncis, les mécréants, si tu préfères, adorent baiser les Arabes. Mais je ne couche pas avec eux. C'est une question de principe. Je ne fais ça qu'avec les Arabes qui ont le bout coupé. J'ai assez de comptes à rendre dans l'au-delà. Chacun sa religion et, devant Allah, les péchés de cul se règlent entre musulmans.»

*

Dans l'appartement, il n'y a pas d'odeur d'homme si ce n'est celle d'Hassan qui rentre chaque jour au petit matin, avec des parfums de femme sur lui. Il sent aussi un peu l'alcool. La nuit, il traîne dans des endroits obscurs. Il dit qu'il écoute les rumeurs de la ville jusqu'à pas d'heure. Hassan et les filles se sont arrangés avec la loi. En vérité, chacun fait ce qu'il veut. Les actes de mariage ne sont qu'une couverture. Ce sont des documents trafiqués, tout comme le mien avec Hassan.

«Alors comme ça tu n'es pas polygame ? je lui demande.

– La polygamie est la façon la plus irrespectueuse d'aimer les femmes.

– Que penses-tu du mariage ?

– Le mariage tue le désir.

– Pourquoi sors-tu tous les soirs et rentres-tu à l'aube ?

– Chacun sa vie, ma sœur.

– Pourquoi sens-tu le vin ?

– Je bois parce que je ne sais pas d'où je viens, et je vis heureux parce que je ne sais pas où je vais.

– Pourquoi, sens-tu la femme ?

– Les femmes, c'est ma vie.»

*

À présent, je m'en vais vous raconter ce que j'ai appris. En vérité, Hassan est un libertin. Il appartient à la nuit. Dès cet instant qu'on appelle « entre chien et loup », il s'en va dans des lieux clandestins où l'on peut boire de l'alcool et rencontrer des femmes libérées des contraintes de la religion, qui cherchent des histoires sans lendemain.

« Tu es un célibataire endurci ? je demande à Hassan.

– Célibataire mais jamais seul.

– Comment ça ?

– Je suis amoureux de toutes les femmes, mais je ne m'engage avec aucune. Je fréquente les cœurs d'un soir. Je couche avec de belles femmes qui aiment le sexe. Elles me donnent du plaisir et je leur en donne. Des filles comme ça, notre pays en regorge. Seulement, elles se cachent sous leur abaya. »

Sans prendre soin de son vocabulaire, Hassan me parle comme parlent les hommes entre eux. Après tout, c'est moi qui ai voulu savoir. Et de toute façon, je me suis habituée à son langage cru.

« Tu as l'air de bien connaître les femmes, Hassan ?

– Personne ne les connaît mieux que moi.

– Tu connais les femmes de chez nous, mais pas celles des autres pays.

– Détrompe-toi. J'ai vécu à Paris où j'ai fait des études de littérature comparée. Seulement, je me suis laissé distraire. J'étais plus souvent dans le lit d'une femme que sur les bancs de la faculté. Au bout d'un an, j'ai laissé tomber les études et j'ai travaillé à droite et à gauche. Quand j'ai eu amassé assez d'argent, j'ai fait le tour du monde. Mon père croyait que j'étais un étudiant sérieux, alors qu'il n'y avait que l'ivresse de la liberté qui m'attirait. Des femmes, j'en ai connu. J'ai satisfait les plus gourmandes. J'ai connu tous les *tabouns*, les chattes du monde. J'ai enfourché des Chinoises, des Suédoises, des Américaines, des Indonésiennes, des Espagnoles. Je les ai toutes aimées et respectées. Je n'ai jamais eu l'impression de les remplir de sperme, mais de poésie. Je ne les baisais pas, je faisais couler mon âme dans leur sexe.

– Oui, mais il paraît que là-bas, il fait froid, qu'on mange mal et que la vie est chère.

– Tout ça est vrai. Mais l'avantage, c'est qu'on fait l'amour avec les femmes sans être obligé de les épouser. On couche sans contrepartie et sans rien promettre. C'est bonjour, au revoir. Ces pays ne sont pas regardants sur les mœurs, et on ne risque pas d'avoir les gardiens de la vertu aux trousses.

– C'est le mal du pays qui t'a fait revenir ici ?

– Pas du tout ! C'est l'amour des femmes arabes. Tu sais, Dieu a créé la poésie en lui donnant le corps de la femme orientale. Les femmes de chez nous sont les plus appétissantes. Elles ont les plus belles fesses de la Création. Les seins les plus moelleux et les vagins les plus serrés. Elles ont l'entrecuisse le plus accueillant, et aucune verge ne se sent aussi bien que dans le sexe d'une femme arabe. Leur vagin est un long tunnel dans lequel on s'enfonce lentement, comme on s'enfonce dans la prière, avec la certitude que Dieu vous attend au fond et vous ouvre les portes du Paradis.

– Au fait Hassan, que fais-tu la nuit, quand tu sors ?

– Tu sais quoi ? Je vais te raconter ce qui se passe lorsque cette ville ouvre ses portes à la nuit. Être célibataire, c'est vivre plusieurs vies. Le jour, je suis au service des filles et, lorsque vient son envers, je profite de la vie. On ne va pas dans les soirées que je fréquente pour faire l'amour. On y vient pour réaliser ses fantasmes. Les gens se libèrent de leurs démons intérieurs. Je passe des nuits brûlantes où chacun trouve son compte. Disons que je suis un hibou qui fréquente les corps de la nuit. Je côtoie des filles qui ne reculent devant rien. Une fois la passade terminée, j'oublie la fille de la veille et je pense à celle du lendemain. Dans les lieux où je vais, il y a des hommes qui couchent avec d'autres hommes. Il y a des femmes mariées qui profitent de l'absence de leur époux. Disons qu'elles ont un nouveau mari chaque soir. Viennent aussi des femmes divorcées ou répudiées qui couchent avec d'autres femmes.

– Si je comprends bien, tout le monde couche avec tout le monde.

– Tu ne crois pas si bien dire. Nous sommes un peuple de tordus. Nous vivons dans une société ambiguë qui joue double jeu. Chez nous, c'est pire qu'en Occident. Sodome et Gomorrhe, ce n'est rien à côté de ce qui se passe ici. Pigalle et ses putes peuvent aller se rhabiller. Et crois-moi, ça peut aller très loin.»

Hassan et moi sommes assis à la table de la cuisine. Il me parle en prenant son repas. Lorsqu'il a fini de manger, je débarrasse son assiette, lui prépare son café, le sers et m'assieds près de lui. Une autre question me chiffonne.

«Tu as déjà couché avec une des filles, Hassan?

– Les filles sont comme mes sœurs. Je suis à leur service. Et je les respecte.

– Comment les as-tu connues?

– C'est une longue histoire. Quand je suis rentré de France, mon père venait de mourir et n'a laissé que des dettes de jeu en guise d'héritage. Je n'avais pas un sou et il a bien fallu me nourrir. Comme je parle plusieurs langues, que je suis du genre baraqué et que je présente plutôt bien, j'ai trouvé un travail comme réceptionniste de nuit dans un hôtel grand standing. C'est là que j'ai rencontré les filles. Le soir, lorsqu'elles avaient fini avec leurs clients, elles venaient au bar. On buvait de l'alcool discrètement et on discutait. De fil en aiguille, on a sympathisé et c'est comme ça qu'elles m'ont dit qu'elles se prostituaient. À cette époque, elles n'avaient pas de souteneur. Un jour, l'une d'entre elles est tombée sur un client ivre. C'était un riche Koweïtien qui a failli la tuer. J'ai entendu ses cris. Je suis monté avec une matraque dans la chambre et j'ai sauvé Mouna de justesse. Le client était en train de l'étrangler. Je l'ai attrapé et on a réglé ça entre hommes. Je te dis pas dans quel état j'ai mis le Koweïtien. Ensuite, je me suis occupé de Mouna. J'ai soigné ses bleus et l'ai réconfortée en tout bien tout honneur. Puis, elle est descendue au bar de l'hôtel et nous avons passé la nuit à boire et à nous raconter nos vies. Le lendemain, les filles m'ont demandé combien je gagnais en tant que réceptionniste. Comme elles ne savaient jamais sur quels clients elles allaient tomber, elles m'ont proposé dix fois plus que ce que je gagnais. J'ai accepté d'assurer leur protection en me disant que je ferais ça quelques mois, le temps d'économiser un peu et de repartir courir le monde. Seulement on s'est attachés les uns aux autres, et on n'a jamais pu se quitter. Voilà maintenant dix ans que nous sommes ensemble. Et autant qu'elles sont en sécurité, et que nous vivons comme frère et sœurs.»

*

Les filles sont plus sages qu'Hassan. Elles ne sortent pas le soir. Après le travail, chacune vaque à ses occupations. Tina aime tirer les cartes. Mouna fait du canevas. Soraya, elle, se met dans son lit et s'évade dans ses lectures. Elle dit que dans les livres, on vit mille vies avant de mourir. Je me suis liée d'une forte amitié avec elle. Parfois, je m'assieds au bord de son lit et je l'écoute me raconter sa vie à cœur ouvert. Sans ménager ses mots, elle me parle de son métier.

«Mes clients ne manquent de rien dans la vie. Ils ont une femme, des enfants, une maison, une belle situation professionnelle, mais il leur manque quelque chose qu'ils viennent chercher chez moi. Le sexe les obsède. Que veux-tu, les ravages de la religion n'arrangent pas les choses et frustrent les gens. Je ne les juge pas. Je suis là pour faire de l'argent, c'est tout.

– Est-ce que parfois il y a un peu d'amour avec les hommes que tu fréquentes?

– Je vais te dire quelque chose, ma princesse. Dans la prostitution, les archives de l'amour sont vides.

– Explique-moi.

– Alors tiens-toi bien et ne rougis pas. Je te jure que j'en ai vu de toutes les couleurs. Aucune bite ne m'impressionne. J'ai connu des queues courbaturées qui se plaignaient d'arthrose, des raides prétentieuses qui ne tenaient pas leurs promesses, des bites comme des reliques qui voulaient encore tirer leur coup, des arrogantes qui se disaient être les meilleures des environs, des perdues qui mettaient une heure à trouver leur chemin, des fines, des épaisses, des courtes, des rachitiques, des courbées par une sciatique qui avaient du mal à se redresser, des asthmatiques qui manquaient de souffle, des grosses qui prétendaient remplir des jarres de sperme, des longues et épaisses comme un pied de mouton. J'ai vu des hommes aussi virils qu'un eunuque. J'ai vu tout ça. Mais je n'ai jamais vu d'amour. Sache qu'à la façon qu'il a de baisser son pantalon, tu devines les intentions d'un homme. Tu vois tout de suite s'il t'aime ou s'il veut juste te fourrer. Seules celles qui ont pratiqué la rue le savent. Si une femme veut vraiment connaître un homme, il ne faut pas qu'elle écoute ce qu'il dit, mais qu'elle regarde ce qu'il fait pour elle. Moi, jusqu'à présent, je n'ai croisé que des hommes qui voulaient m'enfourcher. L'amour, le Sultan des femmes, ça n'existe pas dans la prostitution. Pour les hommes, je ne suis qu'un lieu de jouissance. Je leur dis ce qu'ils veulent entendre. Je leur jure qu'ils sont les meilleurs amants. Je vante leur coup de reins viril et leur murmure des mots crus. Ça les excite. Pendant qu'ils me besognent, je lève les yeux au ciel et leur dis qu'ils ont la plus belle bite que je n'ai jamais vue. Avec les éjaculateurs précoces, j'ai recours à une contrefaçon.

– Comment ça une contrefaçon?

– Disons que je fais semblant de jouir. Et pour les peines-à-bander, je fais le charmeur de serpent. Je les branle jusqu'à ce que leur queue dresse la tête comme un cobra. Sans parler de ceux qui ne jouissent que si je les masturbe et que j'urine sur leur visage en même temps. Tout ça fait partie de mon travail. Ma tâche, c'est de les faire jouir pour qu'ils me paient bien en retour.

– Tu as dû en voir des pantalons se baisser ?

– J'ai passé ma vie à voir des braguettes glisser sans amour. Je vais te dire encore une chose, ma belle. Sache qu'on ne fait jamais l'amour pour de l'argent. On fait l'amour par Amour.»

*

Il fait très chaud et Soraya dort nue. Un matin où elle ne travaille pas, je lui apporte le petit déjeuner au lit. Parfaitement épilée sous les aisselles et les jambes, elle est allongée les bras sous la tête. Les poils de son pubis sont coupés en forme de cœur. Elle me sourit sans rien faire pour protéger son intimité. Elle ne met pas une main sur son sexe et l'autre sur ses seins comme le font les femmes lorsqu'elles sont surprises toutes nues. Elle ne remonte pas le drap sur elle pour cacher ses rondeurs malicieuses. C'est moi qui rougis et tourne la tête.

«Oh ! Excuse-moi, lui dis-je.

– Pourquoi tu t'excuses ?

– Mais tu es toute nue !

– Et alors ?

– C'est gênant.

– Voyons, Shahrazade. Qu'est-ce qui t'arrive ?

– Ça ne se fait pas.

– Je suis une femme comme toi. Nous sommes faites pareilles.

– Oui, mais quand même.

– Arrête tes bêtises.»

Soraya écarte les cuisses et me dit :

«Regarde-moi !»

Des yeux, je caresse le doux relief de son corps. Soraya dit encore :

«Regarde ma chatte. On a exactement la même. Tu sais, nous, les Arabes, au lieu d'admirer la prouesse de Dieu qui a créé nos corps, nous en avons honte. Tu comprends ce que je te dis?

– Oui, je comprends Soraya.

– Alors ouvre tes yeux, et regarde-moi bien dans les moindres détails. Le corps d'une femme n'est que volupté. Regarde mes seins et les tétons qui pointent. Vois-tu mon vagin avec ses grandes lèvres? C'est l'écrin des délices. Regarde mon âme et vois combien elle est pure.»

Mes yeux sont attirés par les tatouages sur le ventre et entre les cuisses de Soraya.

Soraya se met sur le flanc pour me montrer ses autres tatouages sur l'épaule et les fesses.

«Ça te plaît? me demande-t-elle.

– C'est joli.

– Tu veux aussi des tatouages?

– Oui.»

Le soir même, Soraya fait venir une tatoueuse qui me fait de jolis dessins sur la poitrine.

*

Dès le début, Soraya m'a autorisée à utiliser ses rouges à lèvres. Elle dit que les femmes sont faites pour la lumière, et qu'elles doivent être vues. Soraya dit qu'elle me trouve très belle et que je dois le rester longtemps. Alors, je me maquille. Mais uniquement quand je suis à l'intérieur. Lorsque je dois sortir faire les commissions et que mon tuteur Hassan n'est pas là, je me déguise en hirondelle de la religion. Voilée de la tête aux pieds, je porte l'abaya et le tissu noir grillage mon visage comme toutes les autres femmes du pays. Avant de sortir, je m'examine dans le grand miroir du couloir. Je ne me regarde pas avec mes yeux, mais avec le regard que les hommes poseront sur moi. On ne sait jamais ce qui se passe dans l'arrière-boutique de leur tête. Je sais que leurs yeux indécents s'attarderont sur mes seins et mes fesses. Mais que perçoivent-ils de la femme ? On dirait qu'ils n'ont pas les mêmes yeux que nous. Alors, je me dépêche de faire ce que j'ai à faire. Puis, je traverse la ville avec ses fausses pudeurs et je rentre.

Et quand il n'y a plus rien à faire à la maison, je lis les livres que Hassan m'a offerts. La poésie, on n'a jamais fini de la comprendre. Elle permet de vivre une autre réalité. Ensuite, je me laisse aller aux rituels féminins odorants et colorés. C'est ce que j'appelle : le temps de la femme. Je me glisse dans la baignoire. Ma main serre la main du ciel et l'autre main caresse mes seins. Je laisse mes doigts jouer avec mes tétons. Je suis musulmane et je fais mes prières, mais je suis femme avant tout. Alors, je me donne du plaisir en pensant à ma belle Laïla, mon ange noir de peau, qui disait : « Dieu a créé la femme avec un clitoris rouge et juteux comme une fraise. Ce n'est pas juste pour faire joli. Le clitoris c'est le miracle de la Création. Allah avait des arrière-pensées en le modelant entre Ses mains douces. Dieu savait ce qu'il faisait.» Ce jour-là, en pensant à Laïla, les morsures du désir m'ont dévoré le bas-ventre. Le feu s'est allumé dans mon sexe. Je me suis masturbée avec le pommeau de la douche. J'ai ressenti un plaisir sans limite. Comme une émotion parfumée. Dieu m'en est témoin, j'ai joui comme une folle. Je le jure.

Puis, toute nue, je suis sortie du bain et j'ai admiré mon sexe rasé en forme de cœur, comme on admire une belle arrogante qu'aucun homme n'aura. Je me suis tournée sur moi-même et j'ai observé ma cambrure qui permettait le juste déhanché féminin. Dans le miroir, j'ai regardé mes cheveux qui repoussaient doucement. J'ai trouvé ça joli, une fille avec les cheveux très courts. Mon visage avait les traits de ce qu'il serait demain. Je n'étais plus une femme-enfant. J'abandonnais ma peau de jeune fille pour endosser la peau de la femme que je serai. Mon corps était prêt à vivre sa vie. Ce corps qu'on m'a si souvent dit de cacher. Ce corps dont il faut avoir honte. Ce corps que nous remplissons de complexes. Ce corps dont nous sommes victimes. Chez nous, on ne dit pas aux filles qu'elles ont un corps. Elles ne savent pas qu'elles sont faites de chair et de plaisir. On leur dit que le sexe, c'est honteux. On leur répète que le Diable n'attend que ça. Que c'est dans le corps des femmes que Satan œuvre et que c'est du sang de leurs règles qu'il s'abreuve. Et elles finissent par avoir peur de leur propre désir. Elles ignorent que l'ennemi n'est pas Satan. L'ennemi est à l'intérieur de nous. L'ennemi, ce sont les traditions dont nous sommes les martyres. L'ennemi, c'est l'héritage des ancêtres. L'ennemi, c'est la voix en cendre des aïeuls. Et le passé qui ne dit pas toujours la vérité.

L'ennemi, c'est nous-mêmes !

*

Lorsque les tâches ménagères sont terminées, lavée de mon passé et maquillée pour mon futur, je m'installe à la fenêtre et mes rêves s'adressent à demain. Je me fais belle pour que mes yeux embrassent le désert. Au loin, le velouté de la lumière ondoie. Les dunes s'ourlent comme des vagues ocres et deviennent de jolis seins de femme qui découpent le bleu des Cieux et brodent le désert à l'infini, là où palpitent mes espoirs. Depuis mon *rêvoir,* je regarde les flaques de lumière ocre qui ondulent sur le désert. Ma peau s'ouvre à la caresse d'un vent léger qui chante la beauté des femmes. Au loin, je vois les rêves que j'avais secrètement cachés dans les tentes de l'avenir.

Et je continue de rêver.
Les rêves, ça peut voyager loin.

Plus loin que là où l'écorce du ciel touche la terre. Alors, je laisse mes rêves s'ébattre en liberté et me dis qu'il suffirait de m'envoler vers là-bas pour que la vie devienne meilleure. J'ai passé mon temps suspendue à cet *ailleurs*, ce lieu où habitent mes espoirs. Je préfère les lumières de l'*ailleurs* aux haillons de la vie d'ici. Mon âme est partie et attend que je la rejoigne.

*

Depuis que nous sommes arrivées dans cette ville, Soraya me regarde et chaque jour son regard se fait plus insistant. Quand elle rentre du travail et qu'elle me voit maquillée, elle me dit : «Comme tu es belle.» Pour tout vous dire, j'ai des doutes. Peut-être est-elle attirée par moi. Essaie-t-elle de me mettre en appétit? Il y a deux semaines, elle s'est approchée et m'a demandé :

«Dis-moi Shahrazade, quel est ton rêve?

– Mon rêve est un battement d'ailes qui s'en va vers les échancrures de l'horizon.»

*

Un jour, Soraya me dit :

«Viens, je t'emmène!

– Où ça?

– On va se rincer l'œil.»

Soraya m'emmène au hammam, où elle aime se faire masser. Le hammam est le meilleur alibi des femmes. C'est le palais des murmures et ce qui s'y passe ne vient jamais aux oreilles du dehors. C'est là que je découvre les secrets féminins. La dernière fois, Soraya s'est allongée à même le sol chaud et s'est laissé masser. J'étais assise par terre, dos contre le mur. Je l'observais se faire pétrir le corps par les mains expertes d'une masseuse. Ensuite, ce fut à mon tour. Lorsque la masseuse a eu terminé son travail, j'ai rejoint Soraya et me suis assise près d'elle. Soraya m'a donné un coup de coude complice et nous avons observé le manège des femmes, assises par terre, nues et les jambes écartées.

«Tu as vu toutes ces chattes? m'a susurré Soraya.

– Oui, j'ai vu.

– Allah en a créé pour tous les goûts.

– Mon Dieu, elles sont toutes différentes.

– Allah a beaucoup d'imagination.

– C'est beau un corps féminin.

– Oui c'est beau, toutes ces balafres tracées par la main de Dieu. Nous sommes de merveilleuses créatures fissurées d'en bas.»

Quand je me rendais au hammam avec ma mère, je n'osais pas regarder entre les cuisses des femmes. Cette fois, j'ai ouvert les yeux. J'ai vu des chattes brunes, grisonnantes, rousses, teintes en blond, poivre et sel. Mille coupes pubiennes, des cons broussailleux, négligés, des buissons mal taillés. Des grandes lèvres et des minuscules, des clitoris à capuchon, des vagins bombés, incurvés, plats.

Après avoir observé, je me suis dit qu'aucune chatte n'était aussi belle que celle de Laïla, ma belle noire d'amour. Soraya s'est penchée vers moi, et m'a dit :

«Tu vois ces deux femmes qui discutent?

– La brune et la colorée?

– Tu vois leur bague au doigt?

– Oui, ce sont deux femmes mariées.

– Elles ne font pas que discuter. Regarde-les bien.»

Les deux femmes se sont relevées et dirigées vers un petit vestibule plein de vapeur tiède où l'on devinait les choses plus qu'on ne les voyait. Elles ont refermé la porte derrière elle.

«Elles vont où? j'ai demandé à Soraya.

– Elles s'isolent.

– Pour quoi faire?

– Tu n'as pas deviné?

– Non. Dis-moi.

– Elles vont se caresser et se butiner. Le hammam c'est

fait aussi pour ça. Et leurs maris n'en sauront jamais rien.

– Tu les connais ?

– La brune, c'est la femme d'un juge. Et l'autre, celle d'un avocat.

– Comment sais-tu qu'elles vont faire ce que tu viens de dire ?

– Rien n'échappe à l'œil d'une pute.

– Elles savent ce que tu fais ?

– Oui, elles le savent. Tu n'as pas vu comment elles m'ont évitée ? Elles ont l'orgueil mal placé et pensent qu'elles ont plus de dignité. Moi au moins, je ne me cache pas. Mais bon, les femmes délaissées par leur mari s'arrangent entre elles au hammam.

26

Dix mois plus tard

Soraya vient me voir en rentrant de son travail. Je viens de finir le ménage et le repas est prêt. J'ai tenu mon rôle sans faillir et les filles n'ont jamais rien eu à me reprocher. Je suis à la fenêtre et me laisse happer par l'étourdissant désert qui s'étale devant moi. J'ai les yeux rivés sur les courbes de l'horizon. Les octaves d'un autre monde m'appellent. Soraya vient derrière moi et me dit :

« L'heure est venue.

– L'heure de quoi ?

– De partir. »

Pour les filles, les mois de travail arrivent à leur terme. Le ramadan approche et ramène avec lui la saison morte. Le pays ne va pas tarder à entrer en sommeil. Les jours de jeûne imposeront aux gens une vie au ralenti. La verge des hommes se ramollira et s'endormira à son tour jusqu'à la fin du ramadan. Bientôt, il sera donné congé de l'appartement et Hassan et les filles rejoindront leur village. Soraya vaquera à ses occupations religieuses, entamera son mois sans hommes et s'occupera de sa fille. Je n'ai pas vu le temps passer. Mon Dieu, que vais-je devenir ? Je n'ai nulle part où aller. Soraya me demande de fermer les yeux. J'obéis. Comme elle me répète souvent que je suis belle, je pense qu'elle veut m'embrasser. Sa main prend la mienne. Je suis troublée. Cette fois, c'est sûr, elle veut m'embrasser. Soraya me dit : « Tiens ma princesse, je me suis débrouillée pour que ton rêve se réalise.» Je n'ose pas ouvrir les yeux. Soraya dépose quelque chose dans mes mains. C'est une enveloppe. «Maintenant, ouvre les yeux», me dit-elle. J'ai l'enveloppe en main et ne sais pas quoi en faire. «Eh bien, ouvre !» À l'intérieur, je découvre une carte d'identité et un passeport qui a la couleur d'une grenade bien mûre. Je comprends alors pourquoi, quelque temps plus tôt, Soraya m'avait fait faire des photos en prétextant qu'il me fallait une carte d'identité. C'est la première fois de ma vie que je vois un passeport. «Toutes les frontières sont vulnérables», me dit Soraya.

Quand la chance frappe à la porte, il faut lui ouvrir. La diane du destin chante le départ. C'est un passeport étranger avec ma photo à la première page. Une photo d'identité islamique : pas de maquillage, aucun cheveu ne dépasse du foulard, et aucun sourire bien sûr. C'est écrit dans une langue que je ne connais pas. «À partir de maintenant, tu changes de nationalité, me dit Soraya. Il vaut mieux des papiers étrangers. C'est beaucoup plus simple pour quitter le pays.»

J'entends mon cœur chanter dans ma poitrine.

«Tu sais, nous avons des services compétents, ajoute-t-elle.

– Comment as-tu fait?

– J'ai emprunté des chemins détournés. J'ai des clients hauts placés. J'ai toujours pris soin de ceux qui ont du pouvoir. Je savais que ça pouvait servir un jour. Chez nous, on peut acheter toutes les compétences. N'oublie pas que nous sommes dans un pays tristement corrompu et que les petits arrangements, ça existe. Tu ne peux pas imaginer l'étendue de la corruption. Tout se monnaie. À commencer par le corps des femmes.

– Tu as couché pour obtenir ces papiers ?

– Ça, c'est mon affaire, ma princesse.

– Je ne sais pas quoi dire, Soraya.

– Alors, ne dis rien. Et pars avant qu'il ne soit trop tard.

– Trop tard ?

– Oui, ma gazelle. Un jour, tout devient trop tard. Surtout quand on est une femme. »

Comme j'ai du mal à réaliser ce qui m'arrive, Soraya continue :

« Ce sont des faux papiers, ma chérie. Tout comme les actes de mariage avec Hassan. Tout est faux dans ce pays.

– Et si je me fais arrêter ?

– Je garantis la "fausse authenticité" de ces documents. Tu ne risques absolument rien.

– Tu es sûre ?

– Ne t'en fais pas. Ce n'est pas l'œuvre d'un simple copiste. Ces papiers ont été fabriqués par un orfèvre qu'on appelle *l'imprimeur*. C'est un faiseur de miracles en matière de reproduction. *L'imprimeur* est un faussaire de génie. Même les yeux les mieux exercés n'y verraient que du feu. Tout est officiel mais rien ne l'est vraiment. Les papiers sont faux mais les tampons et les signatures sont officiels. Tout ça avec la bénédiction de qui de droit. »

De son sac à main, Soraya sort une petite enveloppe blanche et me la tend. Les mains tremblantes, je l'ouvre. À l'intérieur, il y a de l'argent et un billet d'avion. « Prends ça, me dit-elle. Même si mon corps est un lieu de passage pour les hommes, ne va pas penser que c'est de l'argent sale. Ça vient du cœur. »

Je la regarde. Et là où les autres voient en elle une pute, moi je vois une sainte.

Je prends le billet et regarde la date. Le vol est dans deux jours. Soraya prend son plus beau sourire pour me demander : « Alors, que fais-tu ma petite princesse ? Tu pars ou tu restes ? Décide-toi vite. Mais dis-toi qu'une femme n'a pas le droit de gâcher sa vie.» Ses yeux d'un vert rare me fixent et réclament une réponse. «Sache qu'on ne quitte jamais son pays par caprice. La décision que tu as peur de prendre pourrait être celle qui va changer ta vie.» Soraya a raison. Je n'ai pas à me poser de questions. Je ne peux pas rester là suspendue aux caprices du destin. «Dis-moi que tu vas t'en aller, Shahrazade», me dit encore Soraya.

Mes yeux se constellent de oui, et je lui dis :

« Je pars, Soraya.

– C'est maintenant ou jamais, ma princesse. Tu n'es pas faite pour ce pays pourri jusqu'à la moelle. Plus rien ne doit te détourner de ton voyage.

– Comment te remercier, Soraya ?

– Ne me remercie pas. Pars et aime la vie autant que tu le pourras. Les jours sont faiseurs d'oubli. Ça ne sert à rien de caresser le passé. Tu verras, les mauvais souvenirs finissent par pâlir et deviennent comme un amant de passage qu'on oublie le lendemain.»

Je prends la main de Soraya. Et je me dis que la main qui fait du bien est plus sacrée que celle qui prie. Cette fois, c'est moi qui lui demande de fermer les yeux et qui l'embrasse sur la bouche. Ce n'est pas ça qui mettra Dieu en colère.

«Je me croyais revenue de tout, me dit Soraya, en rougissant.

– Pourquoi dis-tu ça ?

– Je te jure que j'en ai vu des choses dans ma vie et j'en ai fait aussi. Mais c'est bien la première fois qu'une femme m'embrasse sur la bouche.

– Il faut un début à tout.

– Qu'Allah me pardonne d'avoir goûté tes lèvres sucrées, Shahrazade.

– Je crois que Dieu est une femme, Soraya.»

Les yeux du ciel avaient veillé sur moi et ma prière a été exaucée. Les miracles arrivent sous des formes inattendues. Je me dis qu'il doit y avoir quelqu'un là-haut. Allah ou quelqu'un d'autre, peu importe, l'essentiel est que les Cieux nous répondent. Pour la première fois de ma vie, je pleure de bonheur. Une larme glisse le long de ma joue et se pose sur le coin de ma lèvre. Je mets ma langue dessus. Ce n'est pas salé comme les larmes de la tristesse. Je ne savais pas que les larmes du bonheur étaient sucrées.

*

Nous sommes aux ides d'août. Le ciel dit qu'il va faire très chaud. Est venu le temps de prendre congé de mon pays. Soraya met du khôl sur ses yeux et son voile sur la tête. Avec notre tuteur, le poète du désert, Soraya m'accompagne à l'aéroport couleur ocre, au nord de la ville. Elle ne me dit pas : «Bon voyage.» Elle me dit : «Sois heureuse autant que tu le peux.» Elle fait une prière pour moi. Elle récite *Al-Fatiha*, la sourate d'ouverture du Coran. Puis elle m'embrasse discrètement sur la bouche et me dit à l'oreille :

«J'adore le sucré de tes lèvres.

– Tu y as pris goût ?

– Oui, ma princesse.

– La salive des femmes n'est pas celle des hommes

– Elle est bien plus sucrée.»

Puis nos regards se sont souri.

Hassan me fait un clin d'œil et me dit : «La première fois que je t'ai vue, tu étais un garçon aux cheveux rasés et vêtu de lambeaux. Aujourd'hui, tu es la plus belle fille que je n'ai jamais vue.

– Je n'ai pas osé de te dire, mais toi aussi tu es un très bel homme arabe.

– Les poètes sont toujours beaux, Shahrazade. Dedans comme dehors.»

Hassan se penche vers moi, me soulève et me serre dans ses bras immenses. Je l'embrasse sur les joues. Il me repose par terre et se met un peu à l'écart. Je crois qu'il a des larmes sur ses joues.

«Tu pleures Hassan? je lui demande.

– Non Shahrazade. Ce sont des gouttes de Dieu.

– Tu parles de Dieu maintenant, Hassan?

– Je parle de Dieu uniquement quand je suis face à la beauté. Et quand je te vois, je me dis que quelque chose existe.

– Alors, sèche tes larmes.

– Je crois que tu es prête pour la vie, Shahrazade. Tu as compris l'essentiel.

– Qu'ai-je compris?

– Que les barbelés sont dans nos têtes.

– Ne change pas Hassan. Reste comme tu es.

– Un poète ne change jamais. Il est au-dessus de la surface sale du monde. Alors va, tu es jeune. La jeunesse est faite pour mordre la vie à pleines dents.

– C'est quoi la vie, Hassan?

– La vie, c'est rien. C'est juste un peu de temps devant soi.

– Tu parles comme dans les livres.

– Les poètes répondent toujours par des lueurs. Et en parlant de livres, j'ai un cadeau pour toi.»

Il me tend un paquet et me dit :

«Tiens. Tout le monde devrait lire ce livre.»

Dans le paquet, *Le Jardin parfumé* du Cheikh Nefzaoui. Mes yeux glissent sur quelques phrases et je lis ceci : «Louange à Dieu qui créa les verges droites comme des lances pour guerroyer dans les vagins.» Je sens mes joues devenir chaudes. C'est la première fois que je lis quelque chose d'aussi audacieux.

«Ne rougis pas ma belle, me dit Hassan. Les poètes sont l'espoir d'un monde fragile. Et la poésie, nul ne peut l'enfermer. Lis ce livre. Il a été traduit dans plusieurs langues, mais c'est en arabe qu'il faut le lire, car notre langue est la langue de l'amour et de l'érotisme.

– Des verges qui guerroient dans des vagins. C'est bien toi, ça ! »

Puis Hassan ajoute cette phrase :

« Va Shahrazade. Fais en sorte que ta vie soit un jardin parfumé. N'aie jamais honte de ce que tu es. Et sache que l'amour ne se regarde pas avec les yeux, mais avec l'âme. Et aime toutes les filles de la terre.

– Comment sais-tu que j'aime les filles ?

– À la manière dont tu t'es laissé embrasser par Soraya. Il y a quelque chose dans le regard féminin qui ne trompe pas. N'oublie pas que je suis poète, et les poètes ont cette capacité de mieux regarder le monde. »

Avant que je m'éloigne vers la zone d'embarquement pour fuir les tropiques de la tristesse, Soraya ajoute : « Il n'y a aucun crime à vouloir faire l'usage du monde, ma princesse. Ce qui compte dans la vie, ce ne sont pas les choses qui nous arrivent. Ce qui compte, c'est ce qu'on fait quand ces choses arrivent. Ta vie ne fait que commencer. Va cheminer vers l'avenir. Mais ne fais jamais la pute. Car celle qui fait la pute une fois fera la pute toujours.

– Je ne serai jamais une demoiselle de la rue. »

Soraya me regarde avec ses beaux yeux.

Des beaux yeux, il y en a beaucoup sur terre.

Mais des yeux qui vous regardent avec amour, il y en a si peu.

*

Ce que j'avais cru *presque possible*, le tant espéré, est à portée de main. Le destin n'est pas que la volonté de Dieu. J'ai trop longtemps regardé la vie avec des yeux qui ne savaient pas où mordre. Si la fatalité existe vraiment, si tout est écrit d'avance, alors que nous reste-t-il à écrire ? C'est peut-être ça le destin. Cette chose qu'on écrit soi-même, sans jamais se plier à la volonté des autres. Ces autres qui vous montrent le chemin, alors qu'eux-mêmes ne connaissent pas le leur. Maintenant, c'est à moi d'écrire mon histoire. La dernière phrase de Soraya est celle-ci : «L'amour est une mélodie de l'âme. Va et aime. Mais n'aime jamais si tu n'es pas certaine d'être aimée en retour.»

*

Dans la zone d'embarquement, je tremble. L'argent, je l'ai caché dans mon soutien-gorge. J'ai peur de la police des frontières. Je porte les habits de la vertu et mon voile est bien ajusté. Un agent barbu vérifie le contenu de mon sac à main. Il lève la tête et me fixe dans les yeux. Je baisse les miens. Ça lui plaît que la femelle que je suis s'incline devant lui. Il sourit. Il est de ceux qui aiment voir la terreur dans le regard des femmes. Il doit se dire que je suis consciente de l'infériorité qui coule dans mes veines. Il tamponne mon passeport et, avec dédain, me fait signe de passer. Je range les papiers par-devers moi et m'éloigne.

C'est la première fois que je vois un avion de près. Les avions, j'ai passé des années à les voir flotter dans notre ciel d'Arabie. Sur le tarmac, les drapeaux couleur sinople ondulent et embrassent les vents de la Nation arabe. Juste avant d'embarquer, je m'agenouille, et les cils mouillés j'embrasse cette terre qui m'a vu naître. Mes larmes sont de la douleur liquide. Ce pays, cette terre et ce ciel de mes souffrances, je les aime autant que je les déteste. «Si le pays qui t'a rendue malade ne peut te guérir, alors il faut le quitter», disait ma mère.

L'exil n'est pas de quitter son pays.

Le véritable exil est d'y rester, sans rien trouver à y aimer.

Voilà, mon avion décolle.

*

Dans quelques jours, Hassan, le poète du désert, reprendra les chameaux et la mule. Avec les filles, ils traverseront le désert en sens inverse. Comme lors de notre venue dans cette ville, les chameaux marcheront l'un derrière l'autre. Hassan sera en tête de la caravane. Lui faisant une confiance aveugle, les filles le suivront les yeux fermés. Hassan les protégera, assis fièrement sur sa monture comme un prince arabe, comme les chevaliers d'autrefois.

Mon avion s'élève dans un ciel brodé de flanelle bleue. Ô mon pays, toi ma patrie fœtale, toi la blessure d'où je viens, les horloges de la vie ne nous ont pas laissé le temps de nous aimer. Moi, cet être au *corps inachevé*. Moi, la lesbienne arabe. Nos bouches n'ont pas fini leurs baisers. Nos lèvres se sont menti. Oh, vous de mon peuple, vous avez fait de moi la somme de vos silences.

Combien de fois me suis-je excusée sans être coupable ?
Combien de fois ai-je incliné la tête alors que j'avais raison ?
Combien de fois ai-je baissé mon sourire ?

Ils s'en sont pris à mes yeux ; alors que c'était leur regard, le coupable.

ÉPILOGUE

Sans abuser du maquillage, je prends ma fiole de khôl et j'agrandis mes yeux, puis je donne un peu d'éclat à mes joues. J'allonge mes cils et mets sur mes lèvres le rouge que Soraya m'a donné. On peut adorer Dieu sans foulard ni abaya, avec du rouge sur les lèvres et du vernis sur les ongles. Fier de sa création, Allah se contemple tous les jours dans l'âme des femmes. Je me regarde dans mon petit miroir. C'est bien moi. La dévoilée. La croyante scandaleuse qui a brisé ses chaînes. Celle qui s'en va entamer une nouvelle vie, la tête haute, laissant le vent baigner sa chevelure.

Nous sommes ce que nous faisons de notre naissance. Et la liberté est un élan de l'âme.

Nos Cieux sont moins cléments qu'ailleurs. Ce n'était pas la lumière qui manquait, mais leur regard qui était sombre. Ces interdits. Ces hontes. Ces silences. Cette culpabilité. Ils n'ont fait que creuser plus profond ma révolte. Ils m'ont frappée et humiliée. Ils m'ont insultée et traitée de chienne. Combien de fois ai-je pleuré en cachette ? Leur monde était plus sale que moi. Ils ont fait tout ça, mais ils n'ont pas réussi à me détruire. Il y avait en moi une force qu'ils ignoraient.

Un instant, les oueds du passé me charrient vers ce que disait ma mère, lorsqu'enfant j'étais triste : «Ferme les yeux en silence et pense à quelque chose de beau.» Alors, je ferme mon regard et je pense à toi. Oh, ma mère, je suis déjà loin. Lorsque ma mémoire rebroussera chemin et me fera traverser les corridors du passé, je me souviendrai que le premier mot que j'ai prononcé a été *mama*. Il m'avait semblé que *maman* était le plus joli mot de la terre. Oh *mama*, tu as laissé passer ta vie et tes cheveux ont blanchi. Tu étais faite pour être heureuse. *Mama*, tu seras bien plus qu'un souvenir qui scintille à chaque fois que les jardins de l'enfance viendront à moi, Je garde ton odeur comme le parfum de ton âme endormie en moi. Les papillons de l'oubli n'emporteront jamais ton souvenir. Tu es éternelle.

*

Je m'appelle Shahrazade. J'ai le plus bel âge et je voudrais avoir le plus bel âge toute ma vie. On a dit que les bleus du ciel s'étaient glissés dans mon regard. On a dit que lorsque ma mère a accouché de moi et que la poche des eaux s'est rompue, une crue a inondé le monde de beauté. Je suis féminine jusqu'au bout des ongles. Je porte sur moi les bijoux en or massif que m'a donnés ma sœur. Ma poitrine est tapissée de tatouages. Mon sexe est rasé en forme de cœur. Mes longs cils et l'arabesque de mes yeux me valent la réputation du plus beau regard d'Arabie.

Gloire à la féminité !
Gloire au ventre des femmes !

*

Je suis l'*être inachevé*. Je ne rougis ni de mes seins ni de mes hanches. Ni de mes règles. C'est humain, et rien de ce qui est humain n'est honteux. J'ai écrit ma vie. Je me suis mise à nu. Et me suis livrée sans retenue. J'ai dit mon intimité. J'ai dit ce qu'une femme arabe ne dit pas. J'ai été frappée par mon père ; aimée par ma mère ; j'ai fait le jeûne et les prières ; j'ai aimé une belle femme noire, et en pensant à elle, je me suis caressée et j'ai enfoncé mes doigts dans mon sexe, et c'était comme une secousse de l'âme.

Je suis musulmane et lesbienne. Je n'ai honte de rien. Et si ça ne leur plaît pas, eh bien, tant pis ! À présent, je m'en vais mordre les lèvres de l'éternité.

Demain, l'aube sera grandiose.

Dans la même collection

• Ernest Callenbach, *Écotopia*
Traduit de l'anglais (États-Unis) par Brice Matthieussent

• Amy Hassinger, *La Crue*
Traduit de l'anglais (États-Unis) par Brice Matthieussent

• Rita Indiana, *Les Tentacules*
Traduit de l'espagnol (République dominicaine)
par François-Michel Durazzo

• Tania James, *D'ivoire et de sang*
Traduit de l'anglais (États-Unis) par Brice Matthieussent

• Zeyn Joukhadar, *Les Trente Noms de la nuit*
Traduit de l'anglais (États-Unis) par Nino S. Dufour

• Alexandra Kleeman, *Du nouveau sous le soleil*
Traduit de l'anglais (États-Unis) par Christian Garcin

- Anni Kytömäki, *Gorge d'or*
Traduit du finnois par Anne Colin du Terrail

- Norman Lock, *Un fugitif à Walden*
Traduit de l'anglais (États-Unis) par Brice Matthieussent

- Lieke Marsman, *Le Contraire d'une personne*
Traduit du néerlandais (Pays-Bas) par Daniel Cunin

- James A. McLaughlin, *Dans la gueule de l'ours*
Traduit de l'anglais (États-Unis) par Brice Matthieussent

- James A. McLaughlin, *Les Aigles de Panther Gap*
Traduit de l'anglais (États-Unis) par Christian Garcin

- Klaus Modick, *Mousse*
Traduit de l'allemand par Marie Hermann

- Julien Villa, *Rodez-Mexico*

- Madeleine Watts, *Triple Zéro*
Traduit de l'anglais (Australie) par Brice Matthieussent

- Diane Wilson, *Les Semeuses*
Traduit de l'anglais (États-Unis) par Nino S. Dufour

Le domaine Rue de l'échiquier fiction
est dirigé par **Mathieu Rivat**.

Charte graphique et mise en page (couverture & intérieur)
Séditions Graphiques / Ferdinand Cazalis

Photo de couverture : ©Bruno Barbey / Magnum.

Édition
Mathieu Rivat & Thomas Bout

Le papier de cet ouvrage est composé
de fibres naturelles, renouvelables, recyclables et fabriquées
à partir de bois provenant de forêts gérées durablement.

IMPRIM'VERT®

PEFC/10-31-1510

Imprimé en France à Condé-en-Normandie
par Corlet Imprimeur.
Numéro d'impression : 24040178